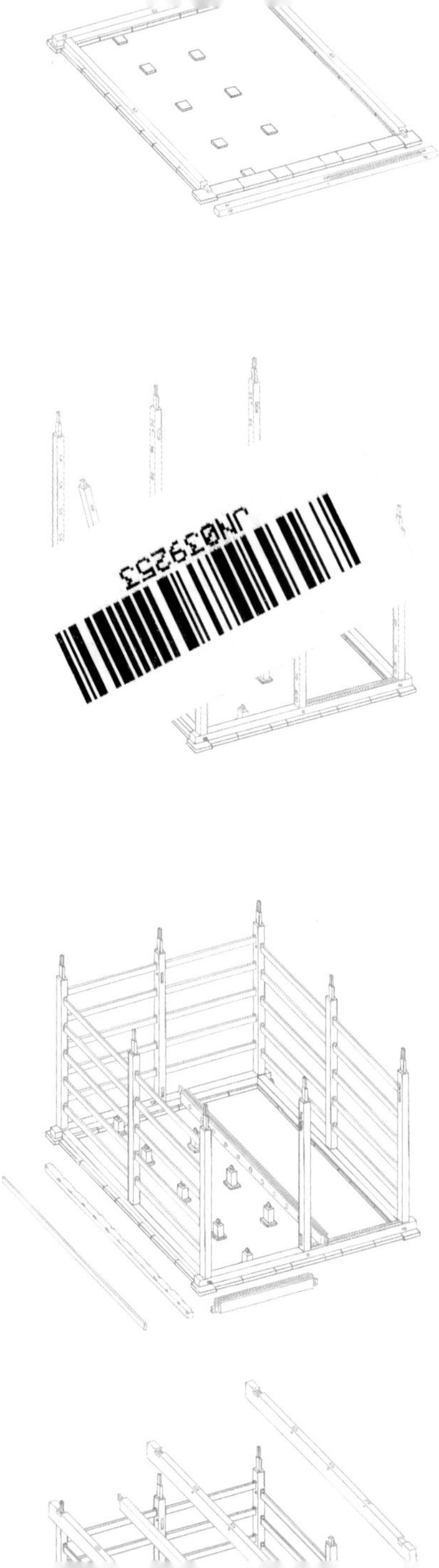

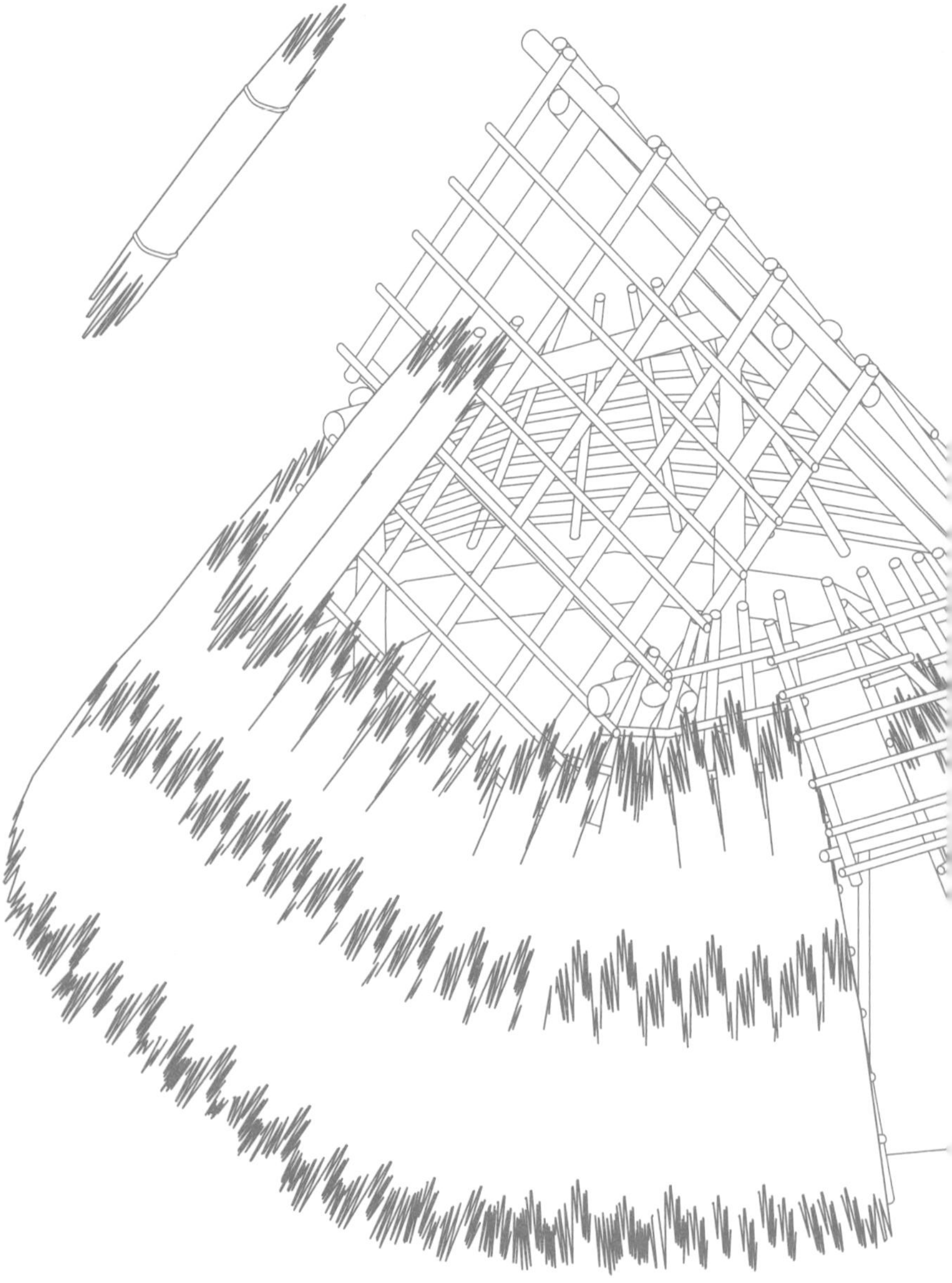

矩計図《かなばかりず》って何なん!?
よくわからないんだが…

蕪木孝典
長沖充
杉本龍彦
伊藤茉莉子
片岡菜苗子
中山繁信
共著

榎本直哉
イラスト

Ohmsha

矩計《かなばかり》図《ず》って何なん!?

よくわからないんだが…

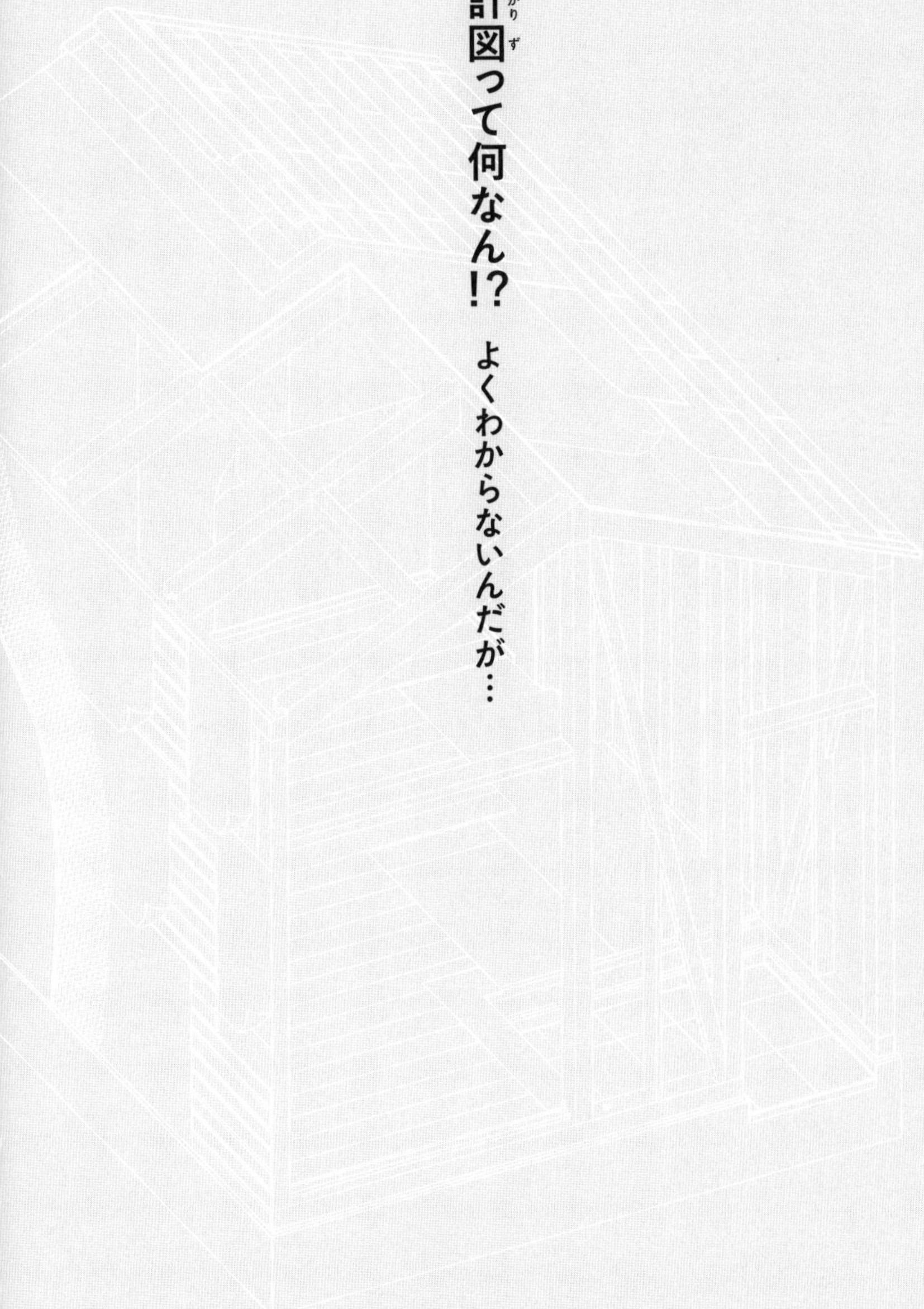

はしがき

矩計図書いてるけど終わりがみえん

何もわからなくて感覚で書くのマジ悲惨

矩計図って何なん…

今日も学校の製図室やＳＮＳなどには、学生たちのこんな叫び声に溢れています。

私たちは２０１５年以降、『矩計図《かなばかりず》で徹底的に学ぶ住宅設計』シリーズを３冊刊行してきました。ただ、このような学生たちの声に応えるべく、「さらなる入門編が必要なのでは」という想いからシリーズ第４弾として企画がスタートしたのです。

「矩計図」はいまも昔も、平面図や立面図などに比べるととっつきにくく、初学者からすると、ちょっとハードルの高い図面です。一方で、矩計図は建築設計のすべての要素が凝縮されている図面でもあり、これを理解できれば、建築をより楽しく感じられます。

そもそも現代の住宅は、建材の種類が多く、工法も多様化しているなど、そのしくみはとても複雑です。この「複雑さ」が、建設現場を見る機会も少ない初学者にとって大きな障害となっています。そうであるならば、「住居の成り立ちに目を向け、その原理を掴むことで、苦手意識を払拭できる道が見えてくるはず」と考えました。

本書では、現代まで続く住居の成り立ちを「進化」と捉え、「なぜ、そのように進化してきたか」を解説しています。たとえば第1章では、縄文時代まで遡り「いえのはじまり」を想像して物語仕立てにしました。限りなくシンプルなものから「建築の原理」をまず理解し、順を追って見ていけば、最終的には現代住居の複雑なしくみも感覚的になんとなく掴めるはずです。そこを本書のゴールとしました。

結果的にこれまでのシリーズとはまったく異なる体裁となりました。図面ではなくイラスト中心となり、絵本のように楽しく読み進められる雰囲気になっています。この本を手に取ってくれた読者の方々が矩計図に親しみをもち、少しでも建築の面白さに気づいてくれたらと願っています。

蕪木孝典

矩計図って？……10

第1章
いえのはじまり
おそらくこうだっただろう物語……15

第2章
住居の歴史でわかるカンタンな架構のしくみ……35
竪穴住居……37
コラム：こんなに深かった！　大船遺跡が伝える竪穴住居……46
民家……47
コラム：普請は一大イベントでした！……60
町家……61
コラム：梁桁の架け方は大別すると二つだけ！……74
現代住居……75
コラム：道具と技術の進化で伝統建築はより高みへ！……90

矩計図って何なん!?
よくわからないんだが…

第3章

建築の材料ってどんなもの？

建築の材料ってどんなもの？……91
木材……92
コンクリート……94
鉄筋コンクリート……96
モルタル……98
金属……99
ガラス……101
FRP……102
石……103
瓦……104
ガルバリウム鋼板……104
タイル……105
断熱材……106
塗料……108

第4章

建築の部位別解説 109
寸法 110
地盤 112
基礎 114
架構 116
面をつくる 123
屋根 126
外壁 133
窓（間戸） 136

第5章

架構に仕上げを着せて矩計図完成へ 139
竪穴住居
パース 140
なぞってみよう：矩計図❶ 142

CONTENTS

プラン（平面図）……144
なぞってみよう：矩計図❷……146

民家

パース……148
なぞってみよう：矩計図❶……150
プラン（平面図）……152
なぞってみよう：矩計図❷……154

町家

パース……156
なぞってみよう：矩計図❶……158
プラン（平面図）……160
なぞってみよう：矩計図❷……162

現代住居

パース……164
なぞってみよう：矩計図❶……166
プラン（平面図）……168
なぞってみよう：矩計図❷……170

矩《かな》計《ばかり》図《ず》って？

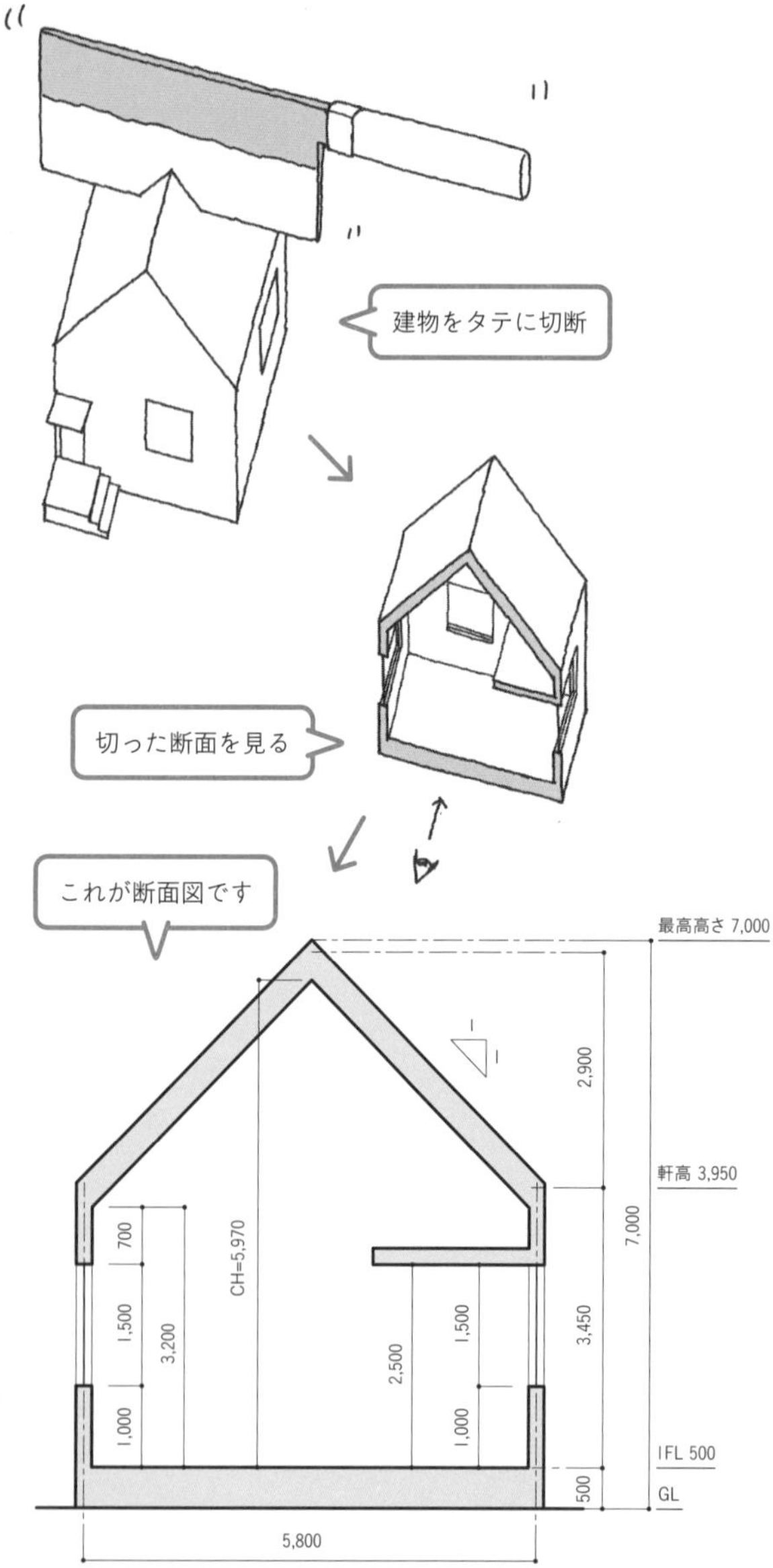

建物をタテに切断
切った断面を見る
これが断面図です
最高高さ 7,000
2,900
軒高 3,950
7,000
3,450
IFL 500
GL
500
5,800
CH=5,970
700
1,500
3,200
1,000
2,500
1,500
1,000

断面図

大まかな高さの寸法を出すのが断面図

矩計図は建物の解剖図のようなものです！

矩計図は、建物をどうやってつくるのかを示すためにさまざまな部材の断面の寸法を出し、納まりを確認するための図面です。
断面図では伝わらない現実的な基礎の厚さや深さ、梁のサイズをはじめとする各部位に使われる**材料の寸法**などを正確に知ることができます。また設備の配管や配線を通すための検討を行う大切な図面でもあります。

これが矩計図です

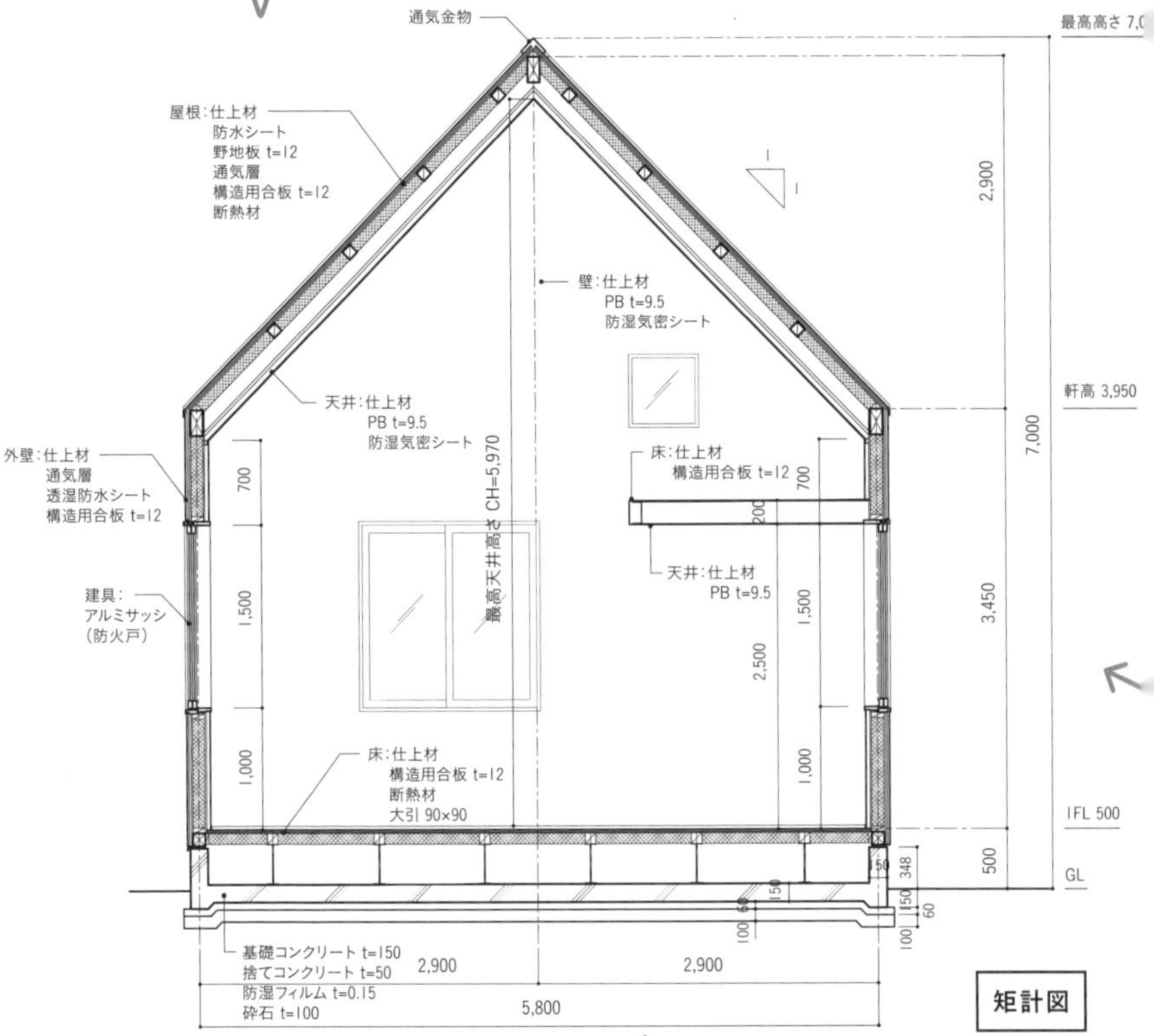

通気金物
最高高さ 7,0
屋根：仕上材
防水シート
野地板 t=12
通気層
構造用合板 t=12
断熱材
壁：仕上材
PB t=9.5
防湿気密シート
2,900
軒高 3,950
天井：仕上材
PB t=9.5
防湿気密シート
7,000
外壁：仕上材
通気層
透湿防水シート
構造用合板 t=12
700
最高天井高さ CH=5,970
床：仕上材
構造用合板 t=12
200
建具：
アルミサッシ
（防火戸）
1,500
天井：仕上材
PB t=9.5
2,500
3,450
1,000
床：仕上材
構造用合板 t=12
断熱材
大引 90×90
1FL 500
500
GL
150
348
150
60
100
基礎コンクリート t=150
捨てコンクリート t=50
防湿フィルム t=0.15
砕石 t=100
2,900
2,900
5,800

矩計図

縮尺は1/20〜1/50程度で描くことが多いです

しかし、現代住居は
わかりづらい！
それはどこから？

壁と屋根の中にはさまざまな性能をもつ材料が詰まっている

一般的な矩計図

　現代において、住居を構成する部材はとても多くなっています。日本は地震や台風などに見舞われることが多く、木造の骨組みが倒壊しないように、構造的に強くする工法や耐震部材、パネル部材、耐震金物がつくられました。また火に強い外装・内装部材で覆うことで、燃えにくく延焼時間が長くなるようにしています。

　さまざまな断熱材や、雨を遮断する防水材、室内の湿度を壁内に侵入させない調湿気密シート、開口部のペアガラスやトリプルガラスなどは、快適な温熱環境の実現とともに建物の結露を防ぐことも目的にしています。このように部材の多さは、人が安全に快適に暮らすための目的と機能、そして心地よく暮らしたいという人々の欲求から来ているといえるでしょう。

部材がこんなに
たくさん！
これが
わかりにくさの
原因だったのか！

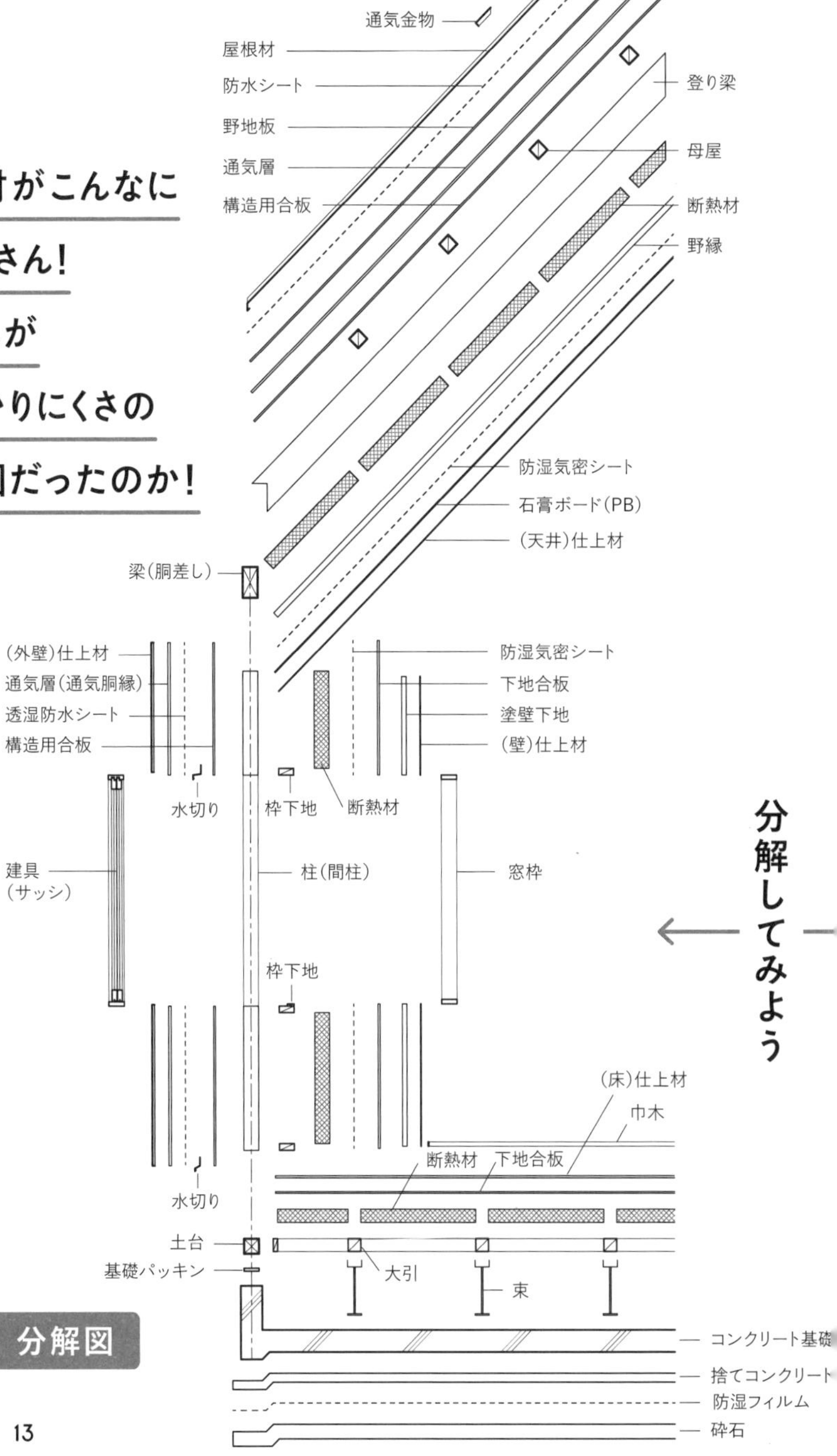

通気金物
屋根材
防水シート
野地板
通気層
構造用合板
登り梁
母屋
断熱材
野縁
防湿気密シート
石膏ボード(PB)
(天井)仕上材
梁(胴差し)
(外壁)仕上材
通気層(通気胴縁)
透湿防水シート
構造用合板
防湿気密シート
下地合板
塗壁下地
(壁)仕上材
水切り
枠下地
断熱材
建具
(サッシ)
柱(間柱)
窓枠
枠下地
(床)仕上材
巾木
断熱材
下地合板
水切り
土台
基礎パッキン
大引
束
コンクリート基礎
捨てコンクリート
防湿フィルム
砕石

分解してみよう

分解図

第1章

いえのはじまり

おそらくこうだっただろう物語

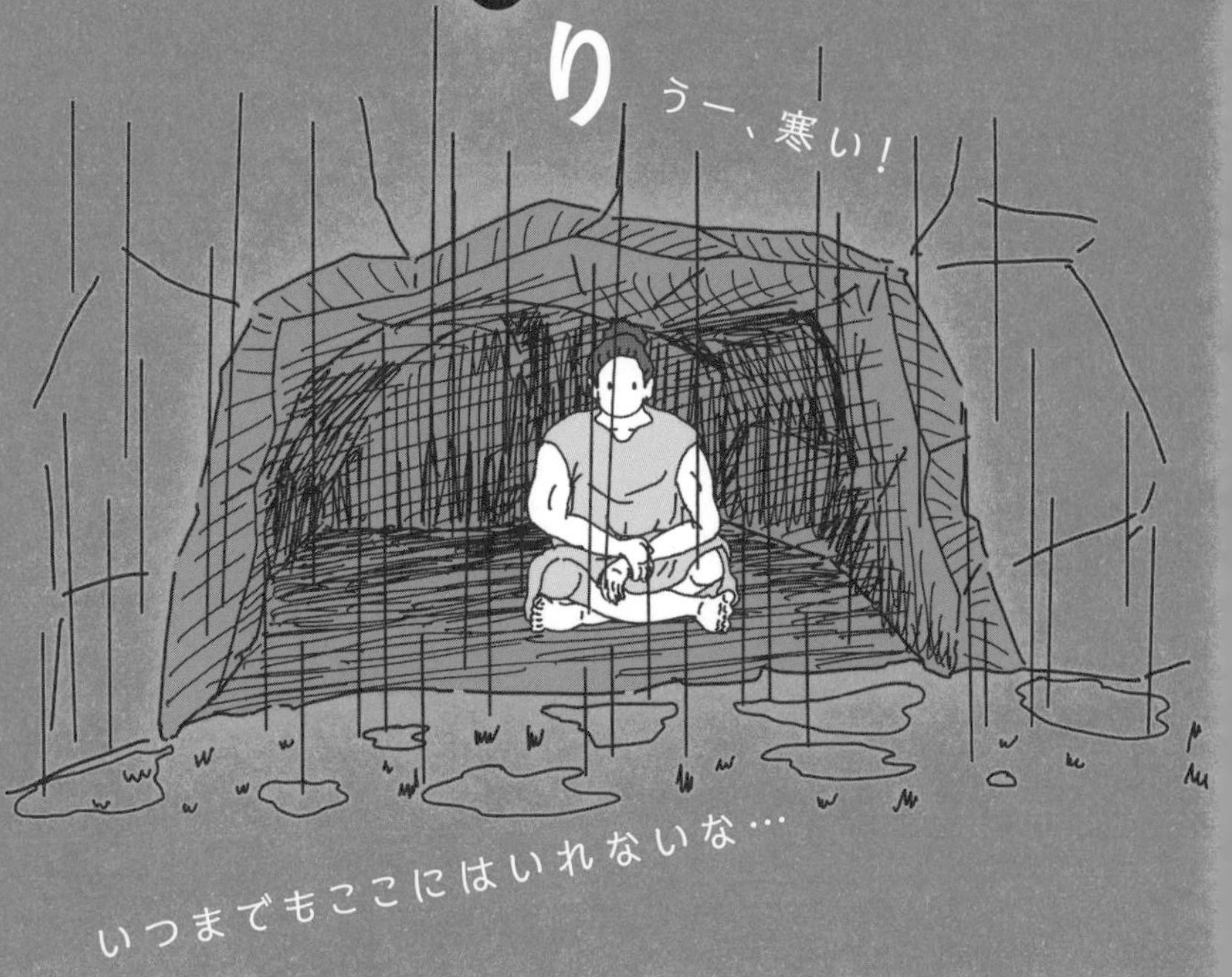
うー、寒い！
いつまでもここにはいれないな…

現代住居はわかりにくい。
それは部材の多さや複雑さからくるものでした。
ならば、「原点」にまで遡って、
可能な限りシンプルに考えてみましょう。
そもそもなぜ、人類は住居をつくったのか。
その「はじまり」を想像してみましょう。
そして、現代までつながる歴史の流れを見ていきます。

むかしむかし、
人々は、
木陰や岩陰で、
雨風を
しのいでいました。

しかし、
いつも木陰や岩陰が
あるとは限りません。
どんな場所でも、
雨風をしのげたら
いいなあ…。

そうだ！
柱を立てて、木陰をつくろう。

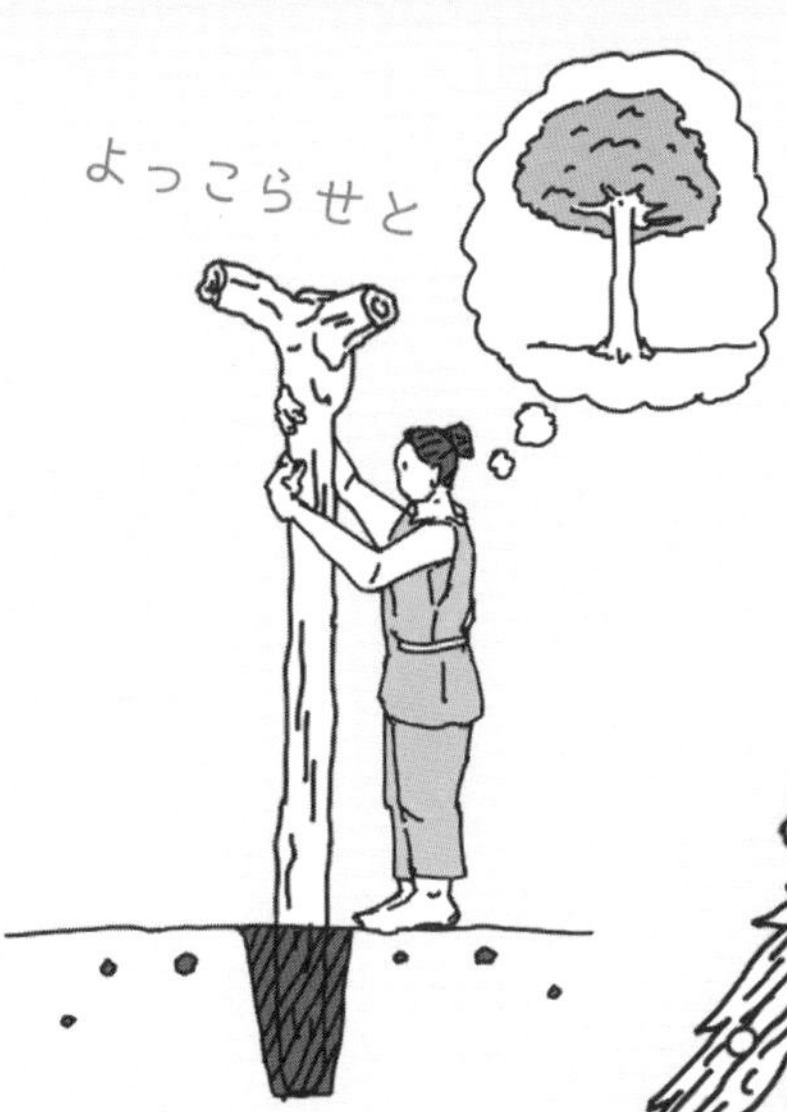
よっこらせと

これが、いえのはじまりです。

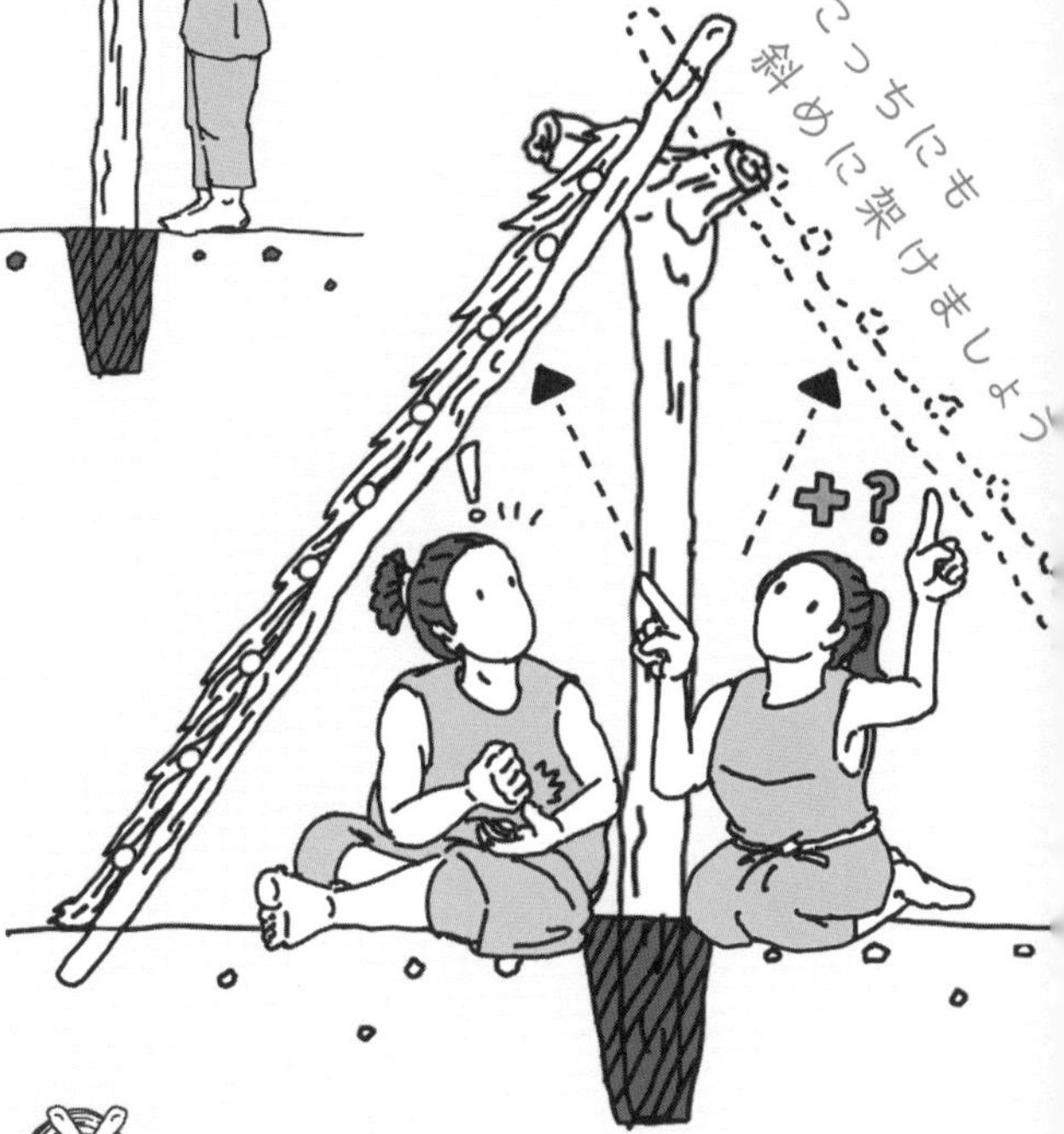
こっちにも
斜めに架けましょう

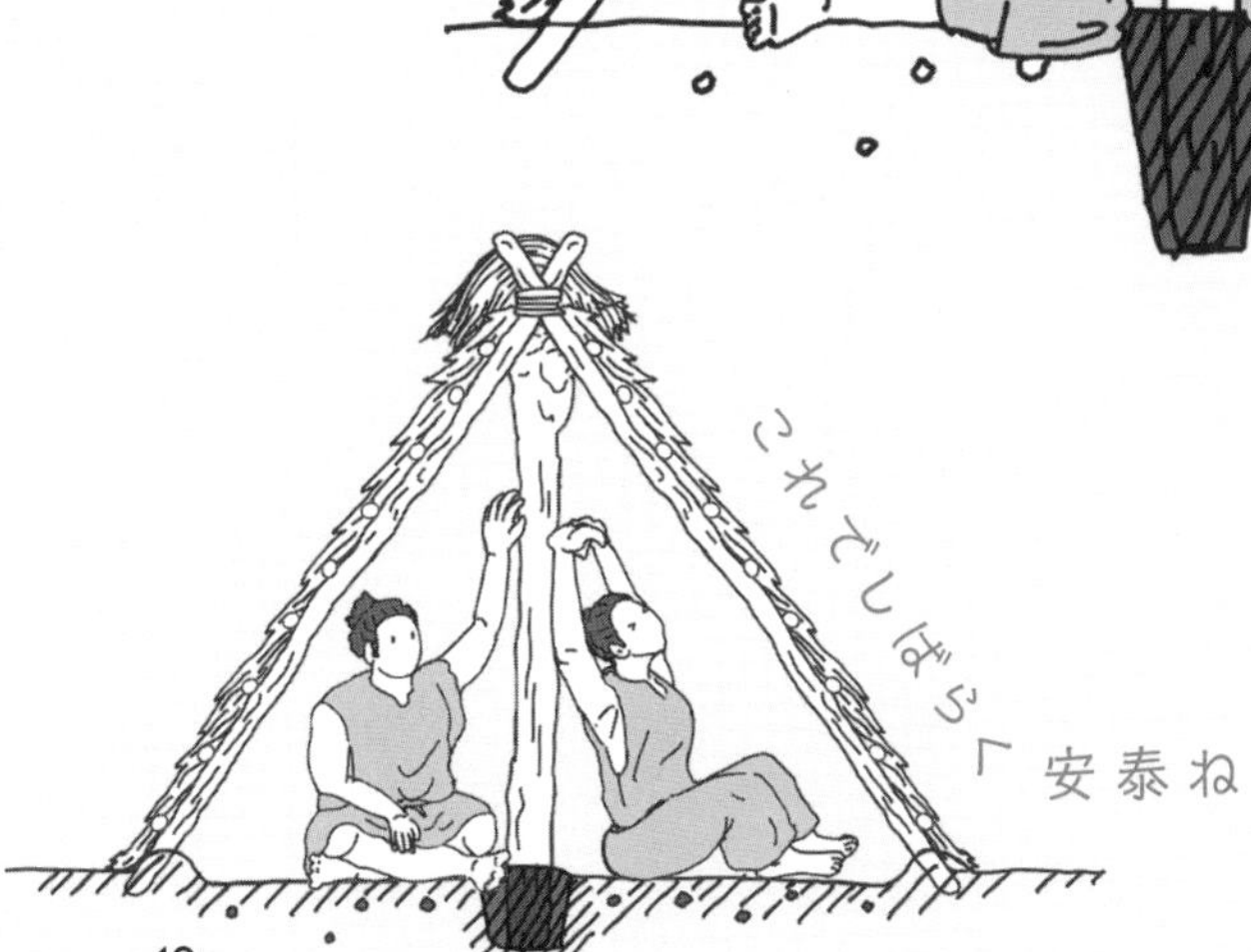
これでしばらく安泰ね

やがて人々は、ひとつの場所に
定住するようになりました。
狩猟から農耕の時代に
移ったからです。
すると、いえをつくる
頻度も格段に
少なくなりました。

そうだ！
掘ってみよう

そこで考えます。
多少手間が
かかってもいいから
快適な家に
したいなあ。

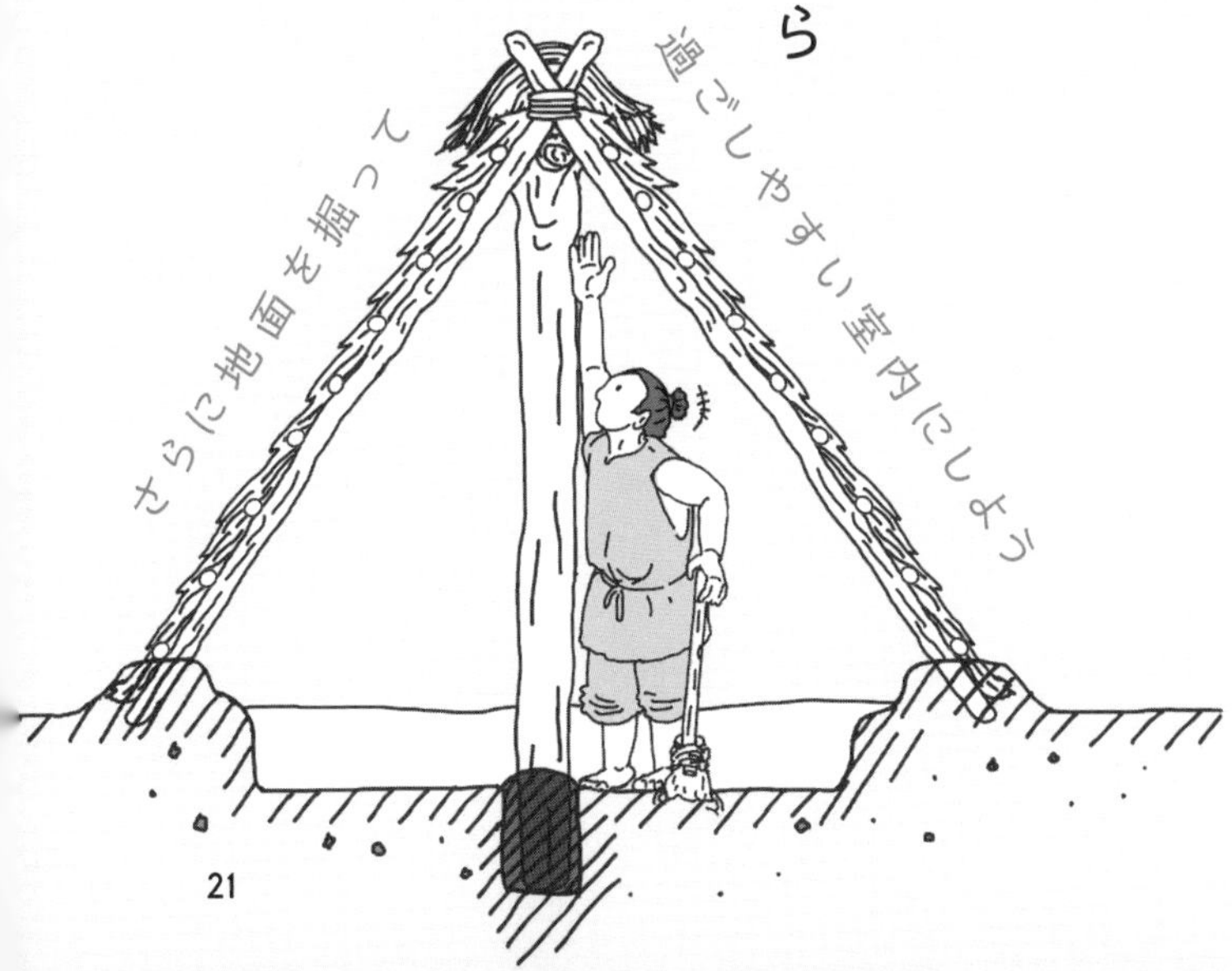
さらに地面を掘って
過ごしやすい室内にしよう

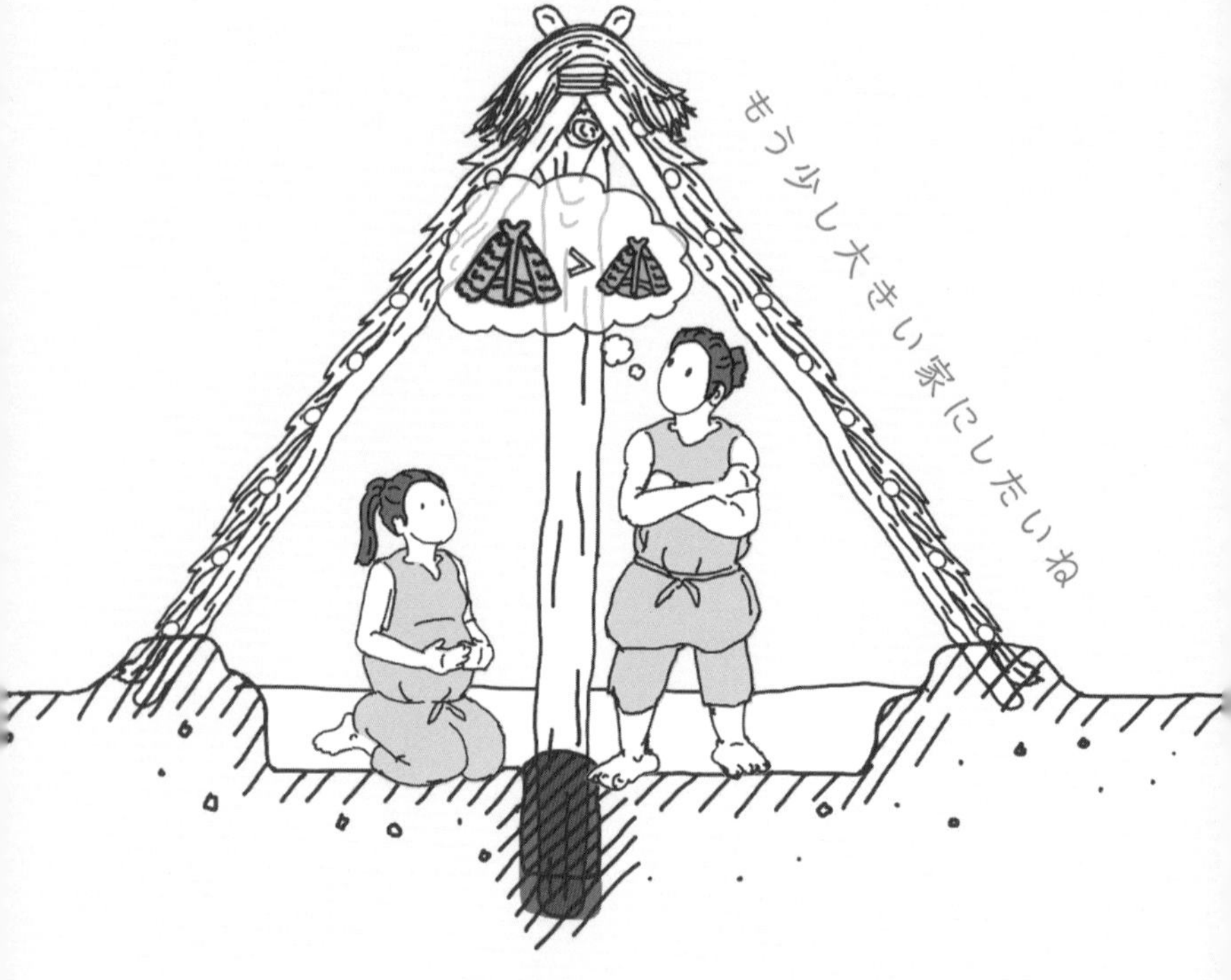
もう少し大きい家にしたいね

柱の数を
増やしたら、
もっと大きな
家がつくれそう。

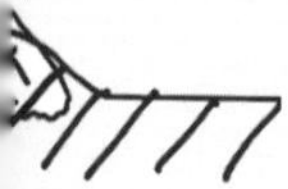

柱と柱を
水平材でつないだら
安定するね。

壁柱を利用して、
屋根を地面から
浮かしてみたら…

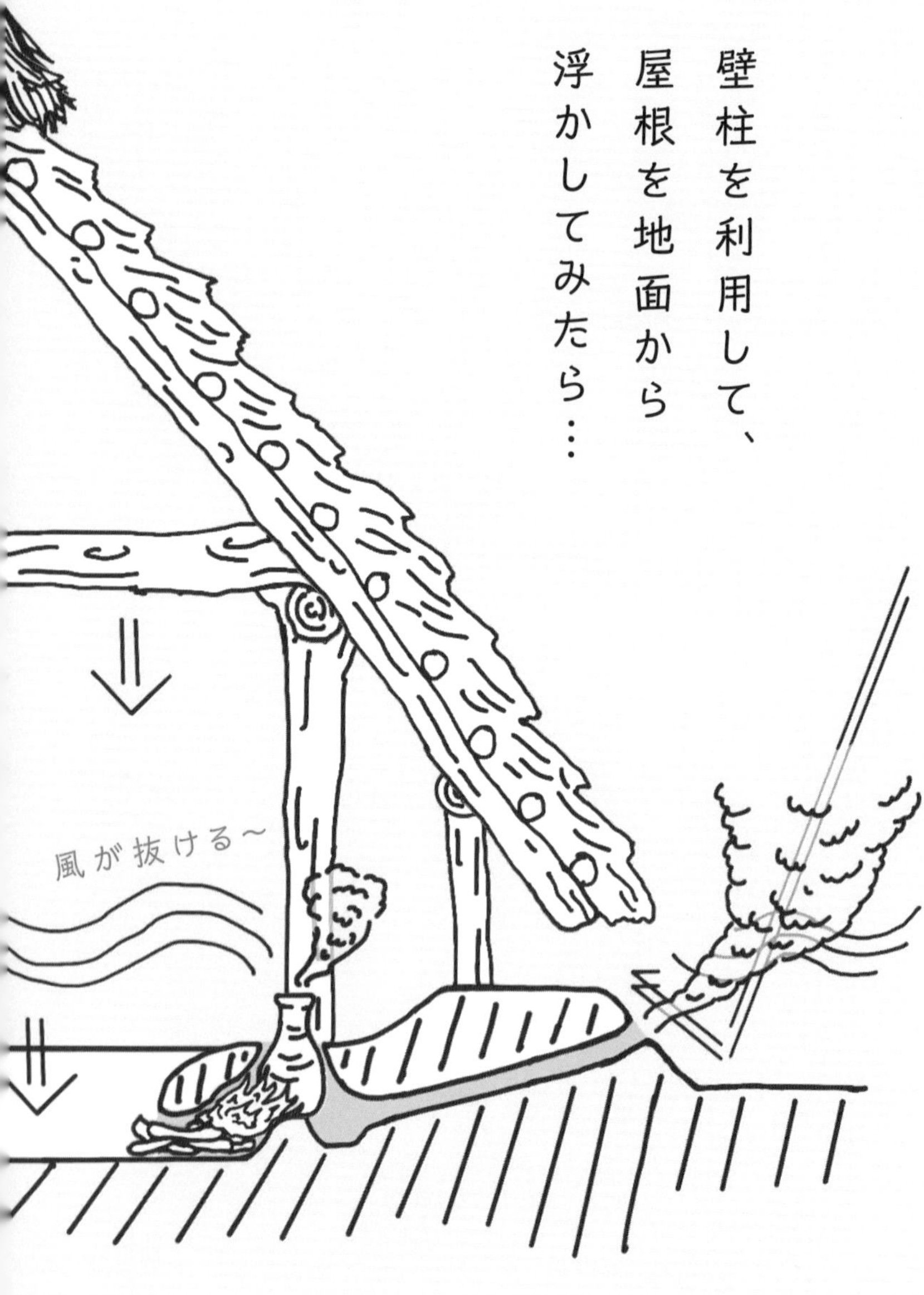

室内も広くなるし
光や風も入ってきて
さらに快適になりそう。

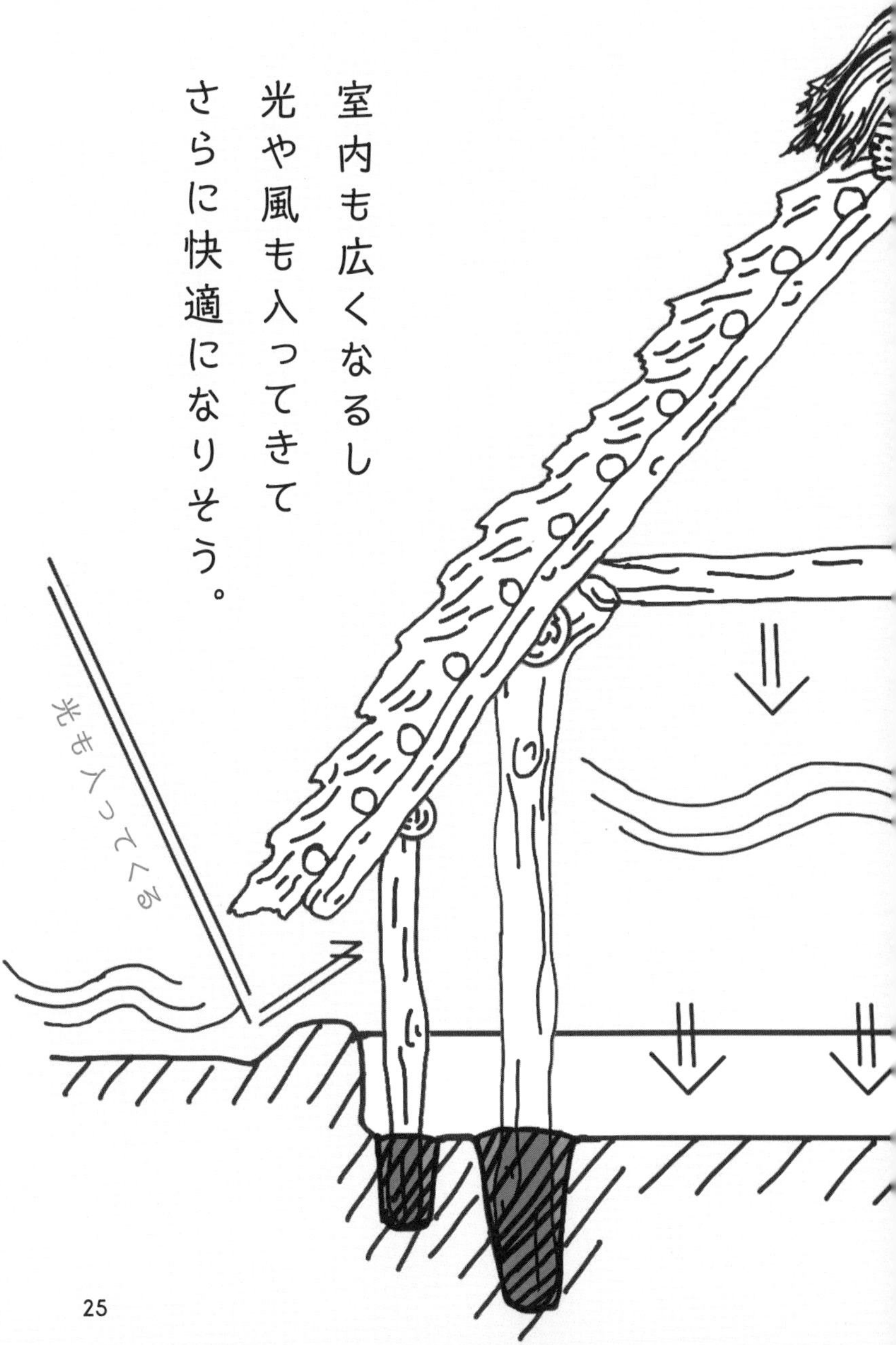

ヒャッ傾いた
ダメだ！
ここが腐ってる

柱が沈んだり、
根本が腐ったり…。

柱の礎に
石を置くと
長持ちしそう。

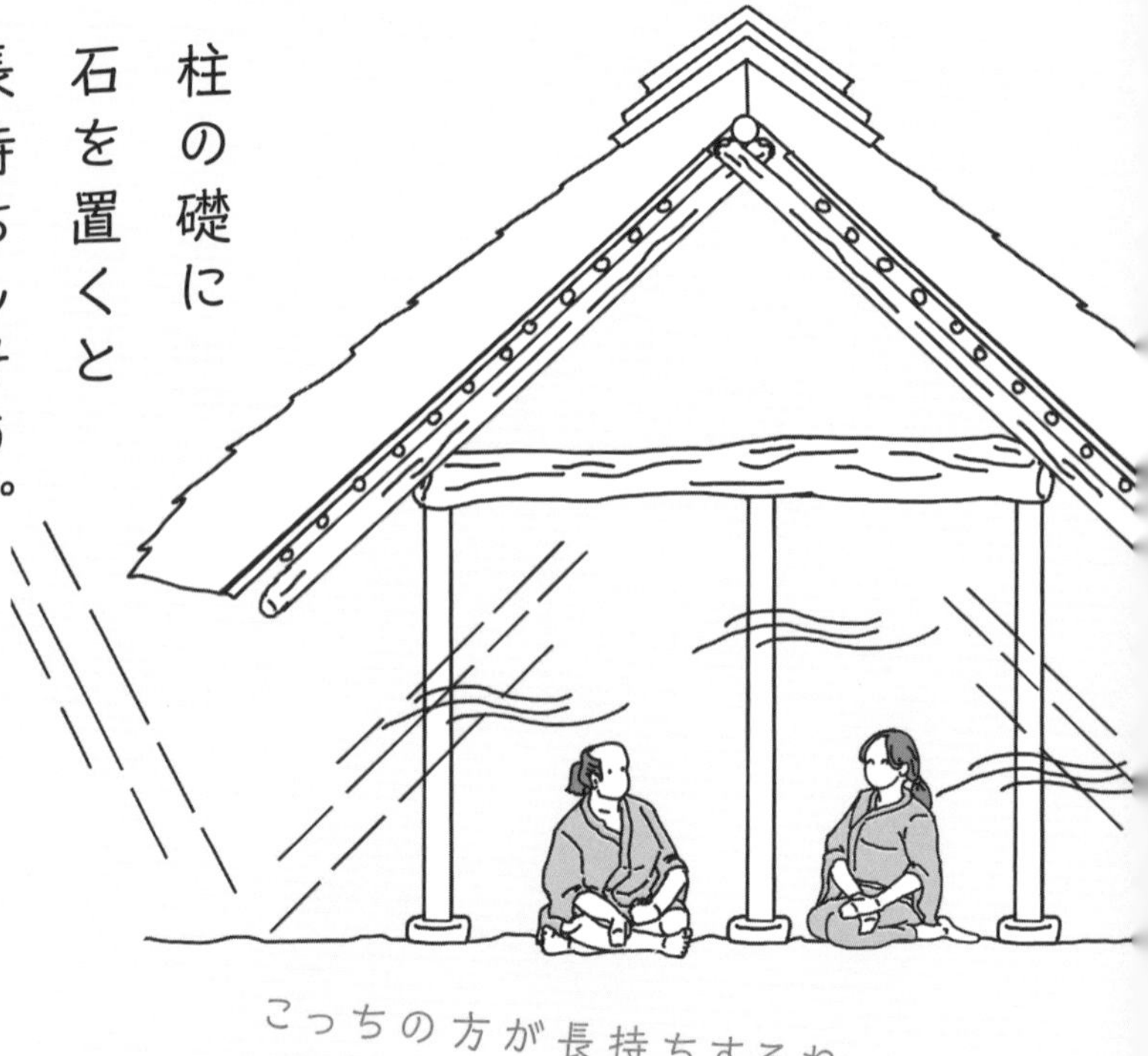
こっちの方が長持ちするね

地震や台風が来るたびに家が傾いて壊れそう…。

すごい揺れだ！
キャー！倒れる…

壁をしっかりつくれば安定するぞ。

壁をつくったぞ！

寒いときに
いえの中の火は欠かせない。
それに床を設けると
生活しやすいね。
今度は地面より少し高い
位置に上げたらどうだろう。
床下の通気ができて、
地面から来る冷気も防げそう。

お魚焼いたけど
食べない？

天井の設置で、
室内の温度調整が
しやすくなった。
室内も明るくなったね。
屋根裏から落ちてくる
塵も減ったなあ。

都市では人口集中で
小屋裏の利用が進み、

一方、農村では
養蚕による
小屋裏利用が進み…。

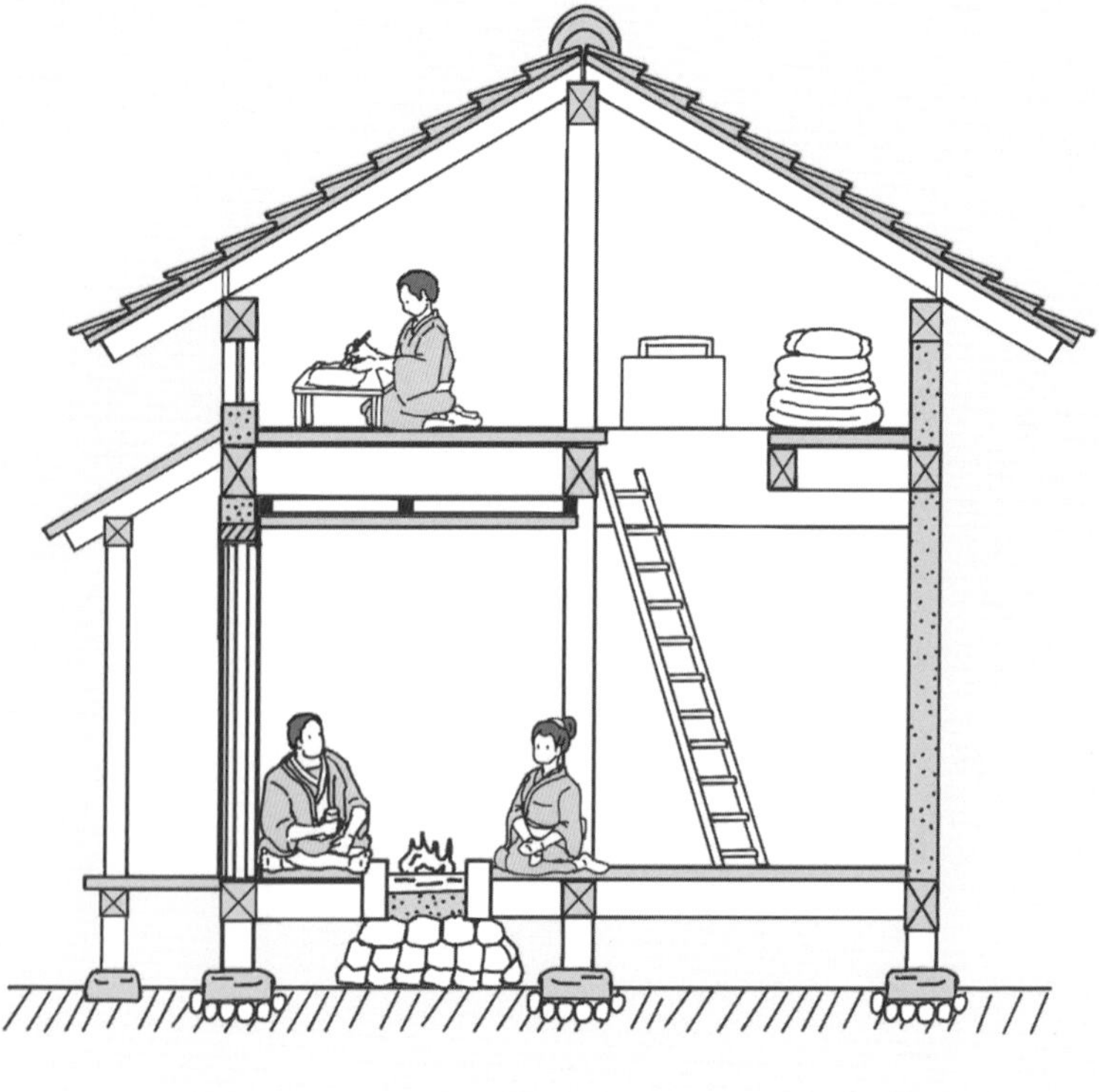

徐々に、
2階建てのいえが、
普及していきました。

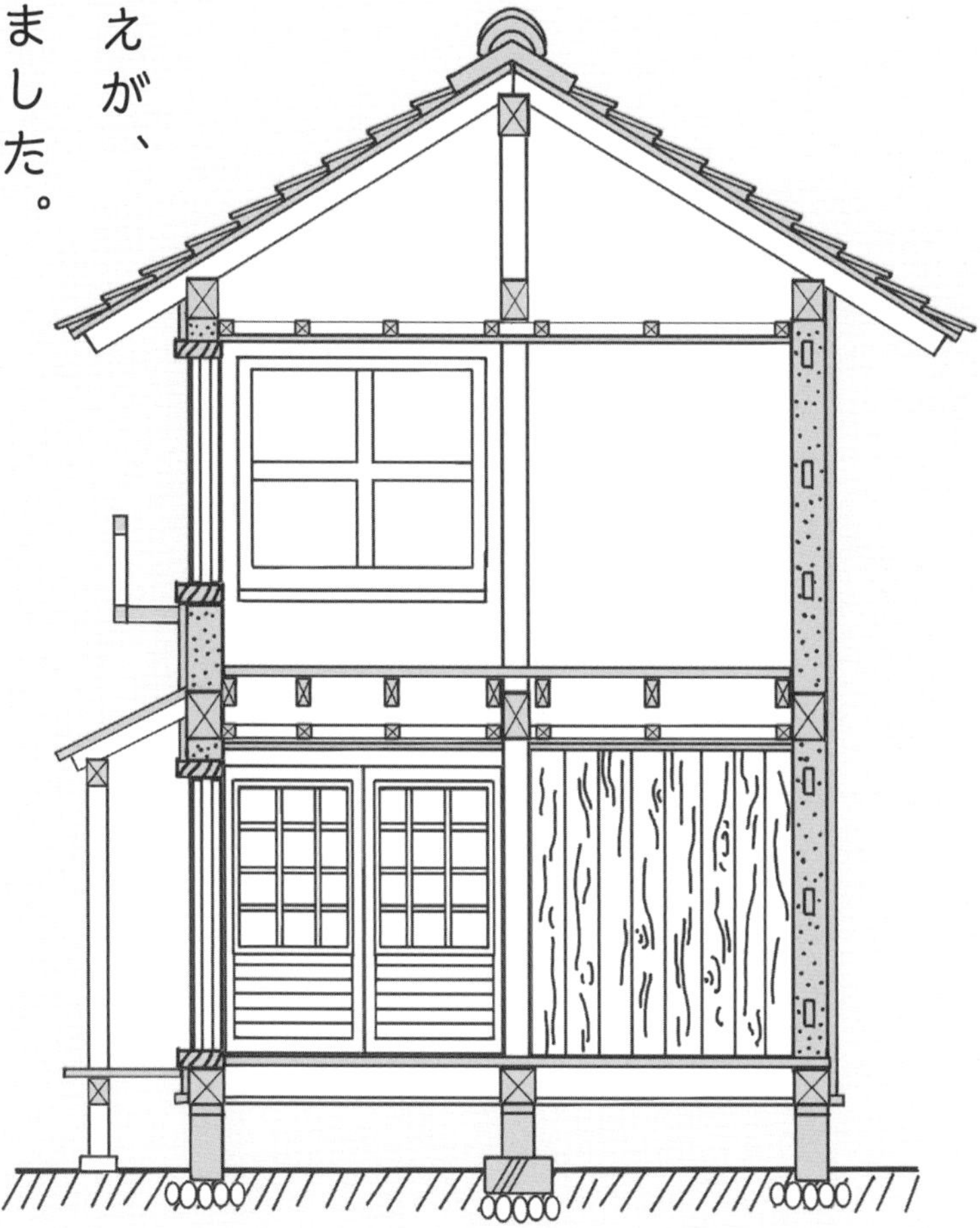

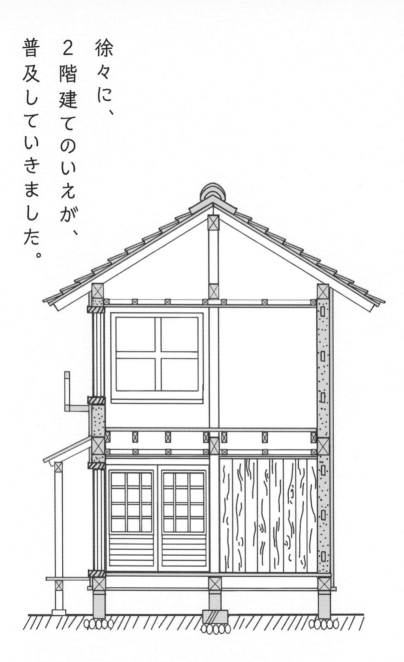

高度成長期には、効率や価格を重視したさまざまな建材が生まれ、

それまでの建材にとってかわっていきました。

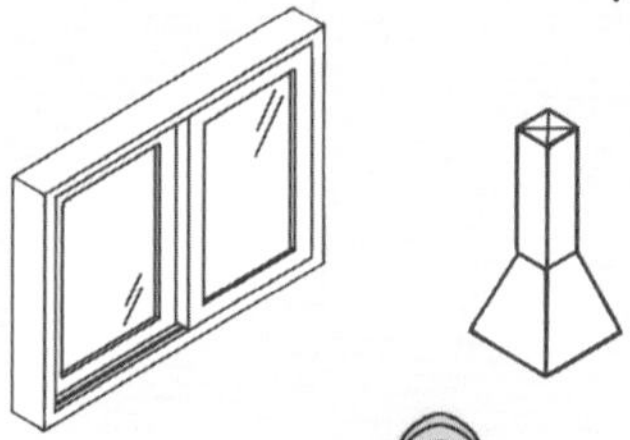

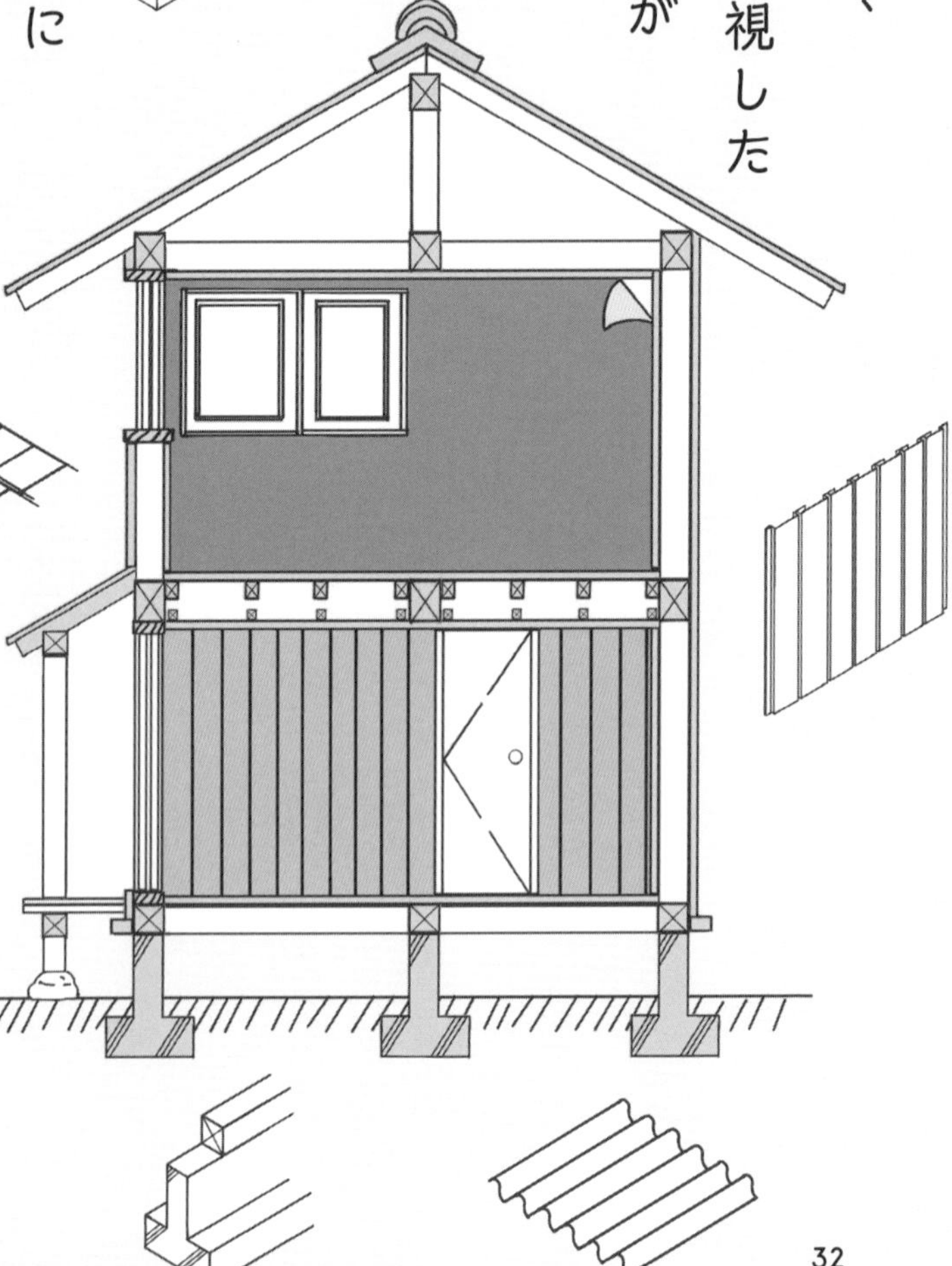

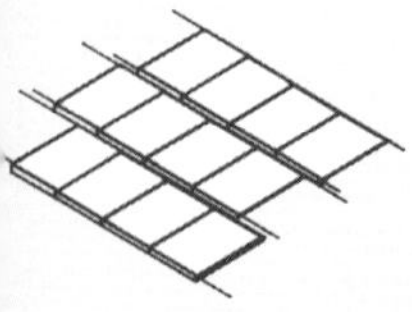

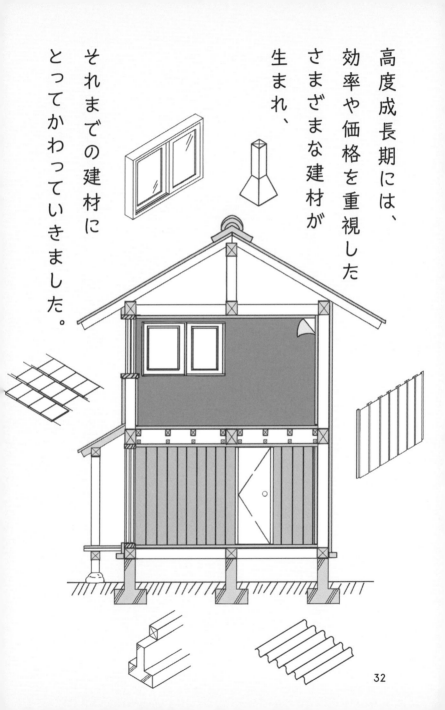

さらに近年は、断熱性能等、
いえの性能が重視される傾向にあります。
そのために多種多様な建材や工法が
開発され、日々進化を続けています。

第2章

住居の歴史でわかる
カンタンな架構のしくみ

第1章で原点まで遡って歴史を辿ってきました。
ここではさらに「架構」に絞って、
「どのような手順でつくられているか」を見ていきましょう。
住居は架構がわかれば理解が容易になります。
なぜなら、架構をしっかりつくれば、あとは屋根や外壁、床などを
洋服のように着せるだけだからです。
架構とは、要は木の骨組みのことです。
骨組みは、「木を立て、横につないでいく」。この手順の繰り返しです。
この原理は現代住居においても変わることはありません。
架構の歴史の流れを見ることで、
どの部分がなぜ変化したのかがわかってきます。

竪《たて》穴《あな》住《じゅう》居《きょ》

竪穴住居とは、縄文時代の住居の代表的な形式です。地面を円形や方形に掘り込み、その中に複数の柱を立て、梁《はり》や桁《けた》、垂《たる》木《き》などでつなぎ合わせて家の骨組みをつくり、その上から茅《かや》や土などの植物で屋根を葺《ふ》いた建物のことをいいます。なお、掘立柱建物《ほったてばしらたてもの》や竪《たて》穴式住居《あなしきじゅうきょ》、竪穴建物《たてあなたてもの》などと呼ぶこともあります。

また、竪穴住居は川や海より少し高い土地に建てられていました。河川の氾濫や高潮を避けつつ、食料調達しやすい場所です。安全性が高く、食料が確保しやすい土地は、いまも昔も重要ですね。

※本書では年代をおおむね以下のように扱います。
旧石器時代（4万年前〜）
縄文時代（1万6500年前〜）
弥生時代（2350年前〜）
中世（平安時代〜）
近世（江戸時代〜）
近代（明治維新〜）
現代（戦後〜）

1 穴を掘る

地面を掘り下げるのはどうして？

地中の温度は年間を通して安定しており、夏涼しく、冬暖かいという特徴があります。縄文人はそれをよく理解しており、住居に生かしました。環境が厳しい北海道などでは、冬の凍結深度（地盤が凍る深さ）は約１００㎝。遺跡から人の背丈（2ｍ以上）ほど地中深く掘られていたことがわかっています（コラムP46参照）！　なんとたくましい縄文人。

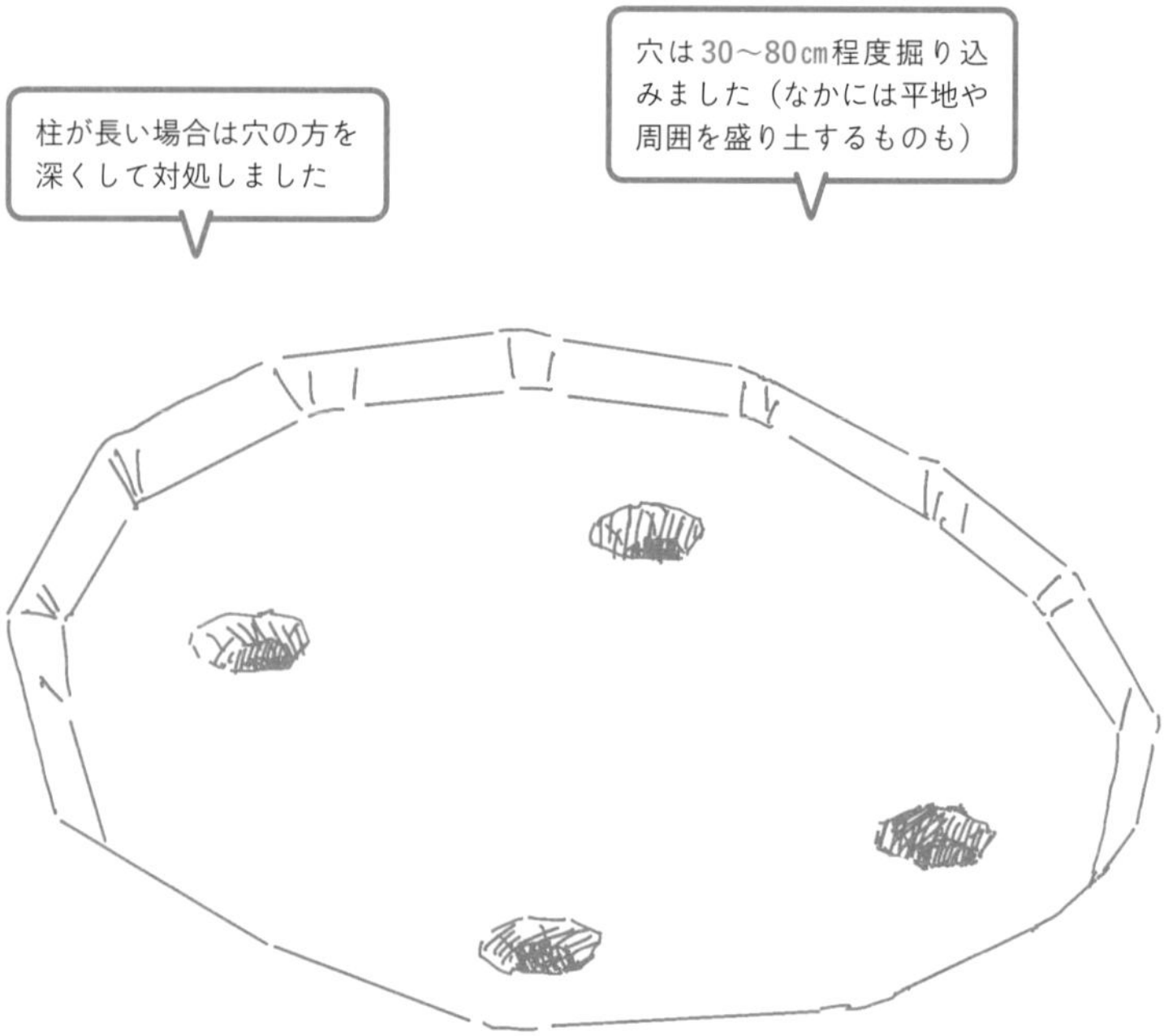
穴は30～80㎝程度掘り込みました（なかには平地や周囲を盛り土するものも）
柱が長い場合は穴の方を深くして対処しました

2 掘《ほっ》立《たて》柱《ばしら》

掘立柱って何？

掘って立てる柱なので、掘立柱といいます。ただ、木を土の中に埋めるのでどうしても腐朽しやすいことが弱点でした。そのため、水に強い広葉樹（クリなど）がよく使われました。

また、広葉樹の方が針葉樹（スギなど）に比べ、石器で切断（押し切る）・加工がしやすかったことも大きな理由です。要するに、広葉樹は縄文人にとって扱いやすい材料だったのです。

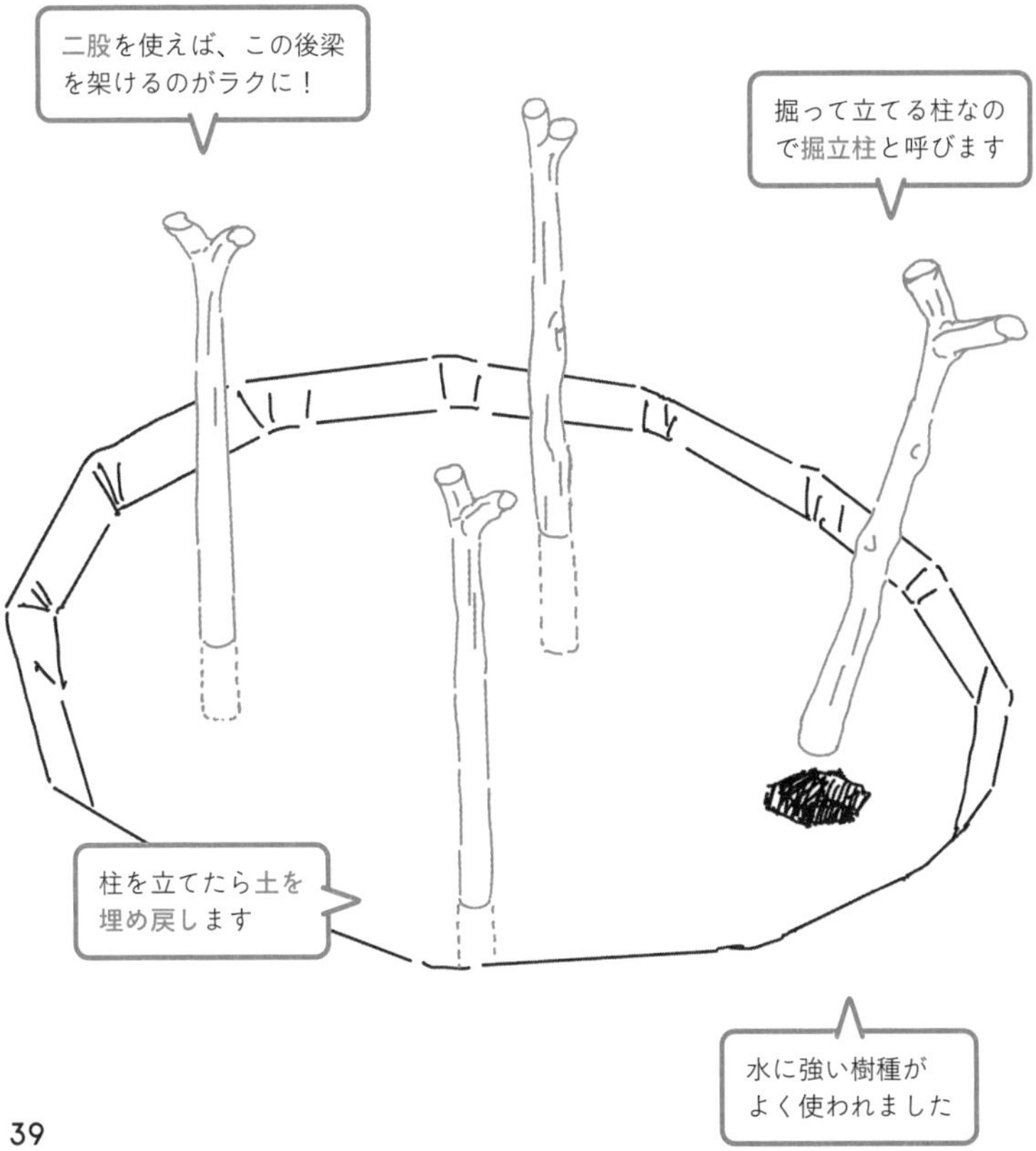
二股を使えば、この後梁を架けるのがラクに！
掘って立てる柱なので掘立柱と呼びます
柱を立てたら土を埋め戻します
水に強い樹種がよく使われました

3

梁《はり》

どうして柱や桁を丸太のまま使うの？

縄文時代にはまだノコギリやカンナがありませんでした。だから大きさや長さが異なる部材や自然の木の形状のまま組み合わせる方法が採用されたのです。また部材同士はすべて縄で縛って固定されています。

＊屋根のかかる桁を軒桁ともいいますが、本書では桁で統一しています。
＊梁・桁の違いは5参照。

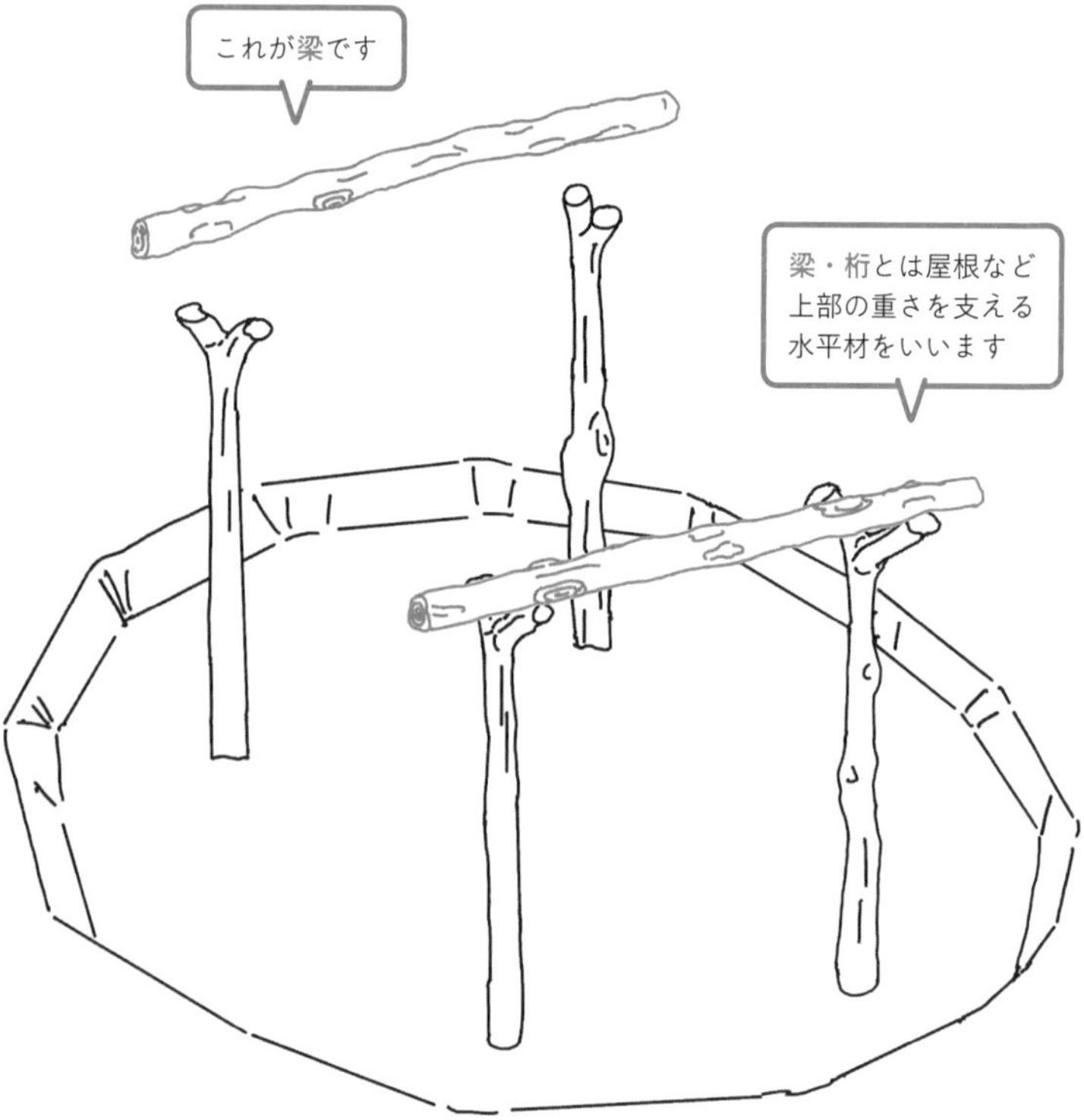

これが梁です
梁・桁とは屋根など上部の重さを支える水平材をいいます

4 桁《けた》

桁から梁が飛び出ているのはどうして？

余長（長めに材）をつくり、縄で縛るためです。

　これで4本の柱と4本の梁・桁による四角のフレームができました。このシンプルな四角いフレームの原理さえ押さえておけば、規模は理論上いくらでも大きくできるのです。

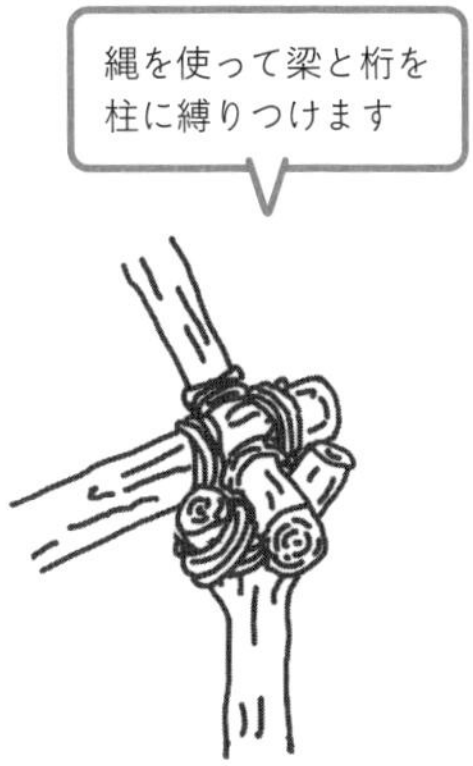
縄を使って梁と桁を柱に縛りつけます

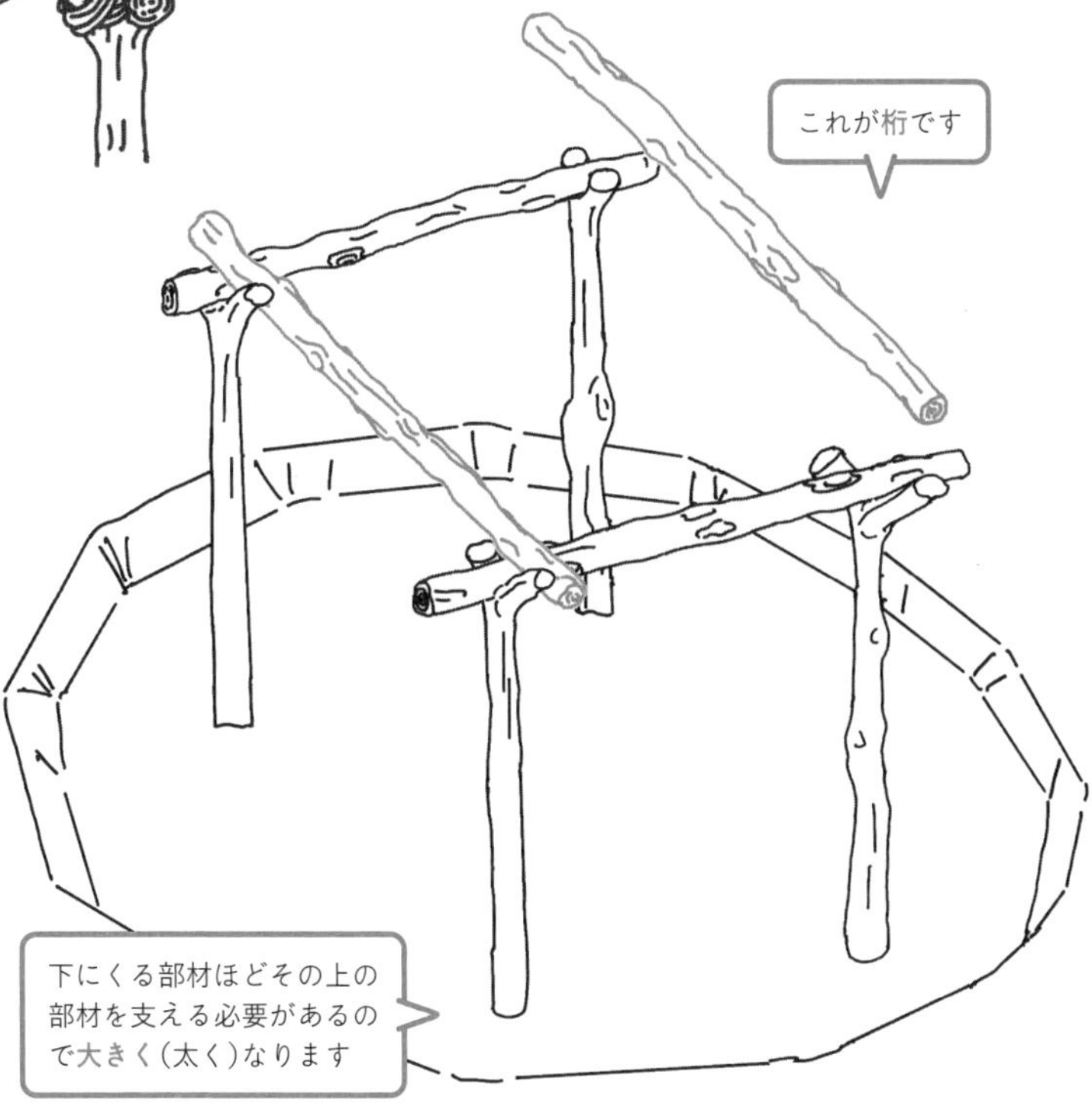
これが桁です
下にくる部材ほどその上の部材を支える必要があるので大きく（太く）なります

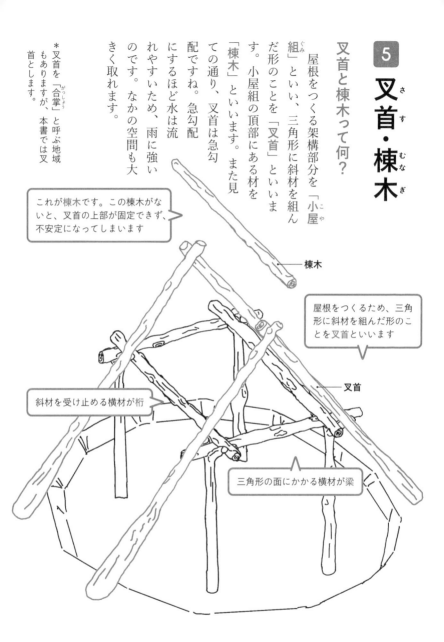

5 叉首《さす》・棟木《むなぎ》

叉首と棟木って何?

屋根をつくる架構部分を「小屋《こや》組《ぐみ》」といい、三角形に斜材を組んだ形のことを「叉首」といいます。小屋組の頂部にある材を「棟木」といいます。また見ての通り、叉首は急勾配ですね。急勾配にするほど水は流れやすいため、雨に強いのです。なかの空間も大きく取れます。

*叉首を「合掌《がっしょう》」と呼ぶ地域もありますが、本書では叉首とします。

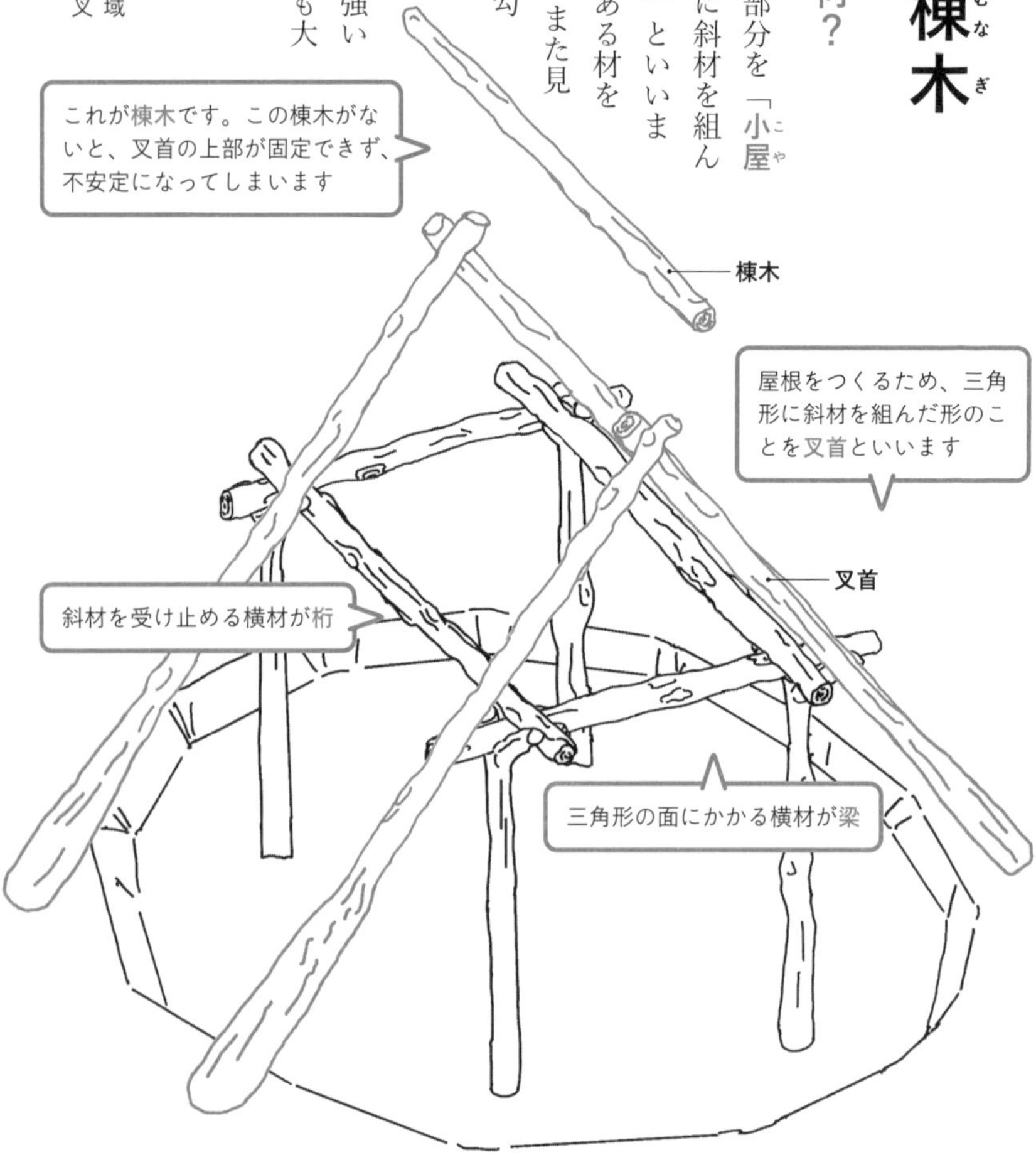

これが棟木です。この棟木がないと、叉首の上部が固定できず、不安定になってしまいます
棟木
屋根をつくるため、三角形に斜材を組んだ形のことを叉首といいます
叉首
斜材を受け止める横材が桁
三角形の面にかかる横材が梁

6

垂木《たるき》

フレームを先につくるのはなぜ?

ぜんぶ垂木でつくることもできますが、フレームがあった方が安定するためです。またフレームの棟木や梁・桁に架けていけばよいので、垂木の寸法は小さくできることも利点です。

部材を小さくすることができれば、軽くて施工もラクになり、大きな木を探さなくてもよいため好都合でした。

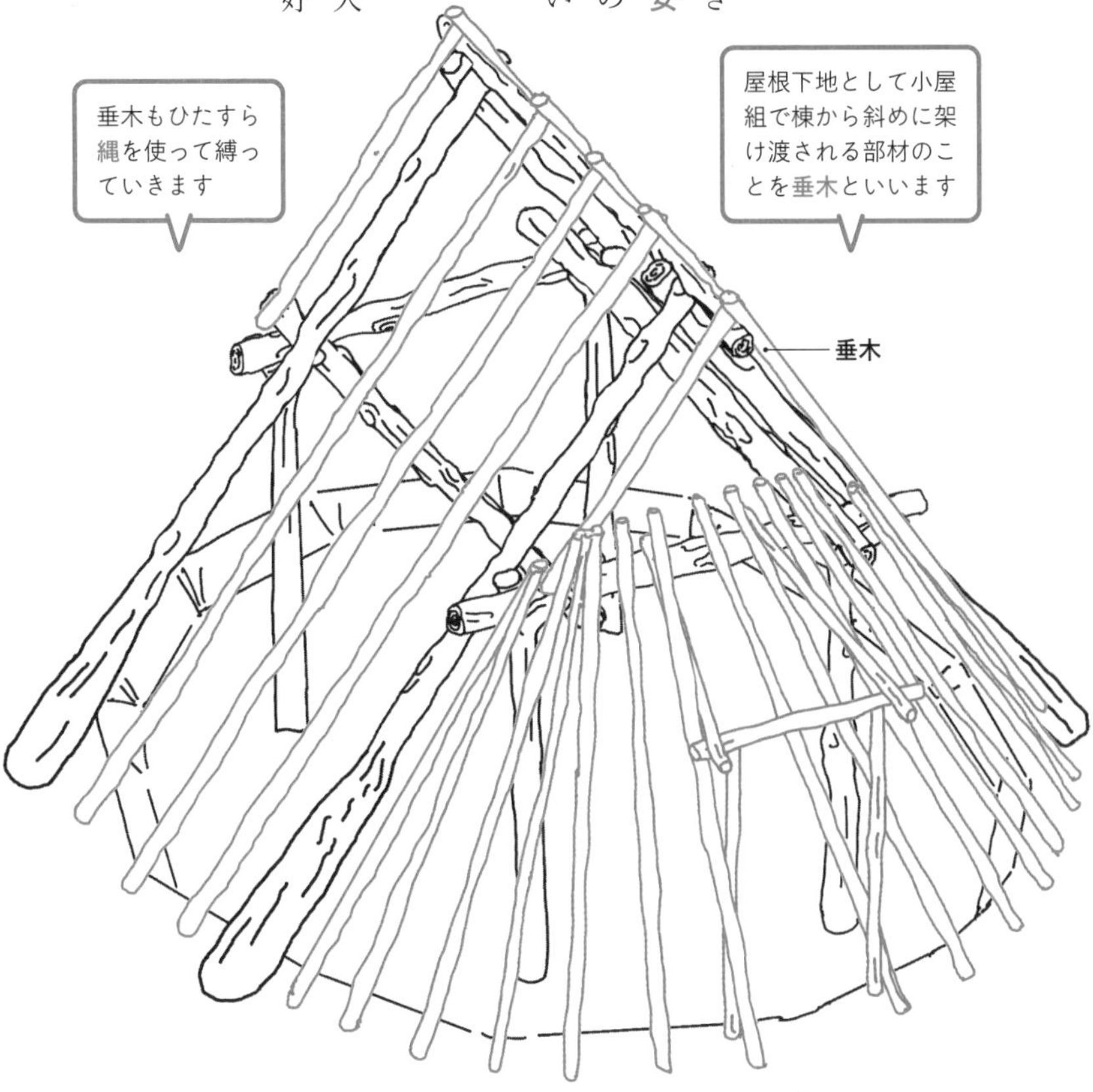
垂木もひたすら縄を使って縛っていきます
屋根下地として小屋組で棟から斜めに架け渡される部材のことを垂木といいます
垂木
入口の架構もつくっていきます

7 えつり（横《よこ》木《ぎ》）

えつりって何？ なぜ必要なの？

屋根材を葺くための下地材をえつり（横木）といいますが、これがないと草で屋根を葺けません。またえつりがあることで、垂木や叉首、棟木が一体になり、安定する効果があります。

えつりは茅の長さと留めやすさを考慮して間隔（スパン）を決めていきます。

これで架構ができた！

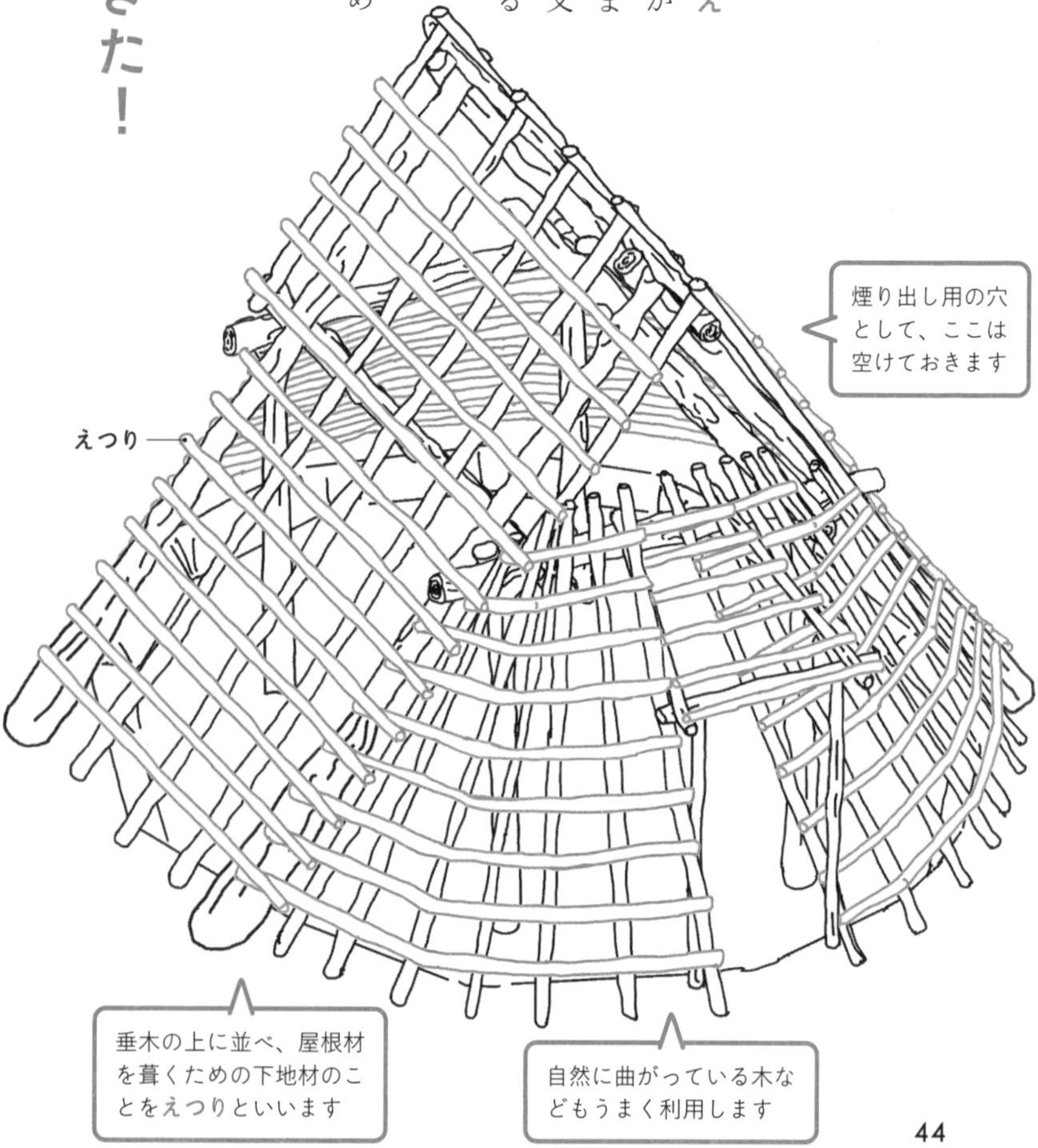
煙り出し用の穴として、ここは空けておきます
えつり
垂木の上に並べ、屋根材を葺くための下地材のことをえつりといいます
自然に曲がっている木などもうまく利用します

竪穴住居の完成形

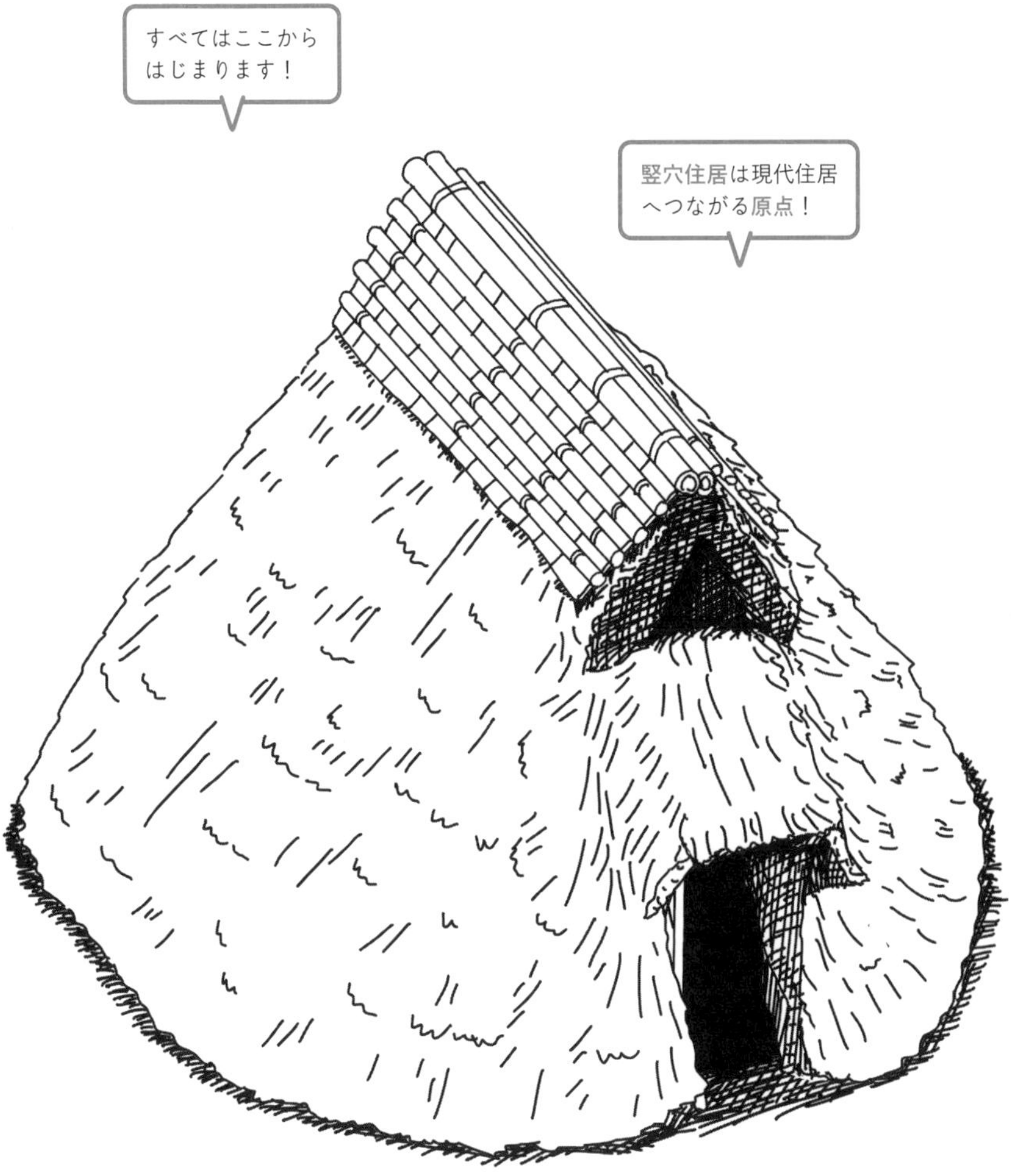
すべてはここから
はじまります！
竪穴住居は現代住居
へつながる原点！

こんなに深かった！
大船遺跡が伝える竪穴住居

北海道函館にある大船遺跡は縄文時代中期（約5500～4000年前）に存在した集落で、大船川沿岸の標高30～50mの海岸段丘上にあります。太平洋に面しており、クジラなどの海獣類やマグロ・サケなどの魚類の骨、カキなどの貝類が見つかったことから、海の幸をふんだんに取り入れる生活ができていたようです。

竪穴住居跡はなんと100棟を超え、遺物を包含する大規模な盛土遺構も見つかりました。さらに南西には墓や貯蔵穴を含む100基以上の土坑群が確認されています。

竪穴住居は床を深く掘り込んだ大型のものが多く、最大のものの深さはなんと2.4m！　盛土遺構からは膨大な量の土器や石器、焼土、クジラの骨などが出土しており、長期間継続して暮らし、祭祀・儀礼も伴った文化であったと考えられます。なお、すぐ近くの垣ノ島B遺跡からは世界最古の漆製品が出土しています。定住発展期後半の祭祀場である大規模な盛土を伴う拠点集落であったということが重要で、沿岸地域における生業と生活のあり方を示しています。

北海道函館の大船遺跡
はなんと深さ2.4m!!

民《みん》家《か》

民家とは、農村漁村において、気候風土や社会階級、地域による特色が表れている伝統的な民衆の住まいのことをいいます。現存する民家は石場建《いしばだ》て（後述）が多いですが、江戸時代までは掘立柱の民家が主であったことが考古学による研究によってわかっています。古いものほど閉鎖的で軒先は低く、柱はチョウナ仕上げや自然樹形のまま、梁は丸太形状のまま使われているのが見られます。

1 掘削《くっさく》と転圧《てんあつ》（地業《じぎょう》❶）

穴を掘るだけでなく地業へと進化

掘った穴の上にそのまま構造材を載せるのではなく、地業を行い、地盤をしっかりと固めます。「地業」とは地盤に施される基礎工事の総称をいいます。

やわらかい地盤は**沈下の原因**になるため入念に突き、地盤を締め固める必要があります。とくに上部の重量を支える柱の直下の地盤を強固にすることは重要です。そのため**砕石**《さいせき》を入れるのです。

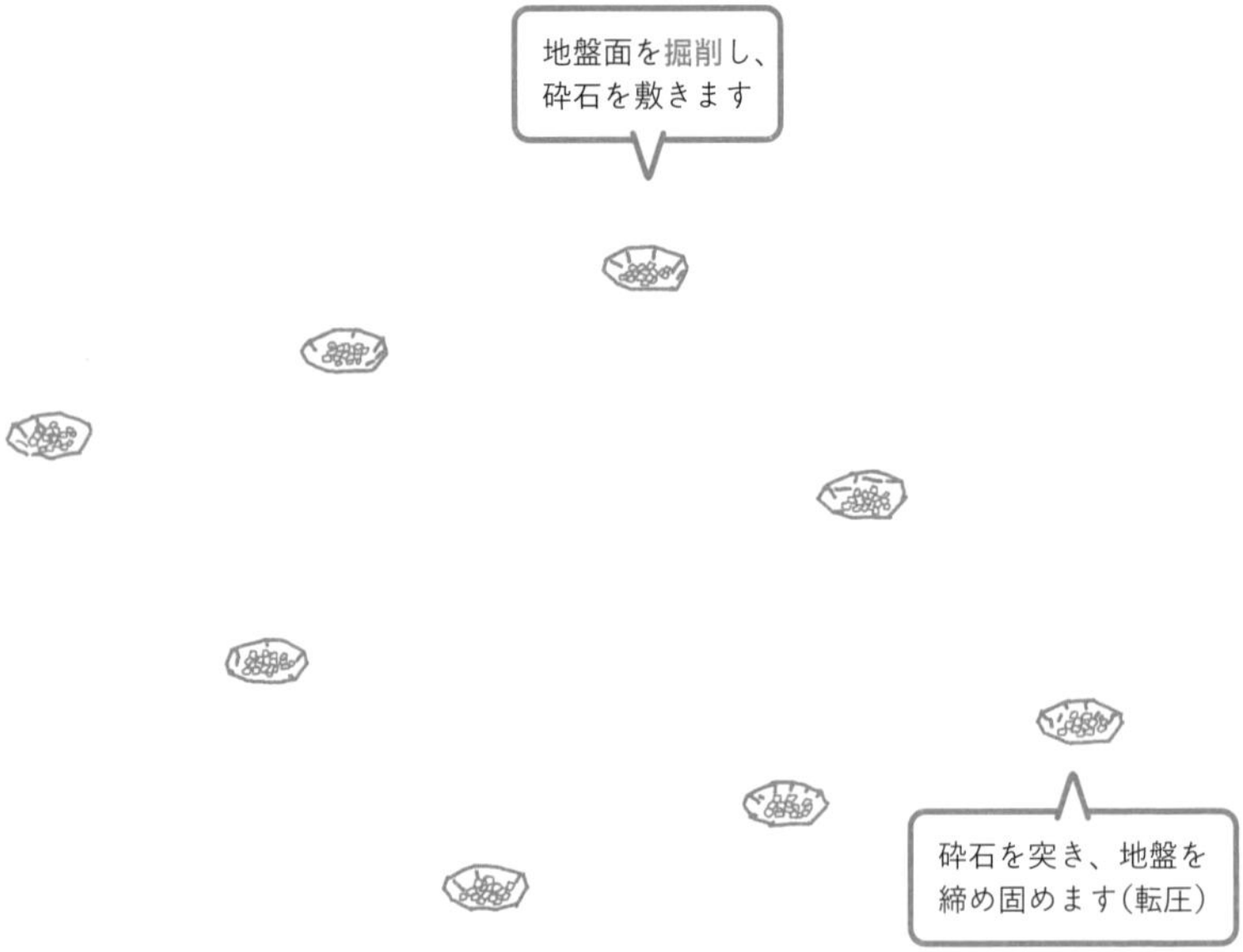
地盤面を掘削し、砕石を敷きます
砕石を突き、地盤を締め固めます（転圧）

2 礎石《そせき》（地業❷）

どうして礎石を据えるの？

土の中にそのまま柱を立てる掘立柱は先述の通り、足元が腐朽しやすいという問題を抱えていました。そこで石を据えてから柱を立てる石場《いしば》建《だ》てが生まれたのです。

掘立から礎石への進化によって建物の耐久性は向上しました。ですが、礎石の上に柱を載せるだけなので、掘立柱に比べると地震に対して耐力が劣ります。そこで柱の足元が開かないように地貫《じぬき》や大引《おおびき》、足固《あしがた》めなどが発生しました（いずれも後述）。

礎石は柱をその足元で支える石。自然の玉石が用いられることが多いため、光つけの技術も生まれました

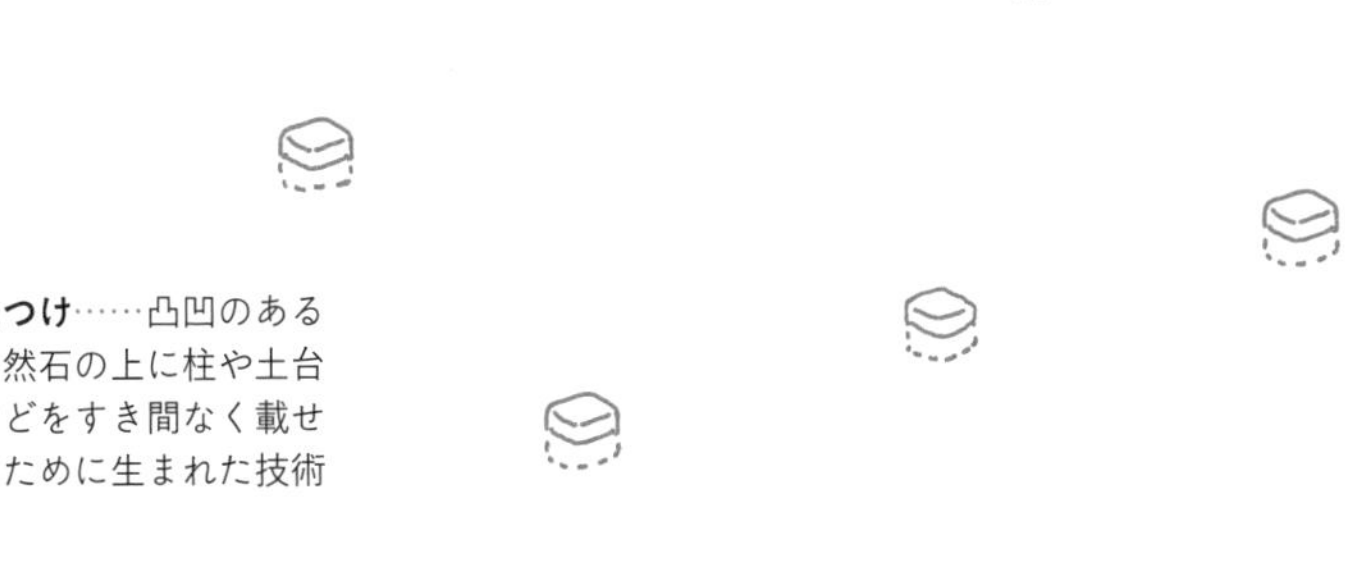

光つけ……凸凹のある自然石の上に柱や土台などをすき間なく載せるために生まれた技術

3 柱立《はしらだ》て

柱のでっぱりは何？

あとで梁と桁を組むためのホゾです。材同士を接合するために仕《し》口《ぐち》に施された突起状の加工をいいます。柱を立てた後に加工することは困難なのです。ホゾだけでなく、貫《ぬき》を差し込むためのホゾ穴も先に空けておく必要があります。

江戸初期の民家は台鉋《だいがんな》などを使用せず、自然樹形を活かした木組みがよく見られます。柱はチョウナやヨキで荒々しく仕上げていることもあり、力強さを感じさせます。

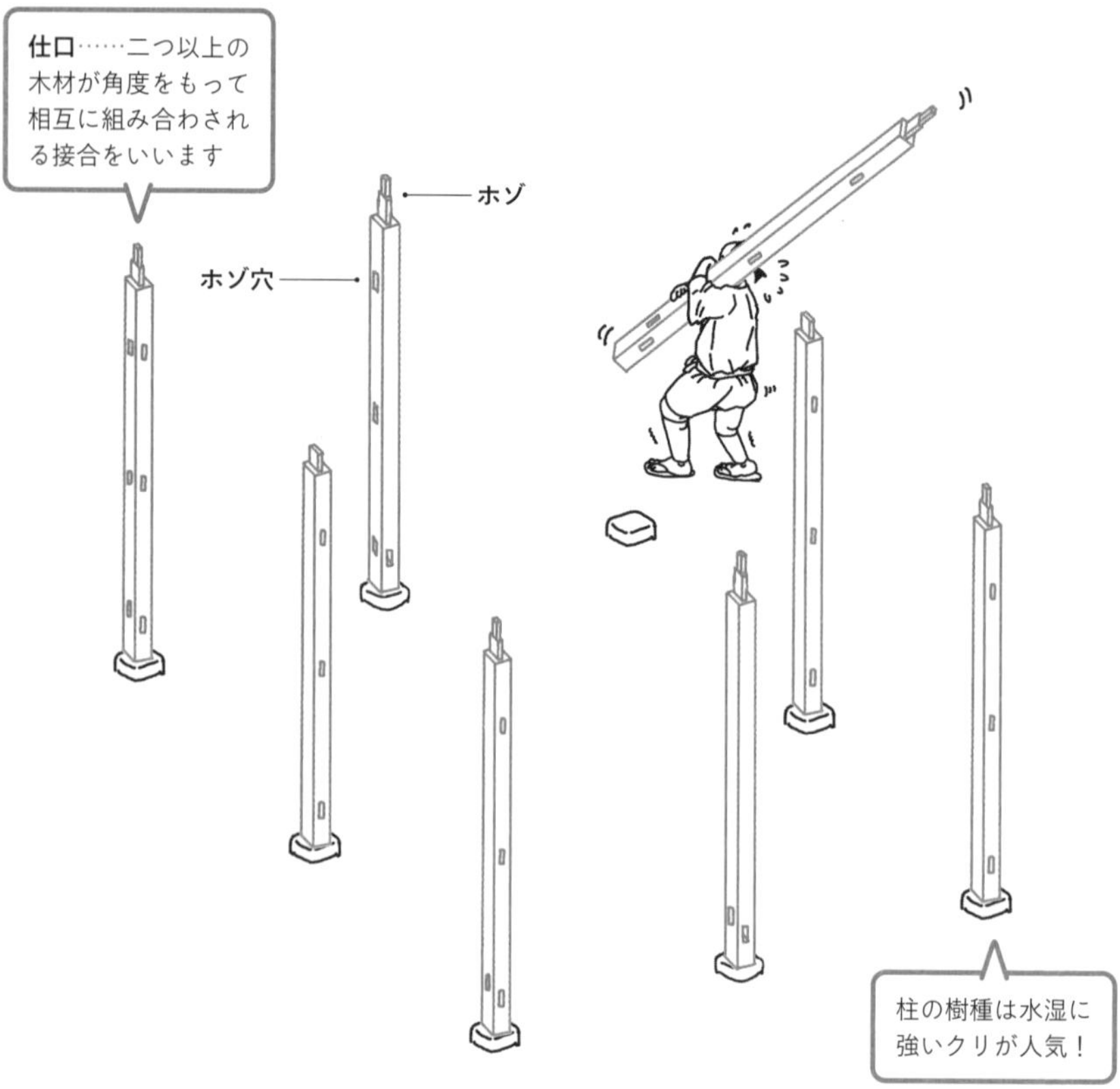
仕口……二つ以上の木材が角度をもって相互に組み合わされる接合をいいます
ホゾ
ホゾ穴
柱の樹種は水湿に強いクリが人気！

4

地《じ》覆《ふく》・大《おお》引《びき》

柱と柱の間の部材は何?

柱間を堅固につなぐための地覆や大引です。

「地覆」とは、建物の足元を固めるために建物外周の柱の根元に取り付けられる横木です。「大引」とは、建物の足元を固め、かつ床の下地として柱の根元に取り付けられる横木をいいます。

現代では床を支える構造材である大引ですが、もともと軸組をがっちり固めるためのもので、束はない場合もありました。

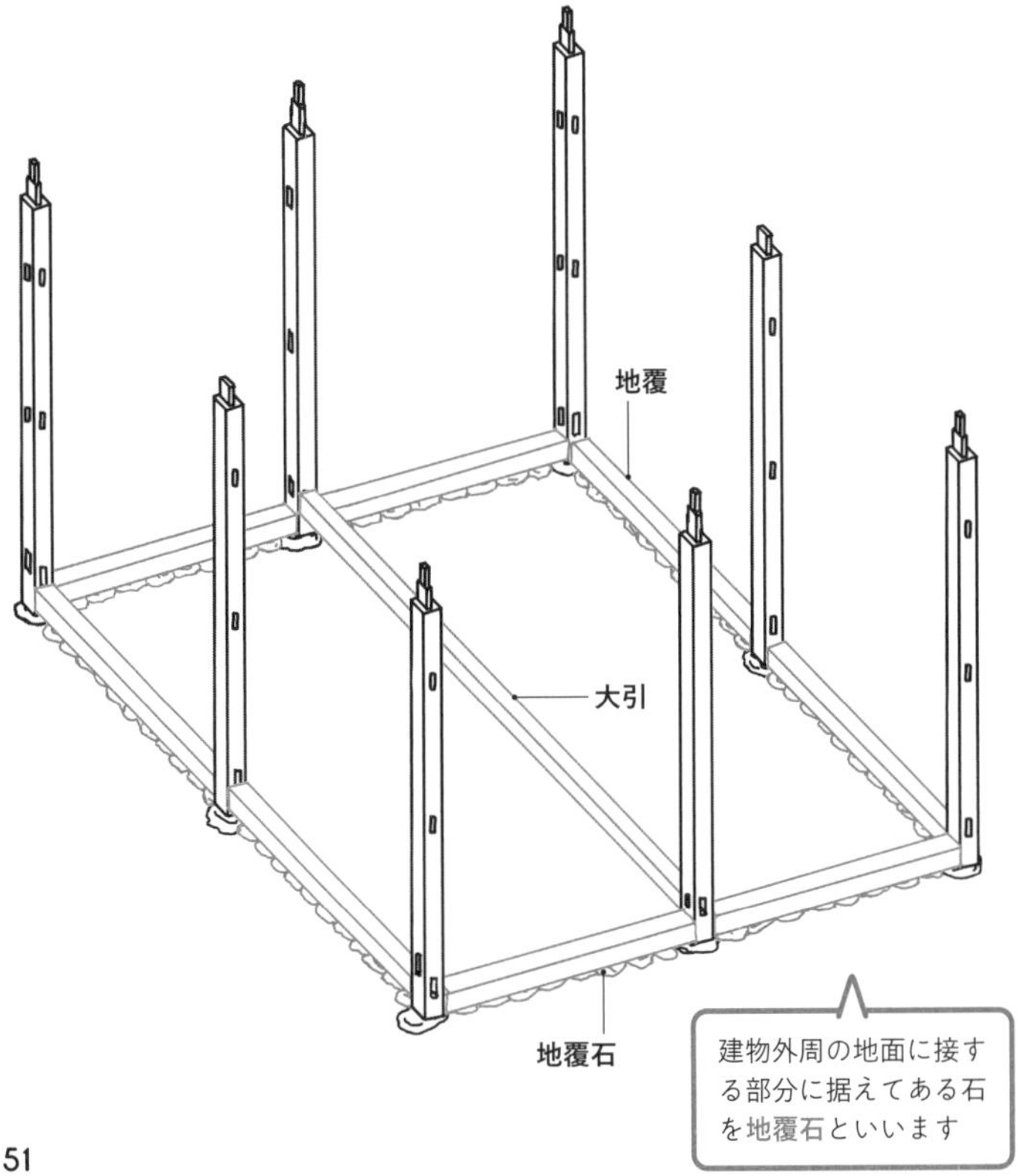
地覆
大引
地覆石
建物外周の地面に接する部分に据えてある石を地覆石といいます

5 貫《ぬき》

貫はなぜ必要なの？

地震で揺れると、**貫**は柱にめり込んで粘り強く変形に耐えてくれる重要な役割を担っています。伝統建築が生み出した、優れた減衰《げんすい》構造と木の特性といえる復元力《ふくげんりょく》を活かす重要な部材です。

近年、実物大の実験によっても**貫構造の耐震性**が立証されました。貫によって**粘り強い**軸組がつくられているのです。

＊ちなみに柱に貫を通す技術自体は、縄文時代の高床式住居からありました（桜町遺跡など）。

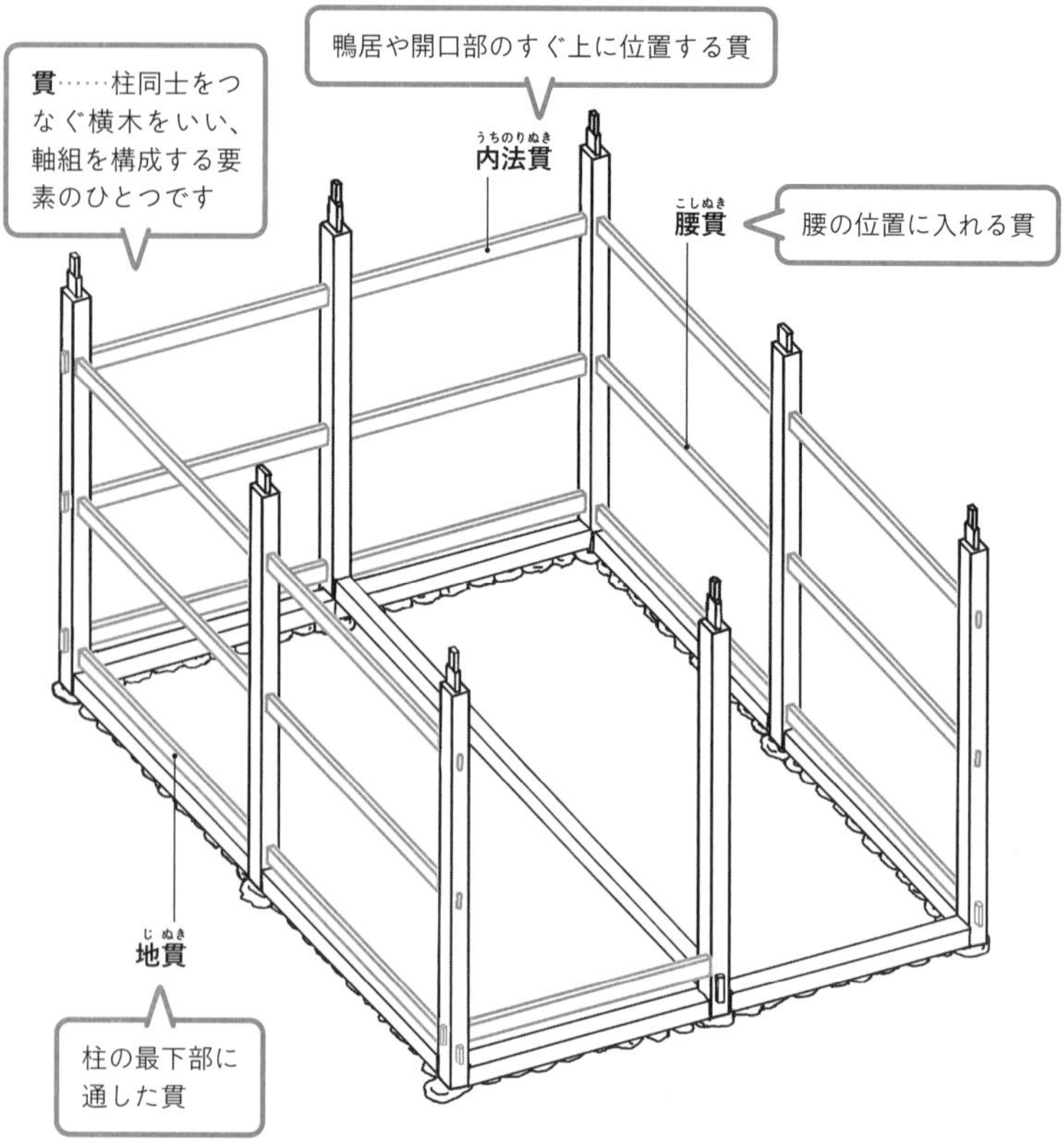

貫……柱同士をつなぐ横木をいい、軸組を構成する要素のひとつです
鴨居や開口部のすぐ上に位置する貫
内法貫《うちのりぬき》
腰貫《こしぬき》
腰の位置に入れる貫
地貫《じぬき》
柱の最下部に通した貫

6 梁《はり》

真ん中の丸太梁《まるたばり》だけ太いのはどうして？

両端の梁は中間の柱で支えることができます。しかし、真ん中の梁の中間には柱がないので、その分、梁の寸法を太く（大きく）しないと構造がもたないのです。

自然樹形の湾曲を利用する丸太梁は、曲がりや曲面が多いため、墨付けや継手仕口の加工はしづらいです。しかし逆に丸太梁をうまく使えることは、大工の技術の高さの現れでもあります。なので、民家の木架構は見所のひとつなんですね。

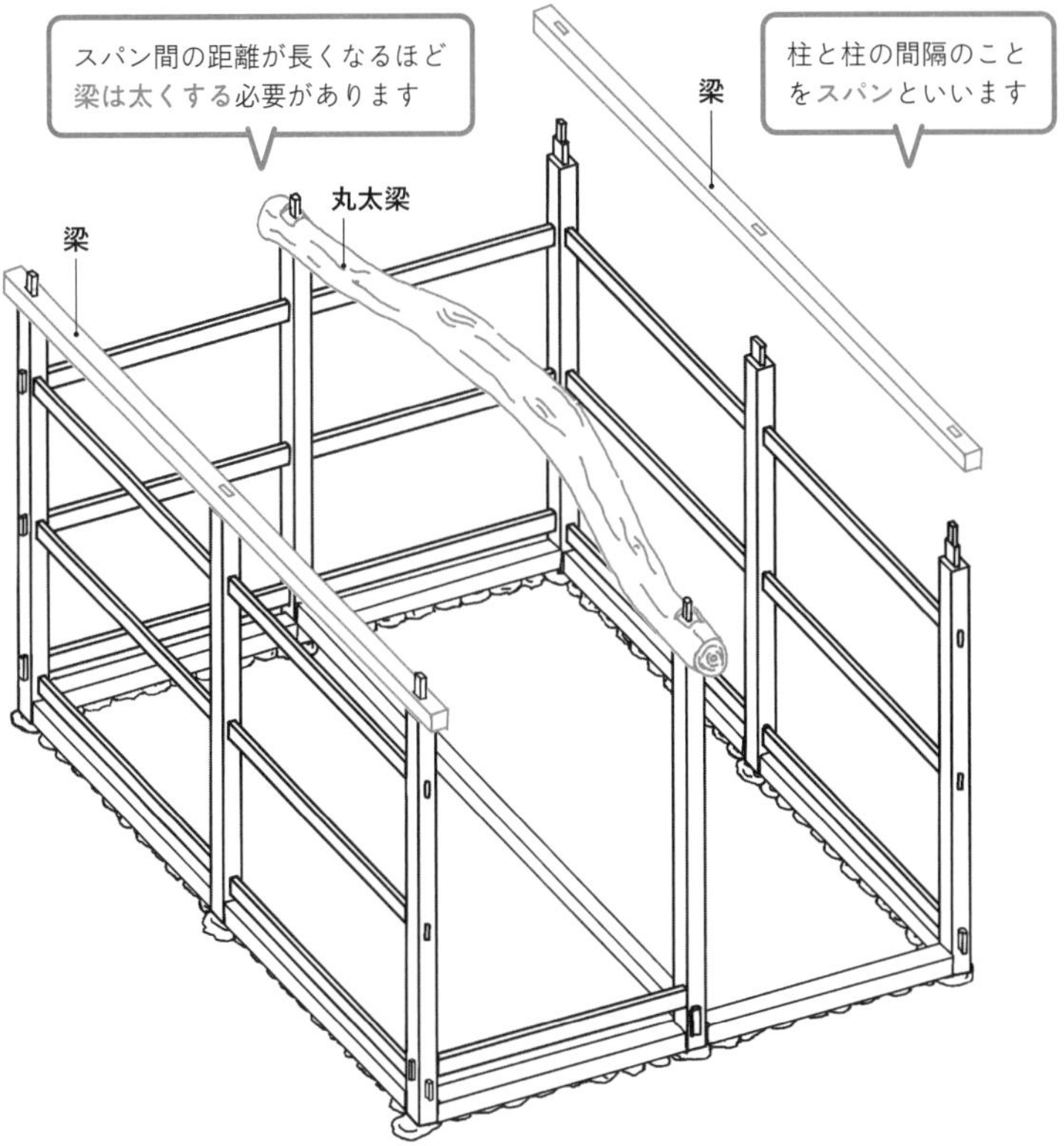
スパン間の距離が長くなるほど梁は太くする必要があります
柱と柱の間隔のことをスパンといいます
梁
丸太梁
梁

7 桁《けた》／軸《じく》組《ぐみ》完成

軸組って何？

軸組とは、小屋組を除き、**柱・梁桁・貫等で組まれた架構**をいいます。小屋組が載る前の状態で、構造が完結しているところがポイントです。

梁も桁も**柱から飛び出る長さ**になっています。竪穴住居では部材の**余長**を利用して縛っていました。一方の民家は、梁や桁材を長めにした上で**切り欠き**をつくって、がっちり相互が噛み合うような**仕口**《しぐち》に進化しました。余長がないと**部材は外れやすく**、強度も低くなるためです。

＊なお、外壁をつくる柱の上で水平に廻る梁と桁のことを地廻《じまわ》りといいます。

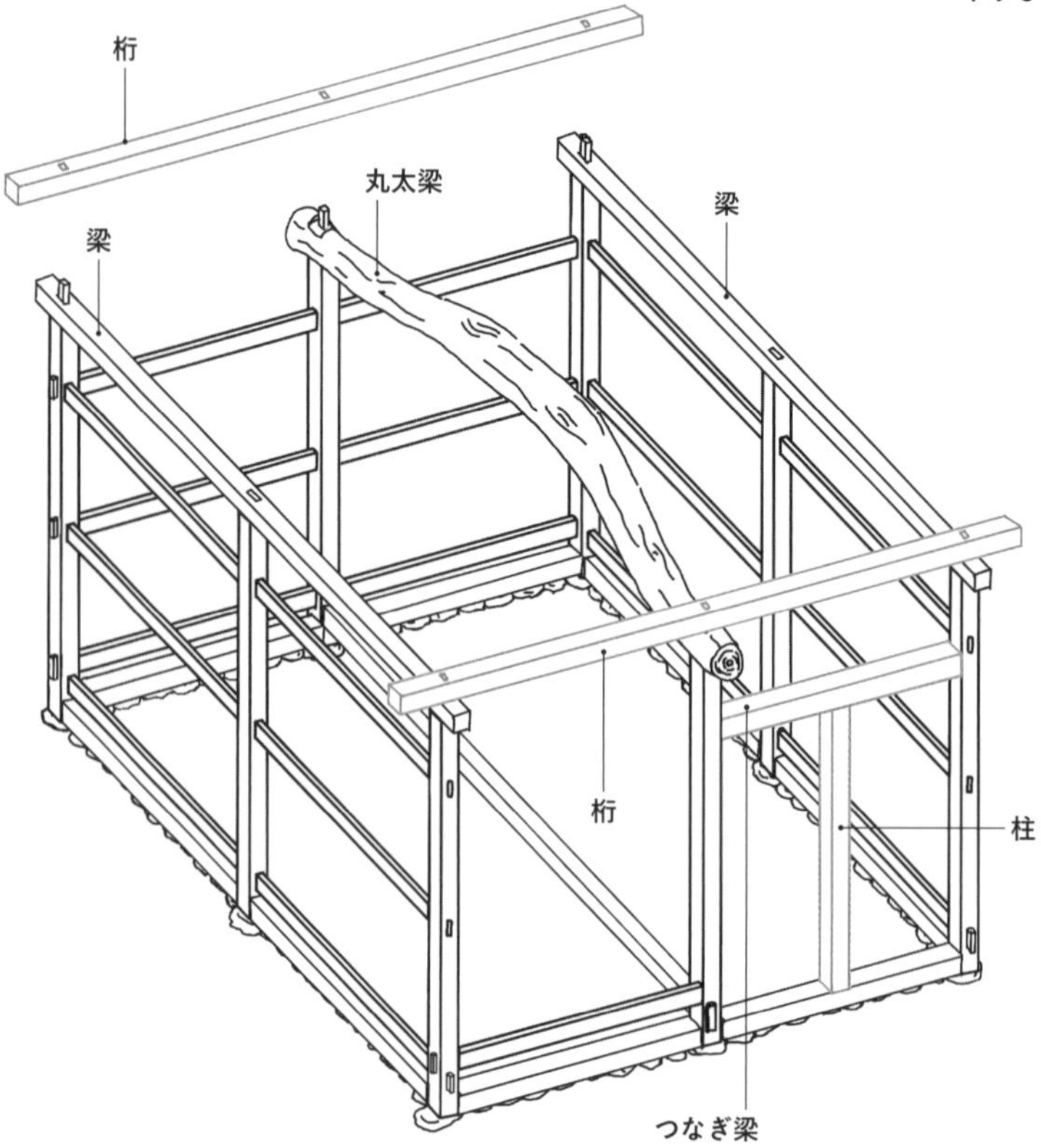

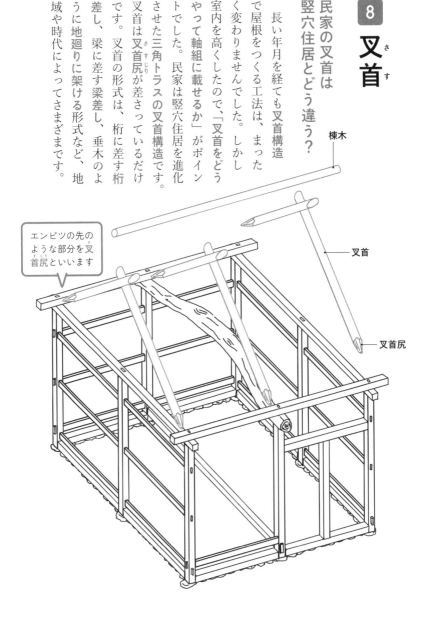

8 叉《さ》首《す》

民家の叉首は竪穴住居とどう違う？

長い年月を経ても**叉首構造**で屋根をつくる工法は、まったく変わりませんでした。しかし室内を高くしたので、「**叉首をどうやって軸組に載せるか**」がポイントでした。民家は竪穴住居を進化させた**三角トラスの叉首構造**です。叉首は**叉《さ》首《す》尻《じり》**が差さっているだけです。叉首の形式は、桁に差す**桁差し**、梁に差す**梁差し**、垂木のように**地廻りに架ける**形式など、地域や時代によってさまざまです。

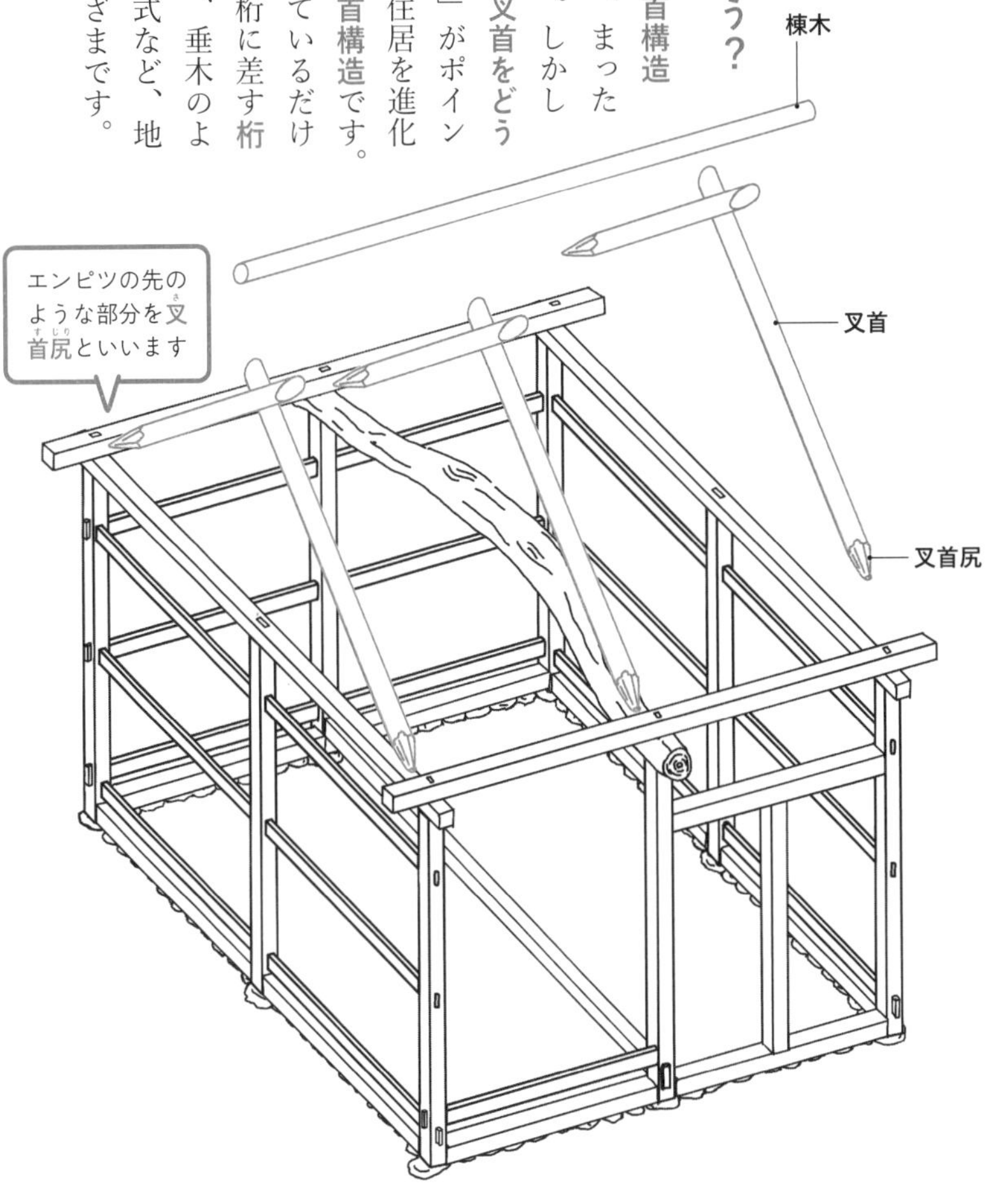

棟木
叉首
叉首尻
エンピツの先のような部分を叉《さ》首《す》尻《じり》といいます

9 母屋《もや》（叉首《さす》）

母屋って何？

母屋とは、**垂木**を受けるために**桁**や**棟木**と平行に配する横木のことをいいます。叉首よりも細かい間隔で取り付けていきます。

竪穴住居も同様ですが、**上に載る部材ほど小さくできること**、またその分、**間隔は密になること**の原理は覚えておきましょう。部材を**互い違いに組んでいく**ことも同様に重要な原理です。このことは現代においても共通です。

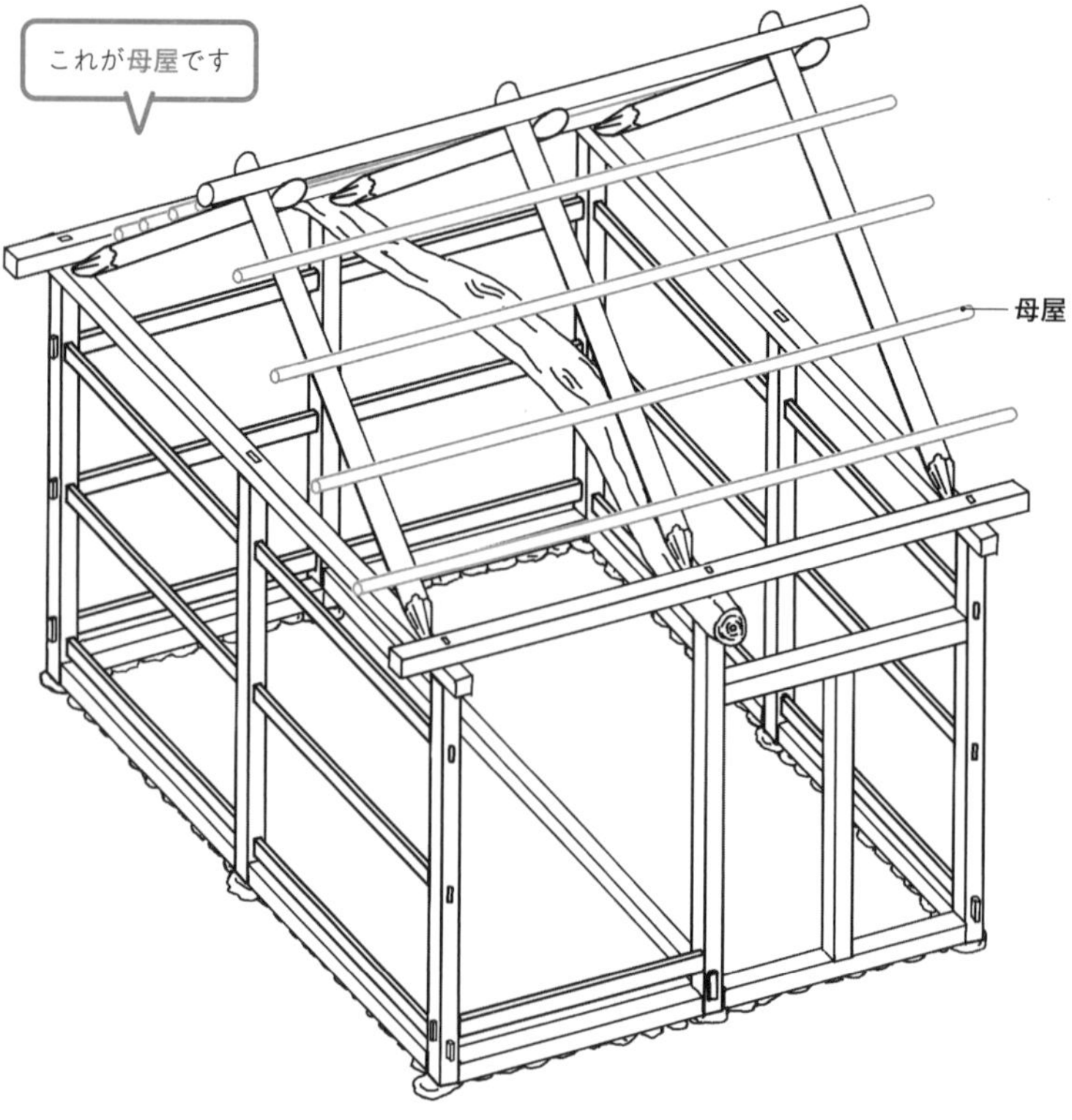

10 垂木《たるき》（叉首《さす》）

垂木は角材じゃなくて丸太や竹でいいの？

いいところに気がつきましたね。この上に屋根葺材の茅《かや》を緊縛するので、叉首・母屋・垂木は必ずしも**角材である必要はない**んです。実は前述した竪穴住居と同じ原理なんですね。ちなみに「茅」とは、**屋根を葺く草の総称**です。民家の葺材としてもっとも使われていたのが**ススキ**で、その他にチガヤ、かりやす、**稲藁《わら》**や**麦藁**などの穀物の殻も利用されてきました。

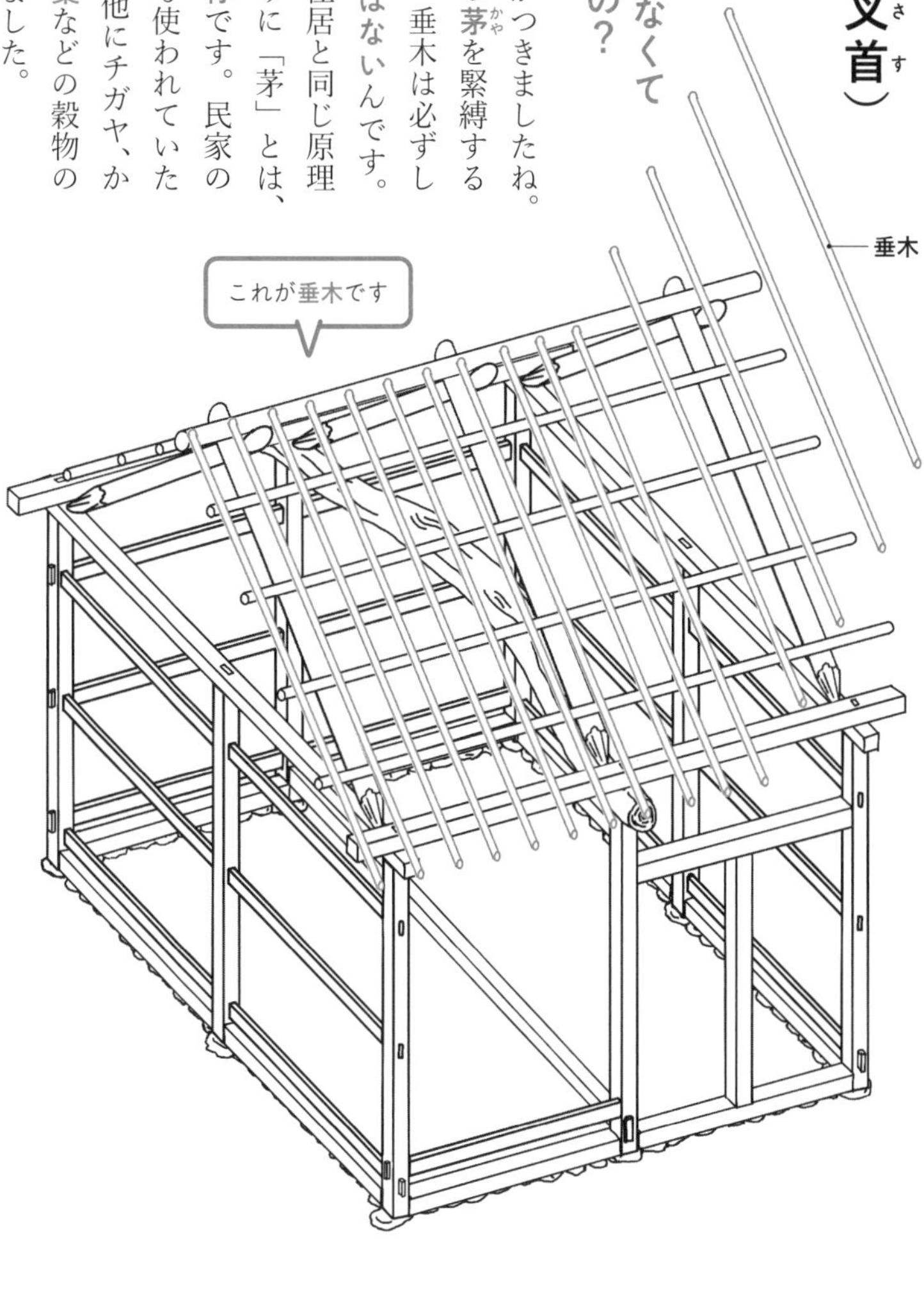

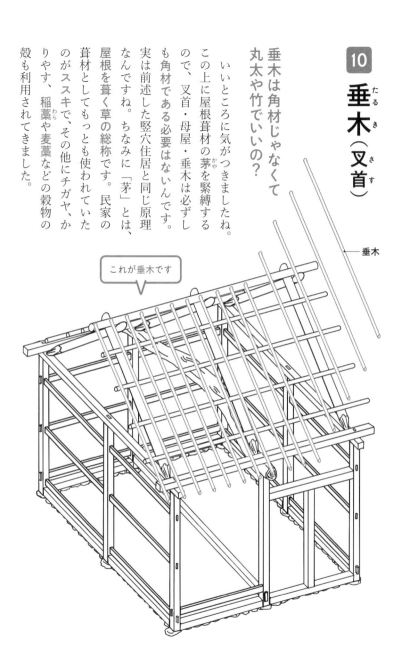

11 根《ね》太《だ》

根太って何？

床板を支えるための下地になる横架材を根太といいます。現代のように角材をつくるのは大変だったので、丸太の上下面のみ削って使用しました。根太は大引または床板に対して直交に配されます。

めずらしい例として、ほぼ丸太のまま根太にして、床板の方を削った民家もありました。

これで架構ができた！

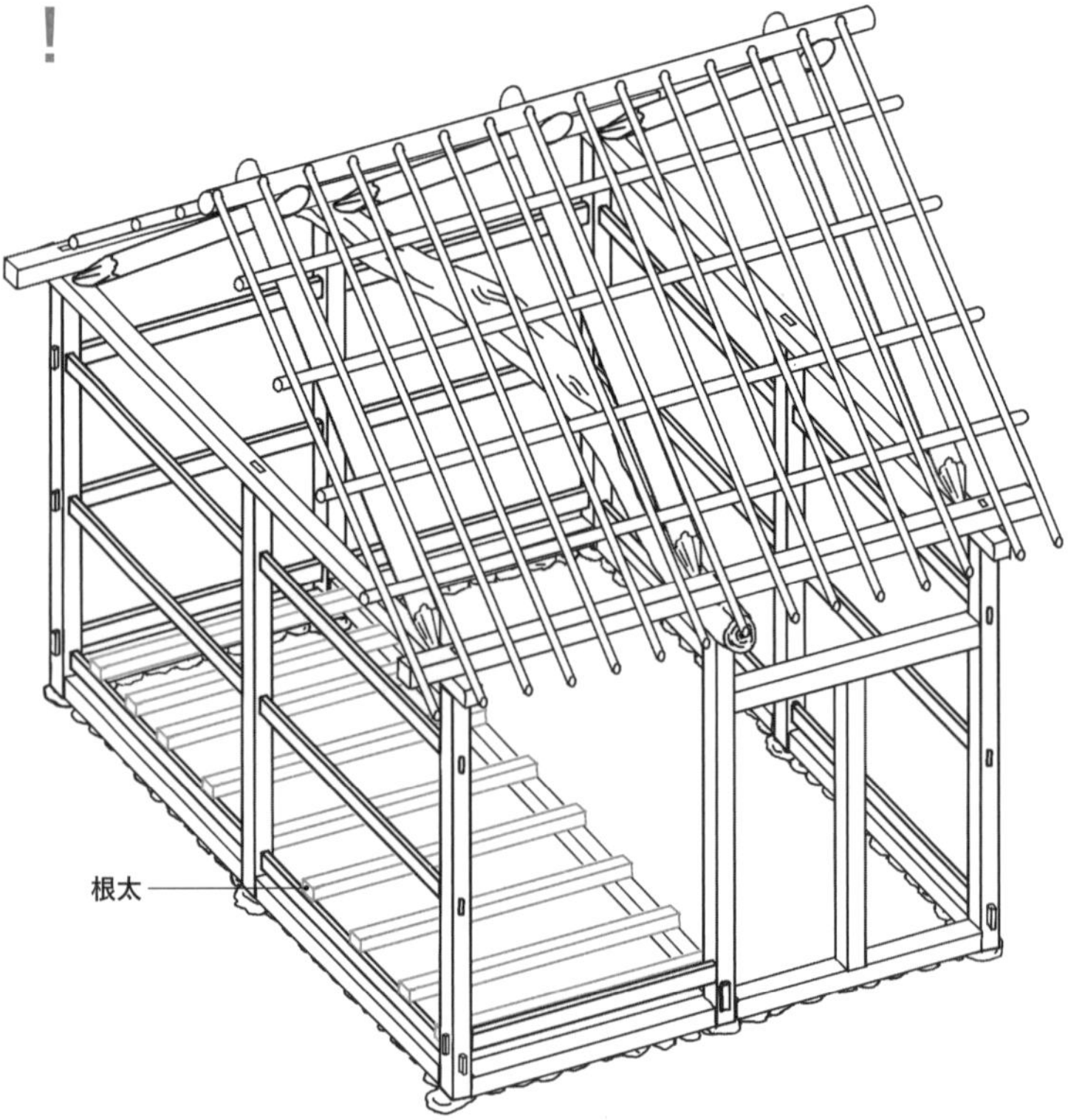

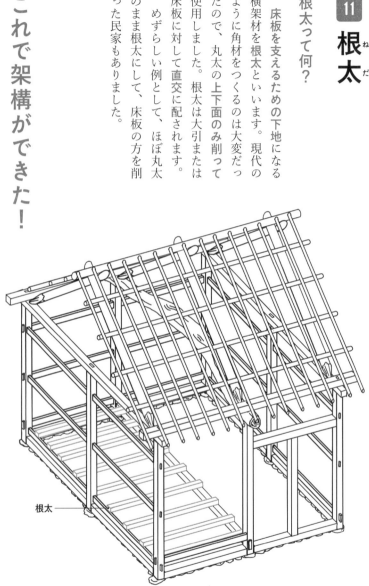

民家の完成形

民家は住居進化の歴史を実物で知ることのできる貴重な存在！
農村では職人さんの仕事と村人たちの共同作業が組み合わされて、民家がつくられました！

普請《ふしん》は一大イベントでした！

普請とは、職人と村人の共同
作業（結《ゆい》ともいう）のこと

江戸時代の民家の普請帳を見ると、普請にかかった実際の経費をはじめとして、提供された物品や労力、援助や協力を受けた人々の名前が載っています。普請は、人々の付き合いや地域のつながりそのものでした。その一方、労働や材料等の交換という性格ももっていました。

普請過程では、習俗や信仰も垣間見ることができます。なかでも地鎮祭《じちんさい》（地祭ともいう）は現代でも行われる代表的なもののひとつでしょう。幣《ぬさ》を四方に立て普請地を清め、その後、柱の立つ場所を多数の人が突き固めるやり方などがあります。この地搗《じつ》き作業を「ドツキ」「タコツキ」などと呼び、これに地搗きの唄が伴いました。

町家《まちや》

町家とは、その名の通り、町に建つ町人のための住まいです。

農村漁村に多い民家に比べて、町家の敷地は間口が狭く、奥行は長いことが特徴です。狭い中でも採光や通風を得るための工夫として、通り庭や坪庭、吹抜けを利用するようになりました。また、両隣りが軒を接して建ち並んでいるため、火災発生時の被害が大きく、それを防ぐために外壁を漆喰で塗り込めるなどの手法も発達しました。

1 掘削《くっさく》と転圧《てんあつ》

地盤はどうして強固していったの？

架構がいくらしっかりしていても、地盤が固まっていなければ意味がないためです。なかには杭を打ち、その上に板や石を重ねる技法もありました。

礎石の位置（柱の位置）が決まったら、**根切り**《ねぎ》（掘削のこと）します。大規模な地業では**櫓**《やぐら》を組んで、大人数で**割栗石**《わりぐりいし》を突き固めました。その後、礎石を据えて再度突き固め、**強固な地盤**をつくりました。

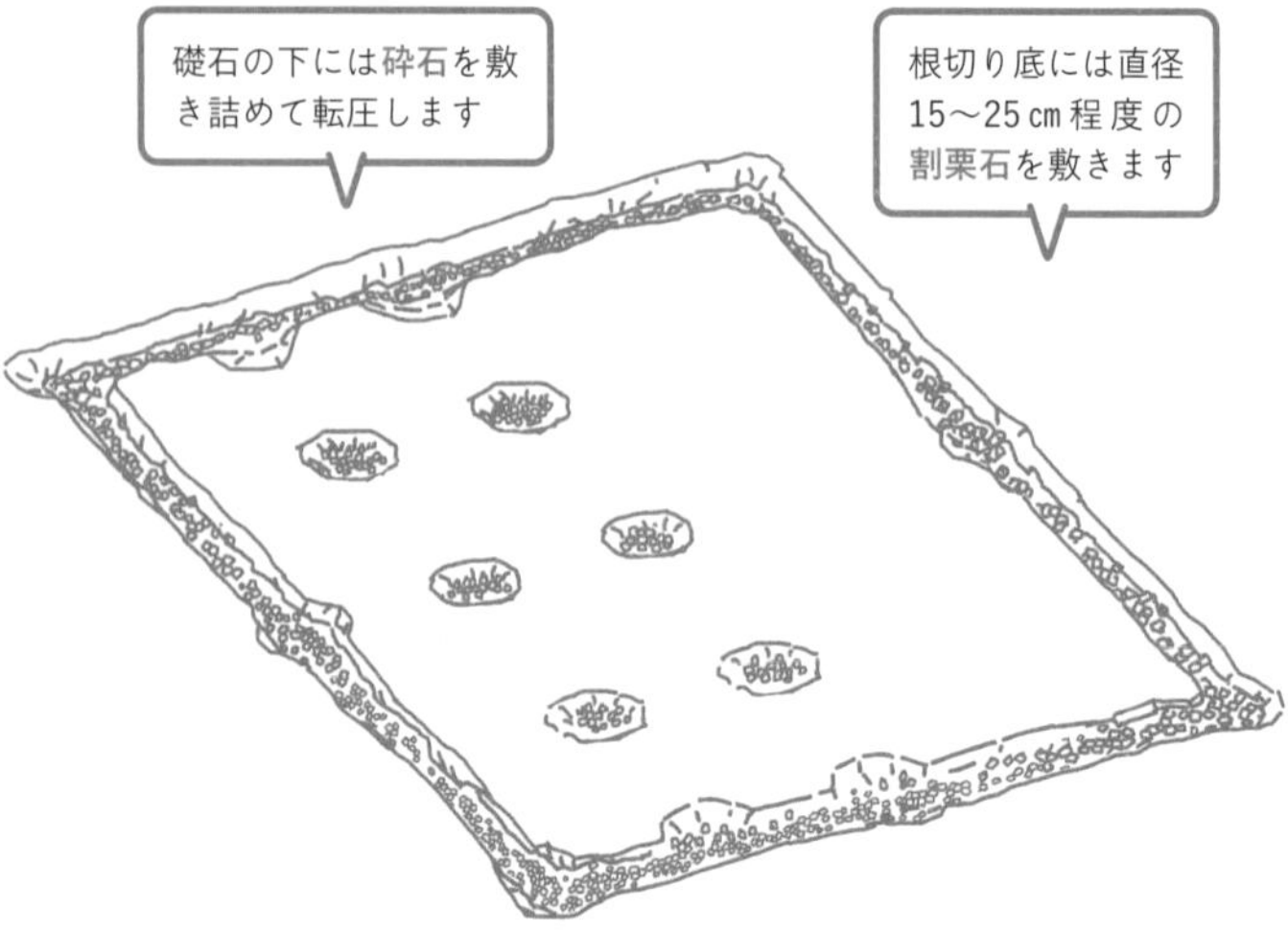

礎石の下には砕石を敷き詰めて転圧します
根切り底には直径15～25㎝程度の割栗石を敷きます

2 礎石《そせき》

礎石が外周に廻ってるのはどうして？

民家で見たような玉石ではなく、ここでは礎石（切石）を敷き並べ、基礎が水平（フラット）になっていますね。これは、地震があったときに家ごと基礎の上を滑らせて力を逃がすことが考えられているのです（免震構造）。

過去の記録でM《マグニチュード》7を超える地震があった際も、このような免震構造の木造伝統軸組建築は被害を免れたことがわかっています。

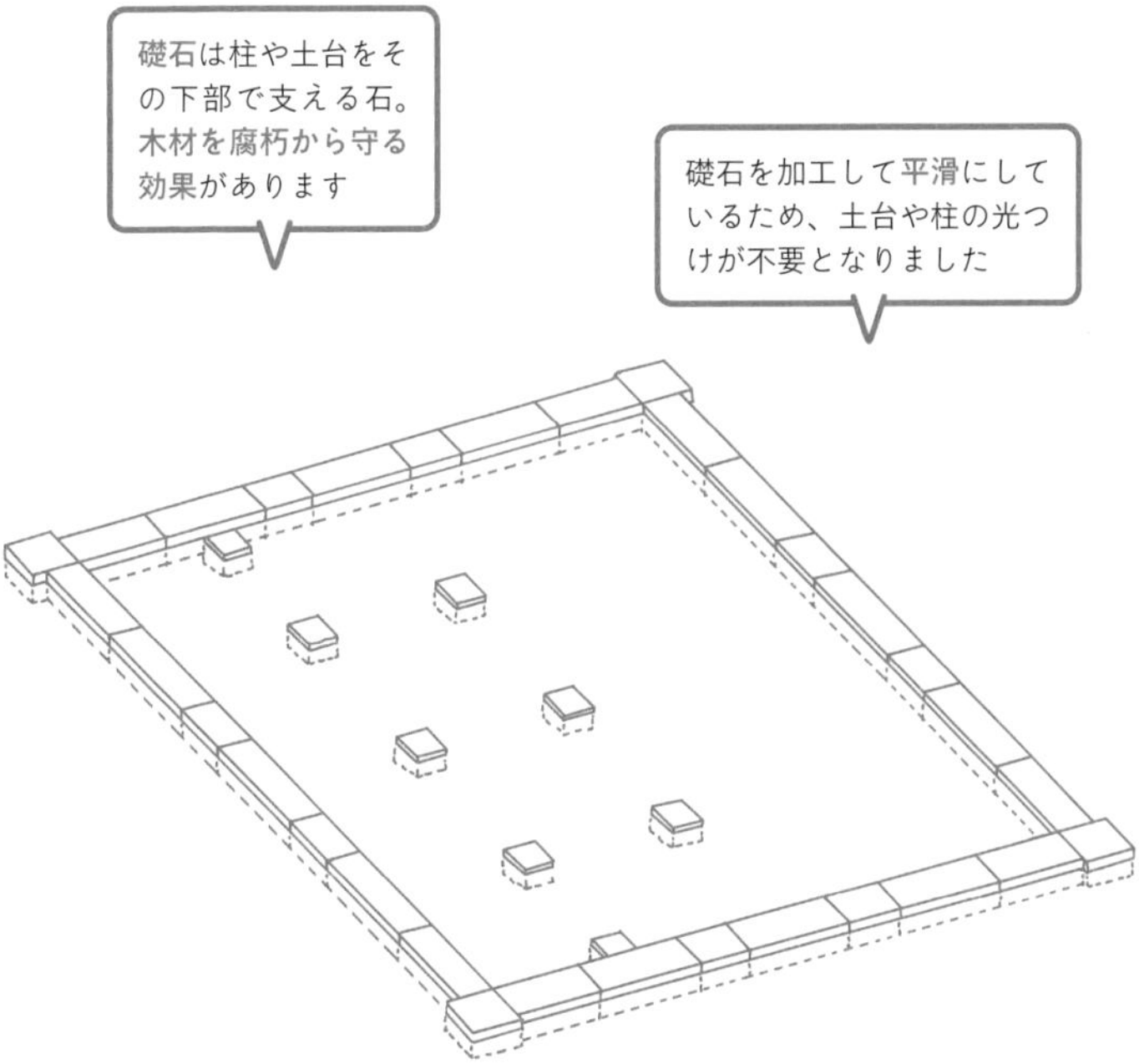
礎石は柱や土台をその下部で支える石。木材を腐朽から守る効果があります
礎石を加工して平滑にしているため、土台や柱の光つけが不要となりました

3

土《ど》台《だい》

土台って何？

礎石の上に木材を横使いに載せたものが土台です。この土台の上に柱が載ります。

土台の普及は、18世紀後半以降といわれています。側柱の安定や柱脚部（腐朽）の維持管理の工夫を考えたゆえでしょう。ただし、礎石に接する土台の下端は湿気の影響で耐久性に乏しくなり、これは現代住居においても共通の課題です。

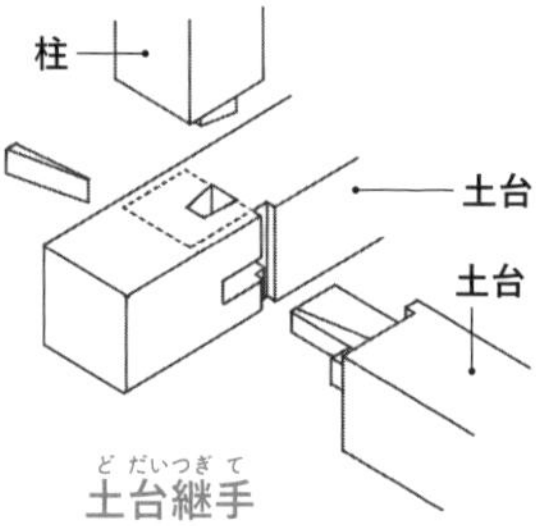

柱
土台
土台

土台を設えれば、柱を同じ長さに揃えられるメリットもあります

土台継手《どだいつぎて》

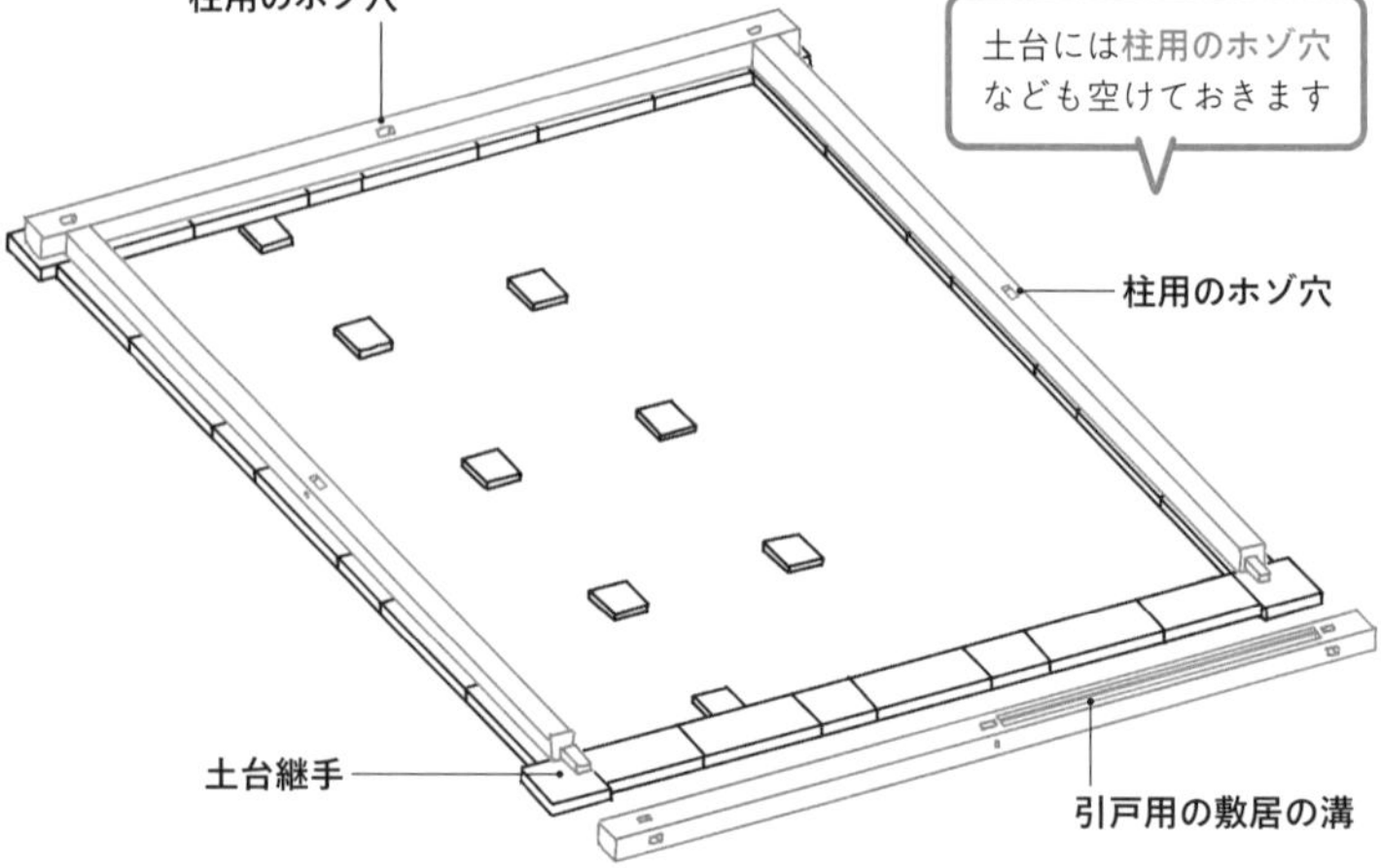

柱用のホゾ穴
柱用のホゾ穴
土台継手
引戸用の敷居の溝

土台には柱用のホゾ穴なども空けておきます

4 柱立《はしらだ》て

柱が土台の上に載っているけど、抜けないの？

柱と土台は**長《なが》ホゾ込栓《こみせん》打《う》ち**という仕口で固定しているので、**簡単には抜けません**。ただ、**ホゾ**が短いと引き抜かれやすいので注意が必要です。このように、木造は**接合部が抜けないようにする**ことがとにかく大事なのです。

江戸時代には**柱**をより美しく保持するために、**背割《せわ》り**を入れる技法も誕生しました。背割りを入れれば、他の三面に割れはでにくい上、強度の低下はほぼありません。

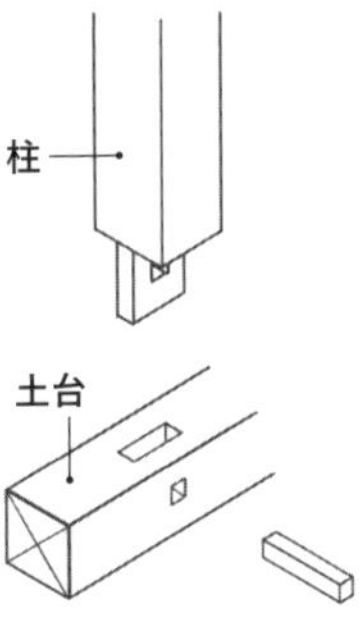

長《なが》ホゾ込栓《こみせん》打《う》ち

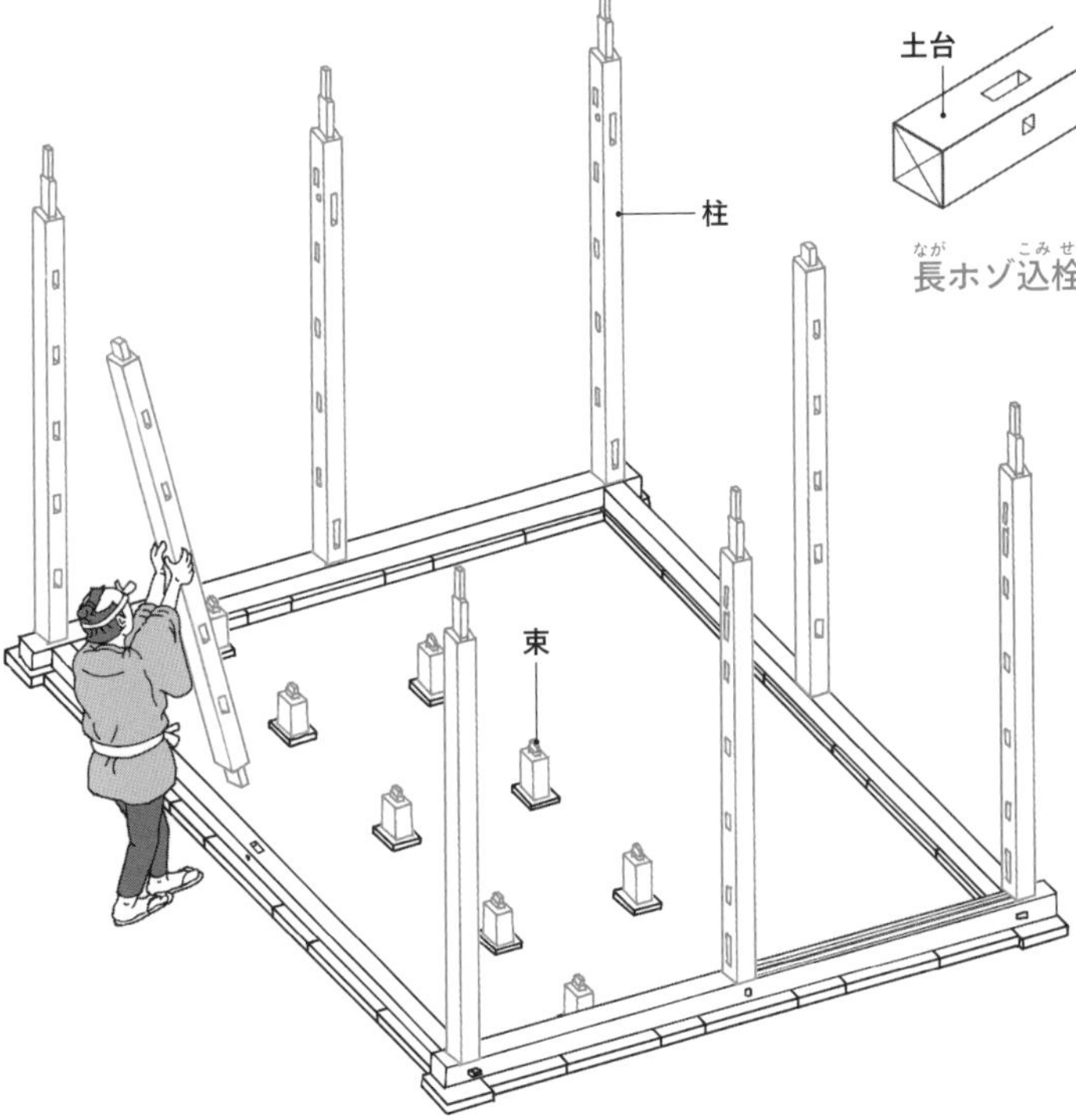

5 貫《ぬき》・敷《しき》居《い》・大《おお》引《びき》

どうして筋交い じゃなくて貫なの？

建物の構造はバランスがとても重要です。筋交《すじか》い（後述）はたしかに強いのですが、破断後の耐力低下が急激です。免震構造の木造伝統軸組建築は、地震の力を土壁から貫、そして軸組全体へ伝え、粘りながら逃していく特性です。そのため、筋交いとの相性がよくなかったのです。

また、当時の人たちにとって筋交いの見た目が斜めやバツ印となることへの心理的抵抗も大きかったようです。

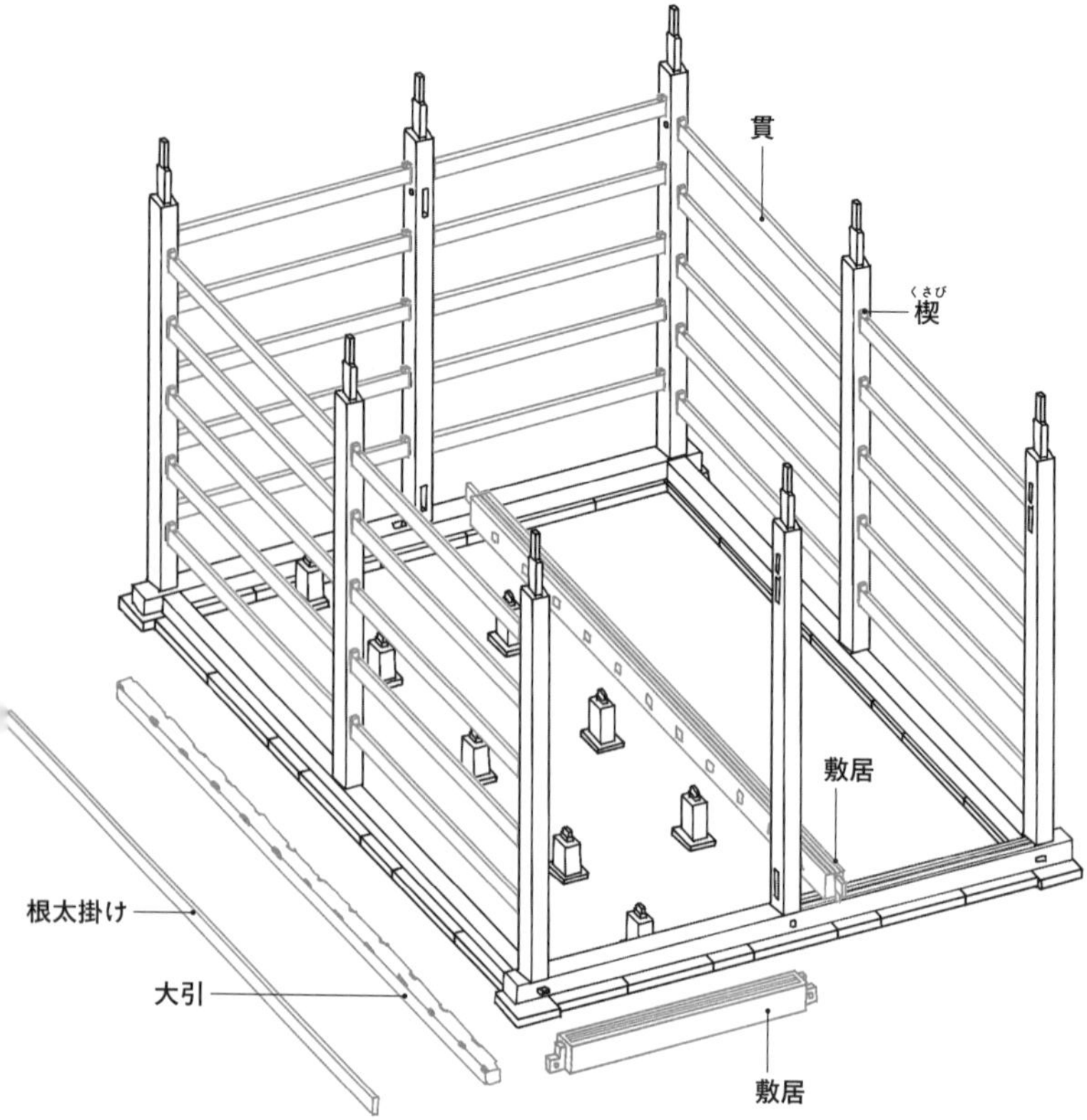

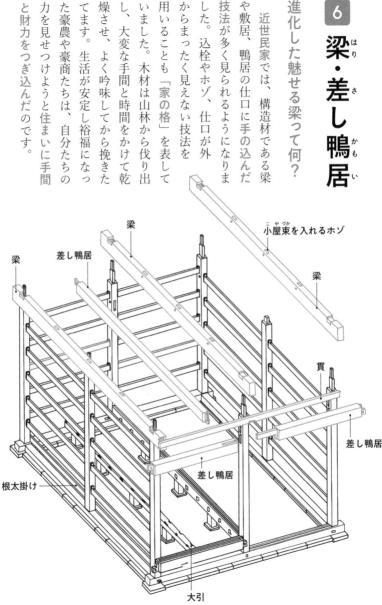

6 梁《はり》・差《さ》し鴨居《かもい》

進化した魅せる梁って何?

近世民家では、構造材である梁や敷居、鴨居の仕口に手の込んだ技法が多く見られるようになりました。込栓やホゾ、仕口が外からまったく見えない技法を用いることも「家の格」を表していました。木材は山林から伐り出し、大変な手間と時間をかけて乾燥させ、よく吟味してから挽きたてます。生活が安定し裕福になった豪農や豪商たちは、自分たちの力を見せつけようと住まいに手間と財力をつぎ込んだのです。

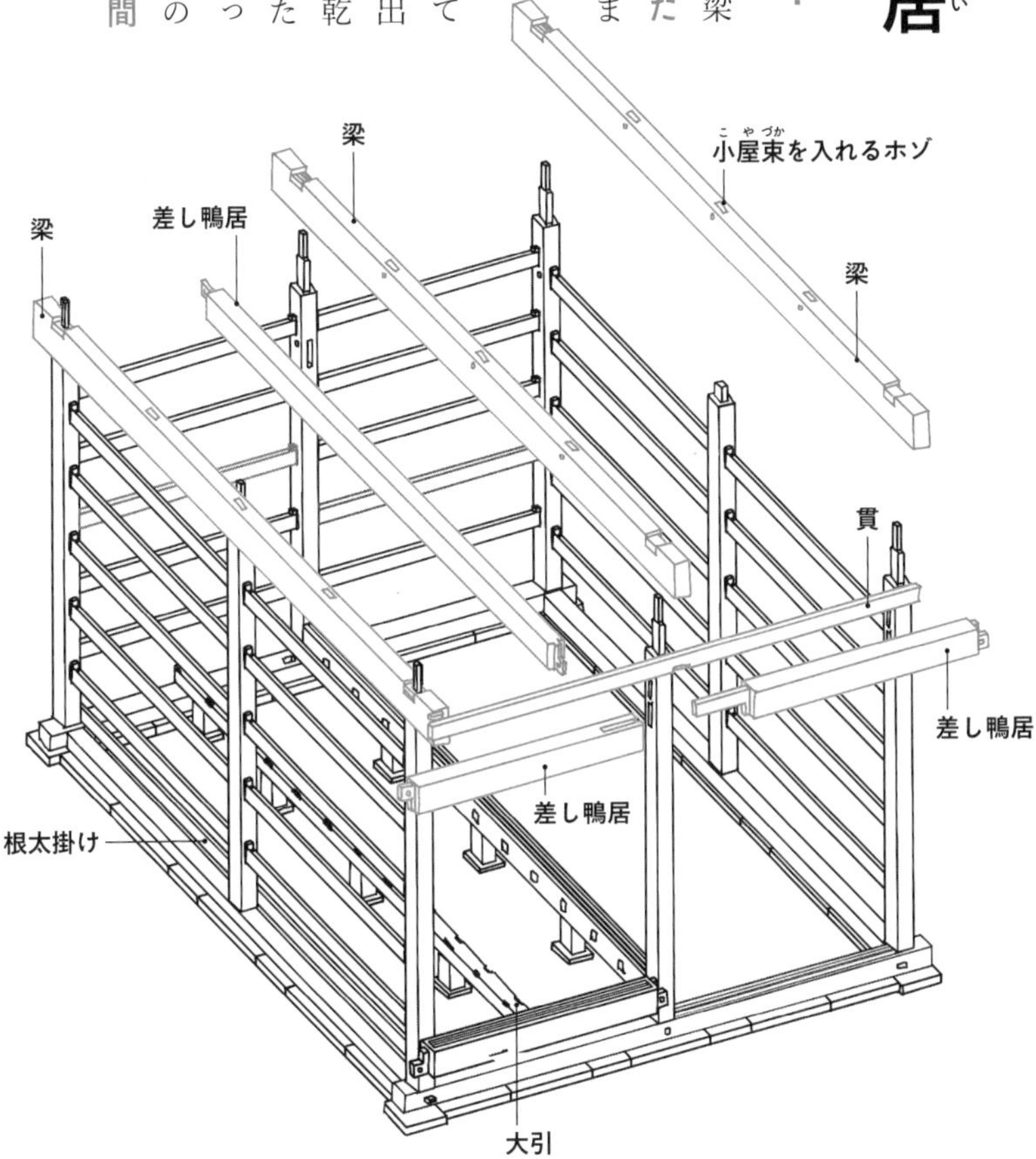
梁
差し鴨居
梁
小屋束《こやづか》を入れるホゾ
梁
貫
差し鴨居
差し鴨居
根太掛け
大引

7 桁《けた》／軸《じく》組《ぐみ》完成

折置組《おりおきぐみ》と継手《つぎて》の必要性は？

ここにあるように柱・梁・桁を一体に組める**折置組**《おりおきぐみ》という組み方は、より強度が高く、**架構の粘り**に貢献します。また、木材は継がない方が強度面ではるかに有利ですが、現実には難しく、材の長さが足りなくなることもあります。そこで**継手**《つぎて》という、**材を伸ばすための技法**が発達しました。

*京呂組《きょうろぐみ》（コラムP74参照）も、開口部の自由度の高さから人気がありました。

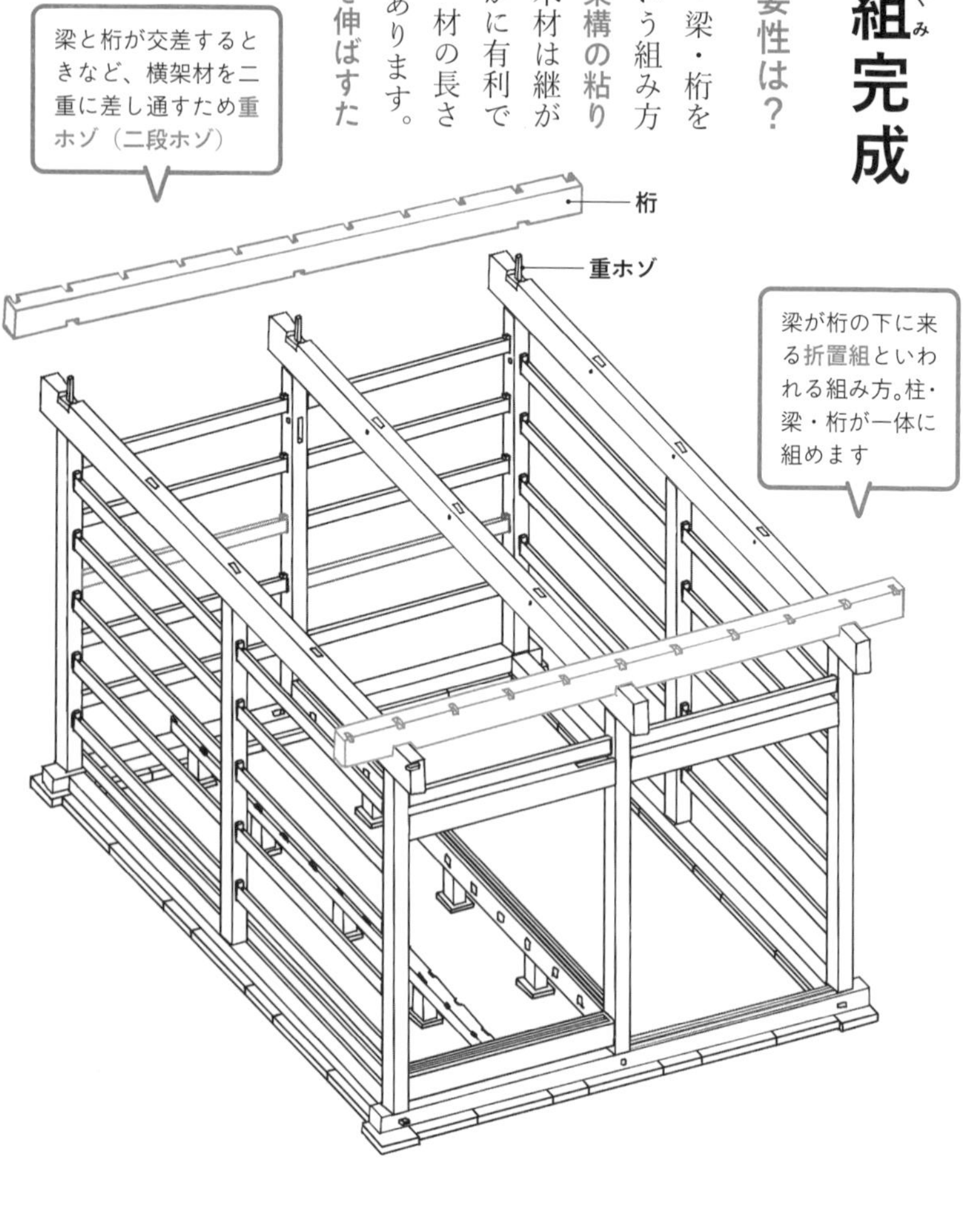

梁と桁が交差するときなど、横架材を二重に差し通すため重ホゾ（二段ホゾ）
桁
重ホゾ
梁が桁の下に来る折置組といわれる組み方。柱・梁・桁が一体に組めます

8 小屋束《こやづか》（和小屋《わごや》）

小屋束って何？

梁の上の短い柱のような部材を小屋束といいます。小屋組を構成する束の総称で、母屋を受けるためのものです。

梁の上に小屋束を立て、母屋や垂木を組んだ構成を和小屋《わごや》といいますが、これは現代でも一般的な小屋組のひとつです。小屋束に貫を通せば、よりガッチリ固定し小屋組の変形を防ぐことも可能です。

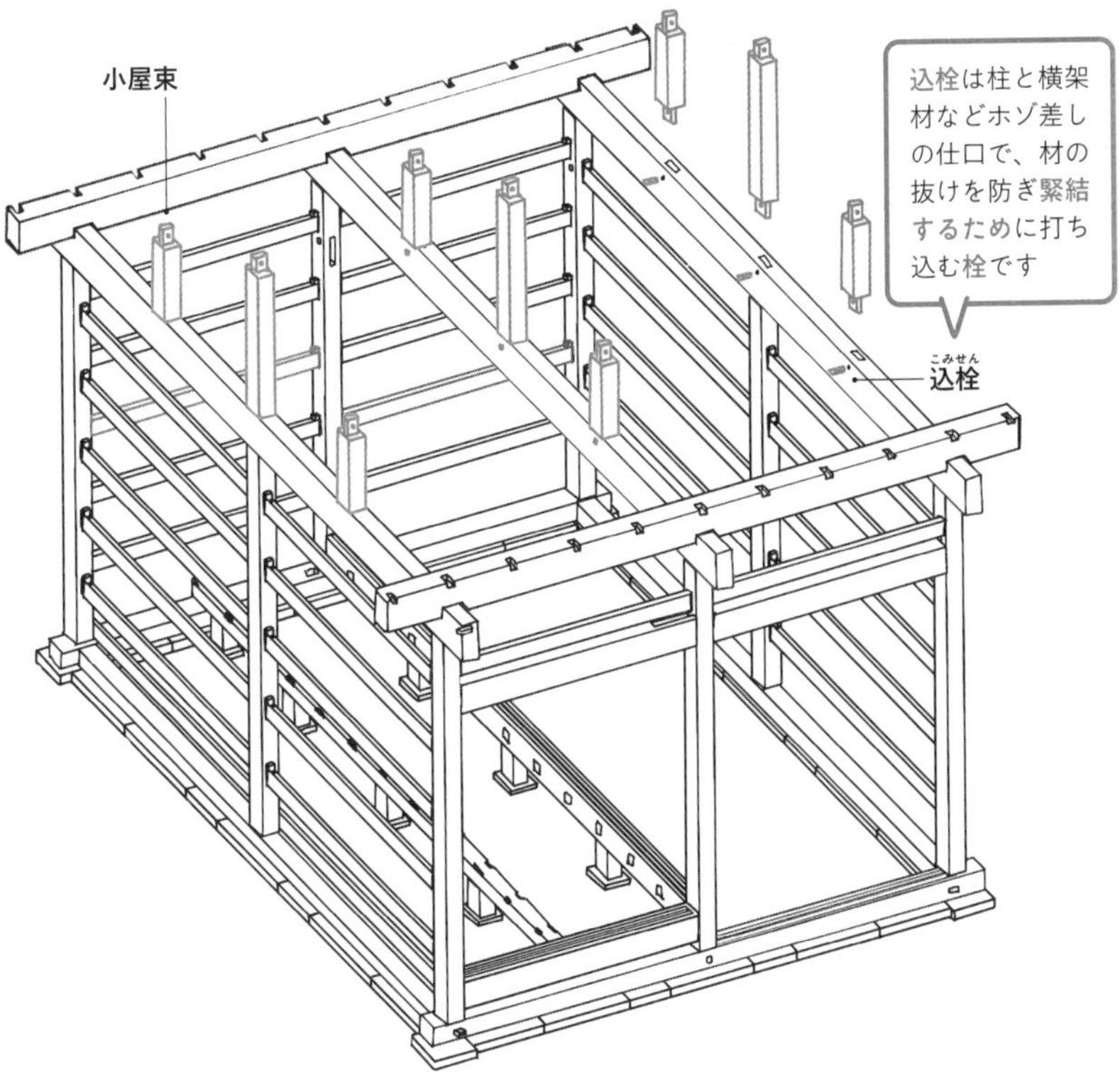
小屋束
込栓は柱と横架材などホゾ差しの仕口で、材の抜けを防ぎ緊結するために打ち込む栓です
込栓《こみせん》

9

棟木《むなぎ》・母屋《もや》（和小屋《わごや》）

和小屋ってどうやって進化したの？

和小屋の原型は8世紀頃の社寺建築に見られます。一方で、縄文時代の竪穴住居では、梁の上に束を立てて叉首や垂木を支えている例も発見されました。

時代が進み、社寺と民家は融合していったと考えられます。梁の上に等間隔に束を立て、貫で固めるなどして、和小屋はついに完成の域に達したのです。

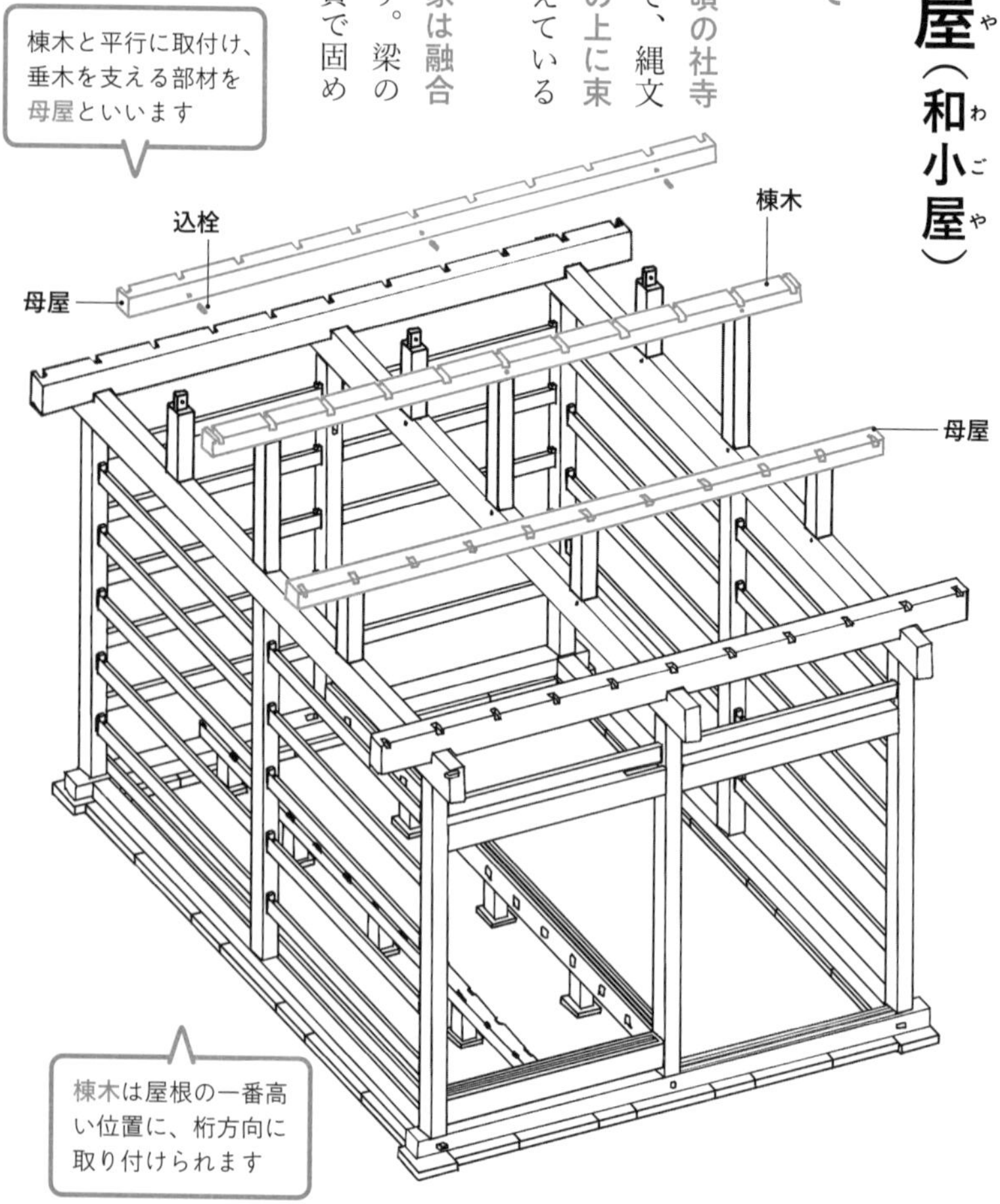
棟木と平行に取付け、垂木を支える部材を母屋といいます
込栓
母屋
棟木
母屋
棟木は屋根の一番高い位置に、桁方向に取り付けられます

10 垂《たる》木《き》（和《わ》小《ご》屋《や》）

垂木へのこだわり

古代社寺ではまず柱間の寸法を決め、その間に垂木を均等に割り付けていました。この場合、柱間の寸法が異なると、垂木の間隔も異なります。

しかし、中世になると、垂木の間隔を等間隔にし、それを基準に柱間寸法を決めるようになりました。つまり、逆転現象が起きたんですね。

垂木は各部の比例と建物全体のプロポーションを美しくするための重要な部位だったのです。

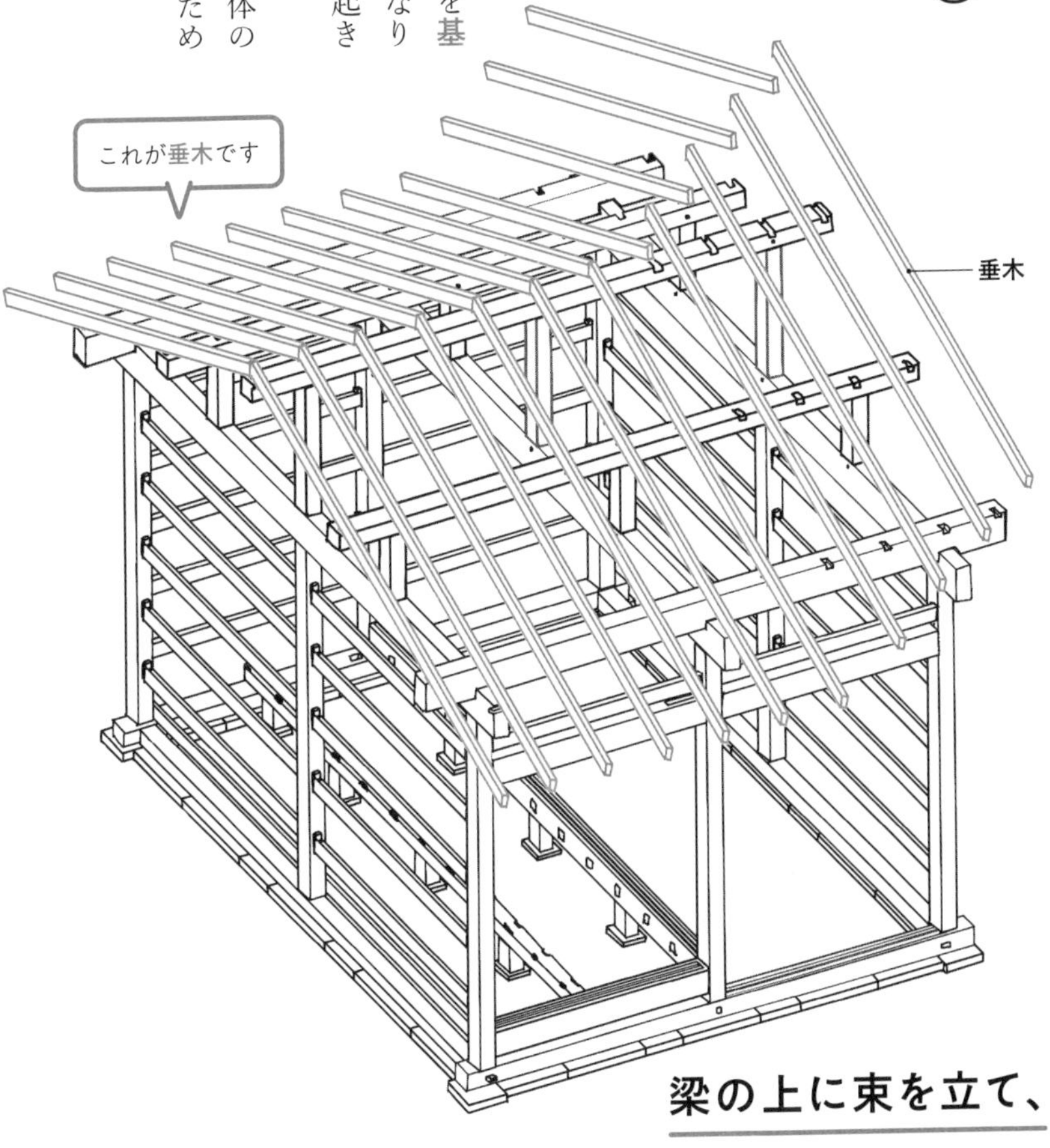

梁の上に束を立て、
母屋、垂木を組んだ構成を「和小屋」といいます

11

根《ね》太《だ》（床《ゆか》下《した》地《じ》）

床も進化している？

床も建築の進化を表しています。庶民の住居は、近世まで竪穴住居が普通でしたし、近代でも地方では全面土間《どま》で、そこにムシロや藁を敷き込んで生活してました。地表に近い平地床です。一方で、弥生時代に穀倉として発生したものが地表から床を上げた高床です。平安末期になると、社寺建築に床が張られはじめ、やがて豪商や豪農などの裕福な民家から広がっていったと考えられます。

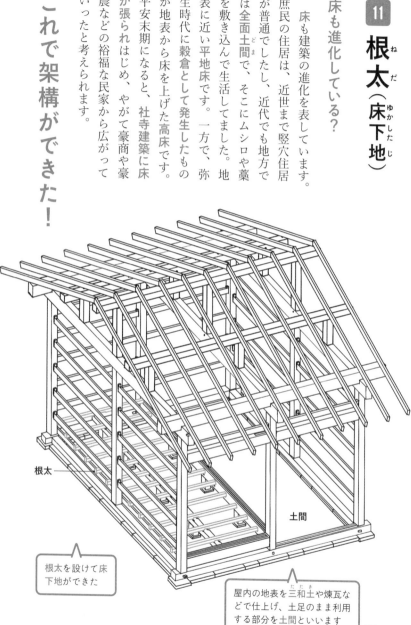

これで架構ができた！

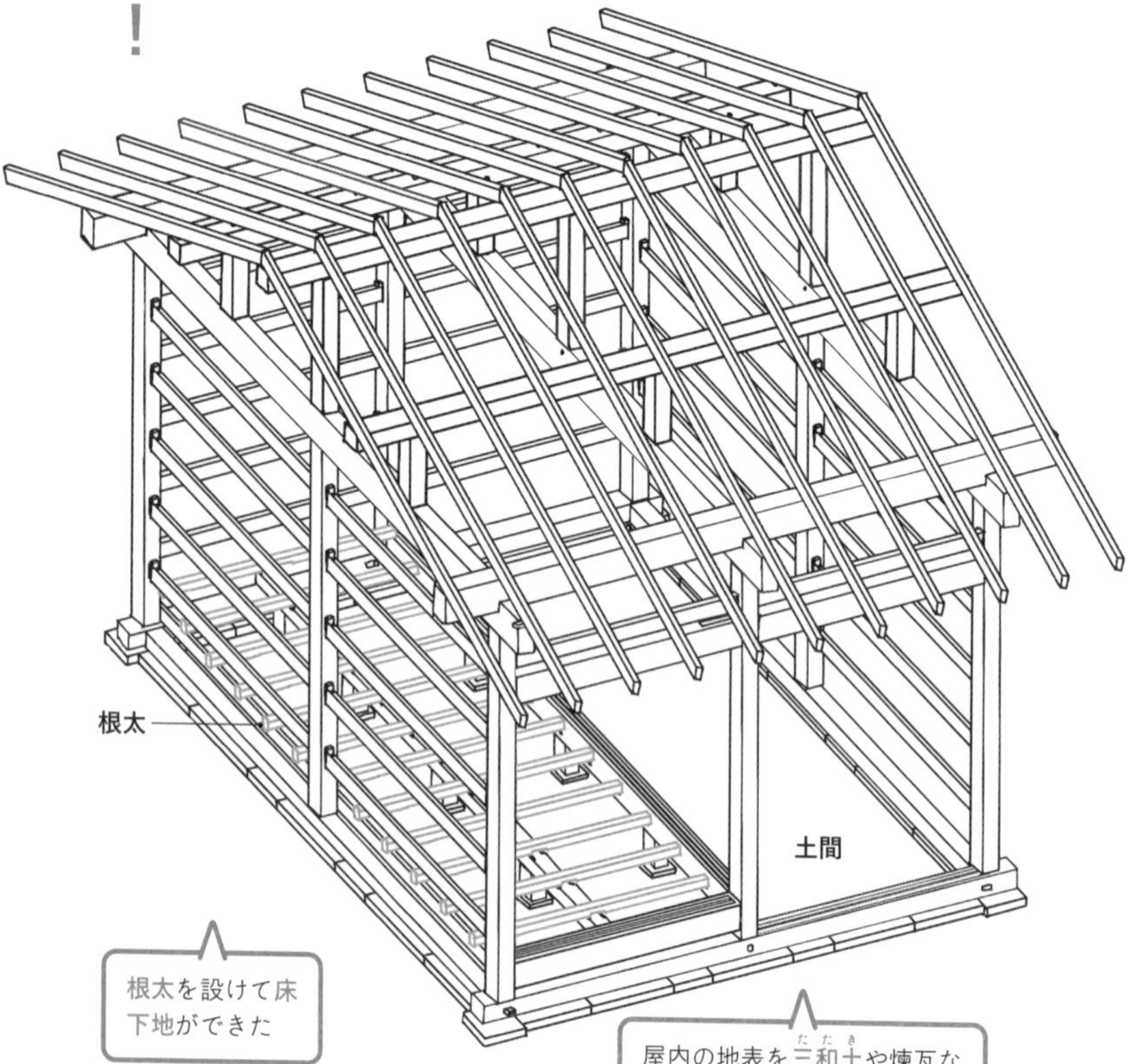

根太を設けて床下地ができた

屋内の地表を三和土《たたき》や煉瓦などで仕上げ、土足のまま利用する部分を土間といいます

町家の完成形

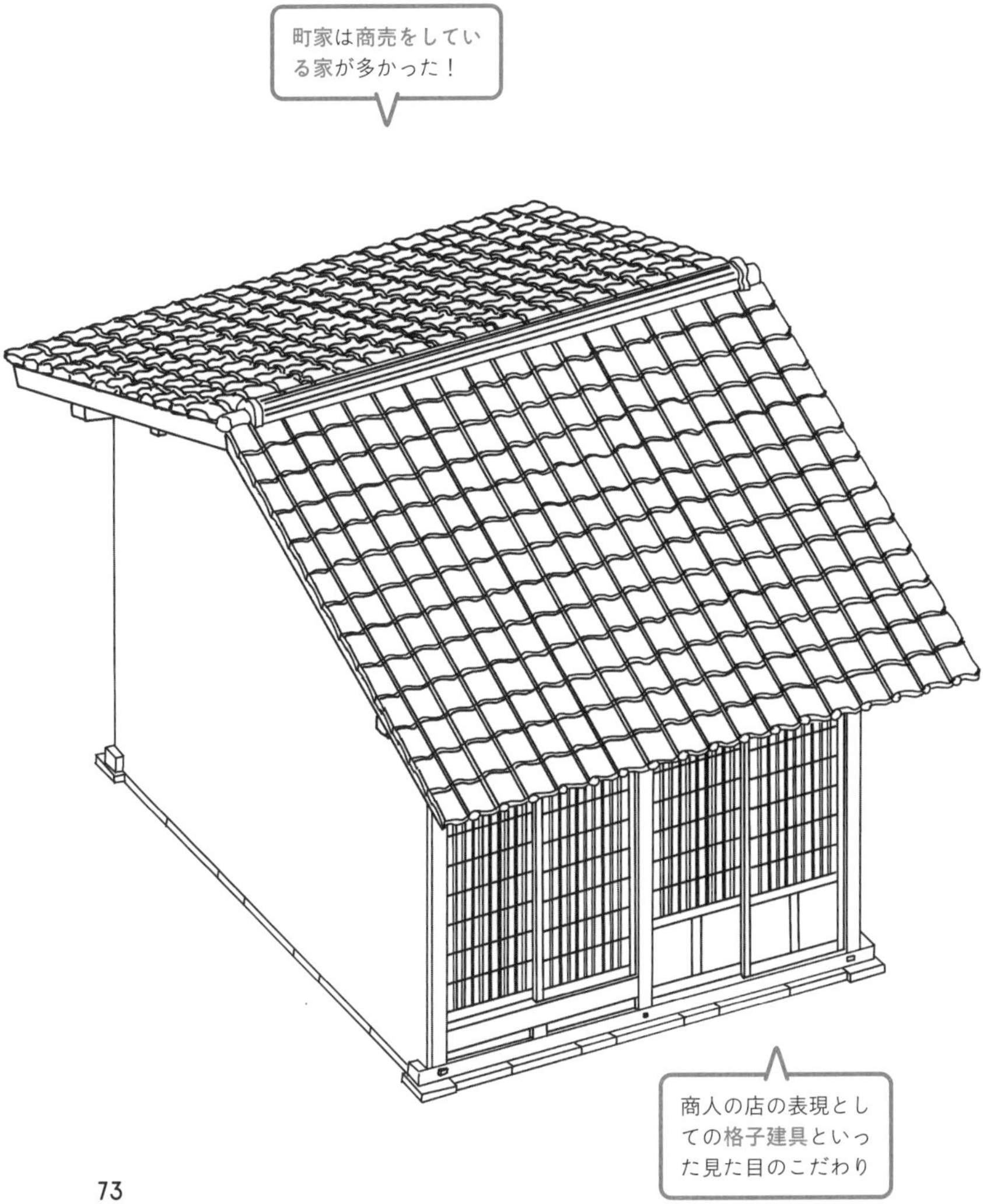
町家は商売をしている家が多かった！
商人の店の表現としての格子建具といった見た目のこだわり

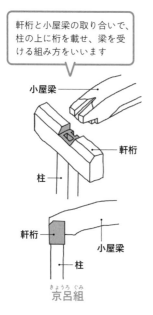

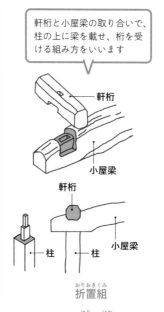

梁《はり》桁《けた》の架け方は大別すると二つだけ！

軒桁と小屋梁の取り合いで、柱の上に桁を載せ、梁を受ける組み方をいいます

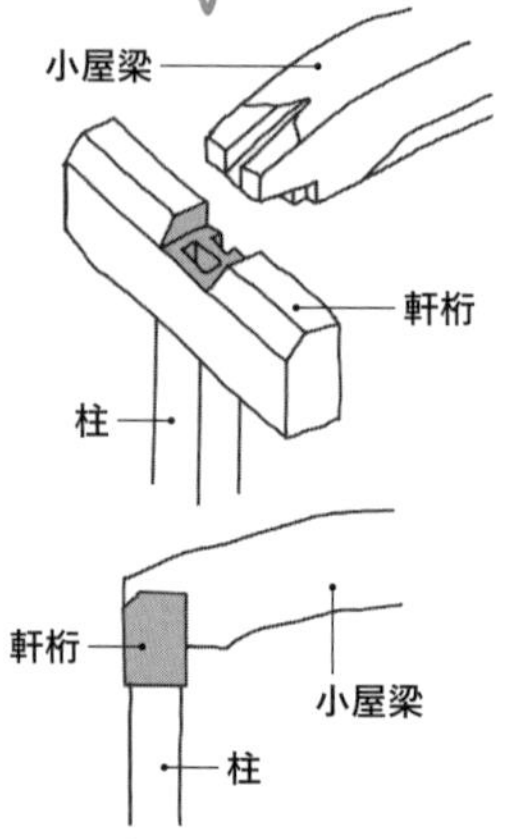
小屋梁
軒桁
柱
軒桁
小屋梁
柱

京呂組《きょうろぐみ》

軒桁と小屋梁の取り合いで、柱の上に梁を載せ、桁を受ける組み方をいいます

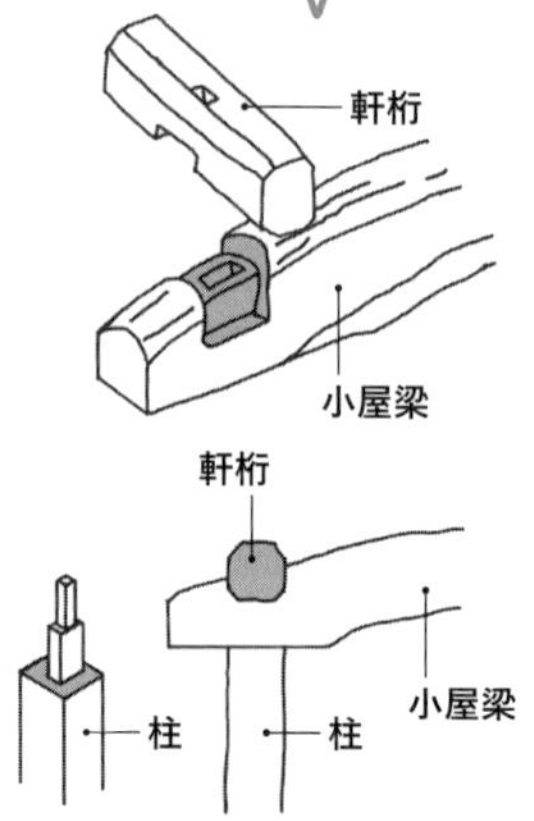
軒桁
小屋梁
軒桁
柱
柱
小屋梁

折置組《おりおきぐみ》

竪穴住居でも見てきたように、柱が立った後は梁《はり》や桁《けた》を架けます。さまざまな名称や継手《つぎて》仕口《しぐち》が多いため架構がわかりづらくなりそうですが、基本的には京呂組《きょうろぐみ》と折置組《おりおきぐみ》の二種類だけ！　形式を判断するには梁桁のどちらを先に架けるかを考えるだけです。

折置組のメリットは、柱と梁と桁を一体化する組み方なので丈夫なことです。構造的には強い反面、梁の直下に柱が必ず必要なので、柱の位置をよく考える必要があります。一方で、京呂組のメリットは折置組とは逆に、梁の下に柱がなくてもよいので、開口部配置の自由度が高くなります。ただし、梁のかかりが浅いと外れやすいため、梁のせいや架け方に注意が必要です。

現代住居《げんだいじゅうきょ》

現代住居は、産業革命以降の工業技術の向上と工業製品、機械の登場抜きでは語れません。とくに鉄やガラス、鉄筋コンクリート（RC）の存在は大きく、住宅のつくり方を根本から変えました。さらに、基礎と土台の緊結、筋交い、金物接合が推奨されるようになり（昭和25年基準法制定）、このことで伝統工法とは異なる、現代軸組金物構法《げんだいじくぐみかなものこうほう》※がスタートしたのです。またＬＤＫ＋個室の形態は、現在においても住まいの尺度のひとつです。

※在来構法ともいいますが、在来とは〝これまであったこと〟の意味で、どの時期を指すのか不明確な部分があります。そのため本書では、金物を用いた木造を「現代軸組金物構法」として伝統軸組構法と区別しています。

1 地《じ》盤《ばん》調《ちょう》査《さ》・掘《くっ》削《さく》

地盤調査って何するの？

現代になると、鉄筋コンクリート（RC）が登場し、基礎は圧倒的な強度をもつようになりました。しかし、基礎や架構がいくら強くても、地盤が軟弱では意味がありません。地盤が建物の重さに耐えられるかどうかを事前に調べることを地盤調査といいます。軟弱な地盤であっても杭を打ったり、地盤改良すれば強くなりますが、コストは上昇します。なので、まず敷地の地盤調査をすることが大切なのです。

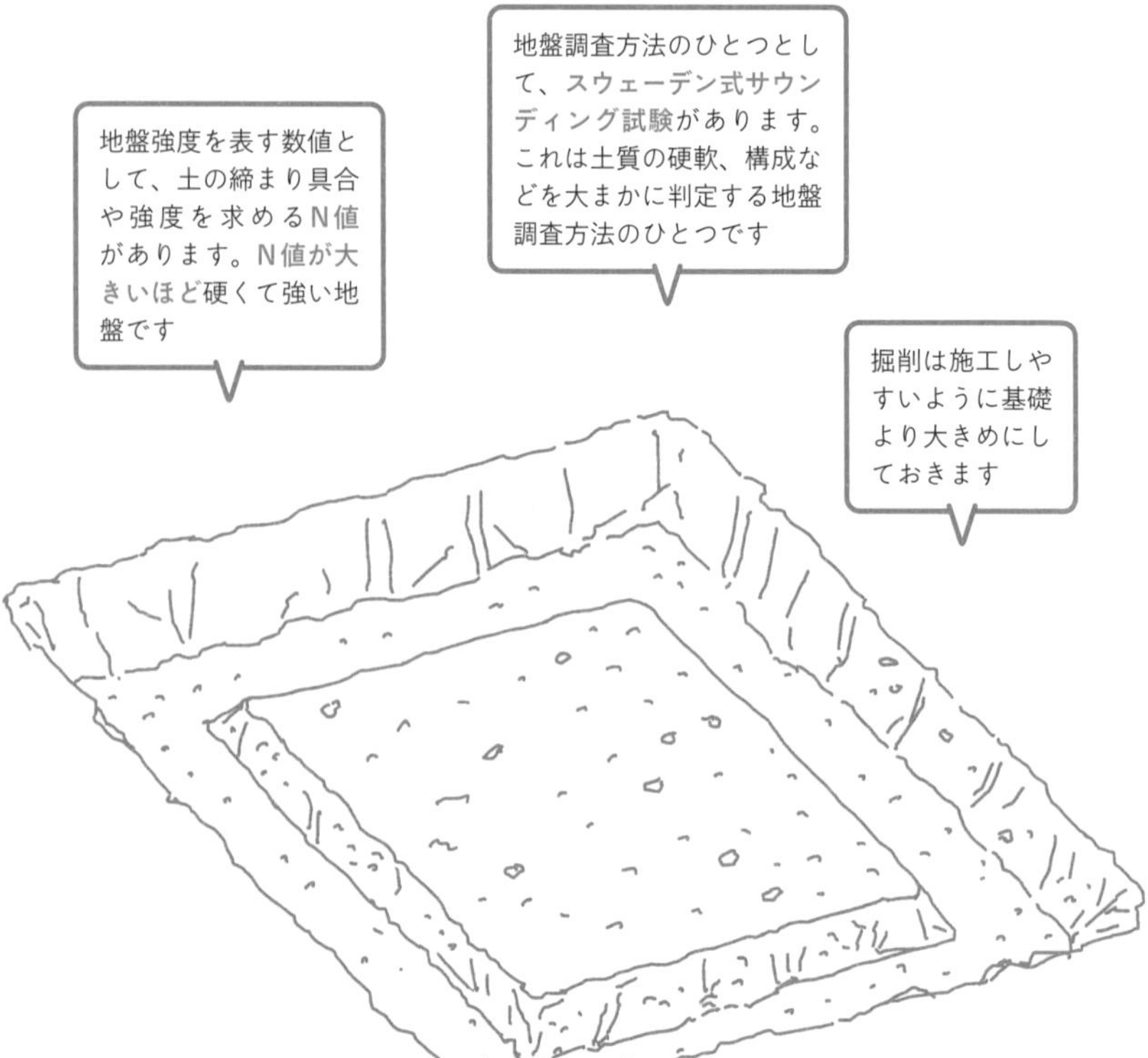
地盤強度を表す数値として、土の締まり具合や強度を求めるN値があります。N値が大きいほど硬くて強い地盤です
地盤調査方法のひとつとして、スウェーデン式サウンディング試験があります。これは土質の硬軟、構成などを大まかに判定する地盤調査方法のひとつです
掘削は施工しやすいように基礎より大きめにしておきます

2 砕石転圧《さいせきてんあつ》・捨《す》てコンクリート打設《だせつ》

捨てコンクリートはなぜ必要なの？

捨てコンクリートが普及する前、砕石のままでは基礎の位置がわかりづらく、型枠の固定もしづらく、鉄筋も組みづらいものでした。そこで、砕石転圧後に捨てコンクリートを打設することにしました。それにより、施工は確実かつスムーズになりました。

あまりの便利さに、現代住宅においてはほとんどが捨てコンクリートを利用して基礎を施工しています。

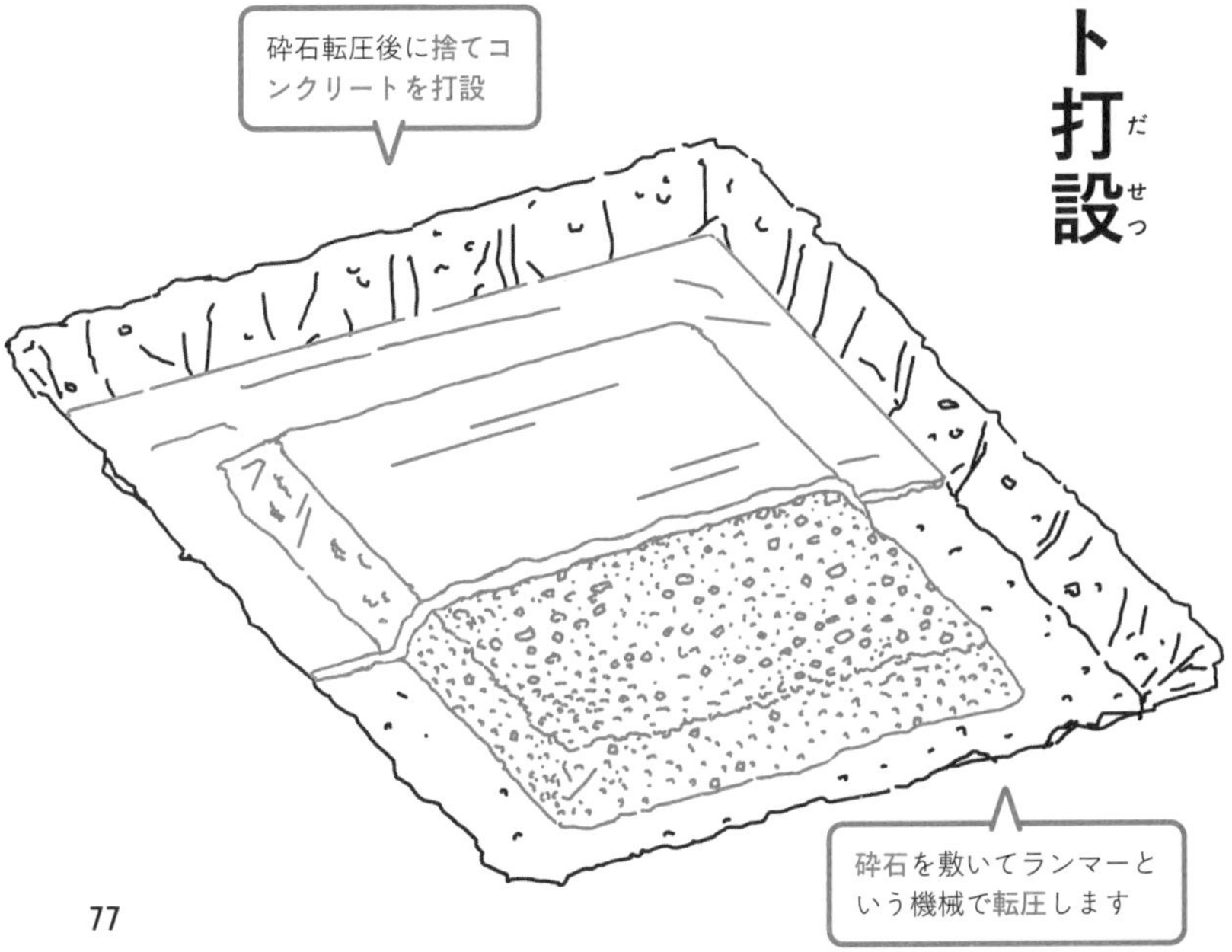

砕石転圧後に捨てコンクリートを打設
砕石を敷いてランマーという機械で転圧します

3 鉄筋コンクリート基礎とアンカーボルト

基礎における鉄筋コンクリートの利点

近代以前は、大地震のときの激しい振動で建物基礎の礎石がバラバラに動いてしまい、上部構造に歪みを与えるという頭の痛い課題がありました。しかし、鉄筋コンクリートの登場により基礎は一体となり、不動沈下や地割れに強くなりました。

なお、地耐力状況や不均質な地盤に合わせた基礎形式（ベタ基礎・布基礎等）の選択も重要です。

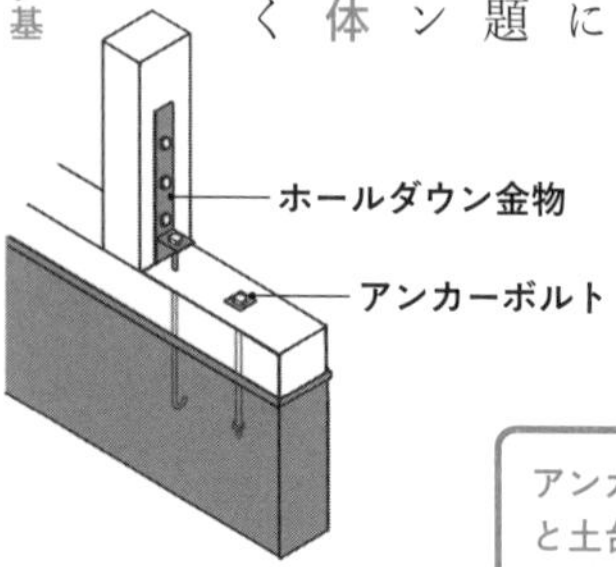
ホールダウン金物
アンカーボルト

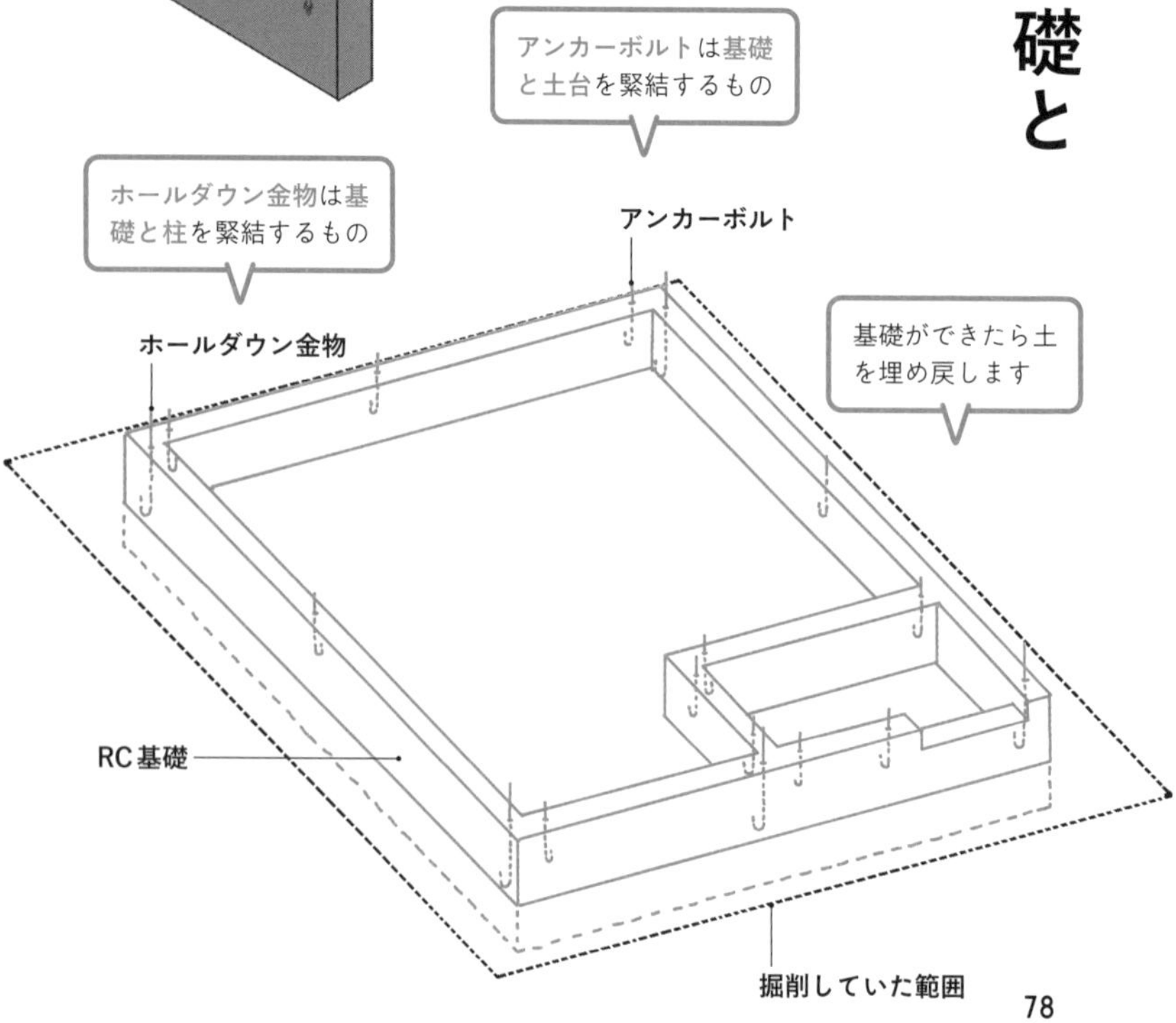
アンカーボルトは基礎と土台を緊結するもの
ホールダウン金物は基礎と柱を緊結するもの
アンカーボルト
ホールダウン金物
基礎ができたら土を埋め戻します
RC基礎
掘削していた範囲

4

基《き》礎《そ》パッキン

基礎パッキンはなぜ必要？

基礎が鉄筋コンクリートになったことで、コンクリートの水分が土台の木材に浸透し、土台の耐久性を著しく低下させる問題が起きました。そこで、基礎と土台の間に通気層を設ける基礎パッキンが登場します。

これにより、基礎と土台が直接触れず、かつ常に通気されるので、土台は乾燥状態を保つことができるのです。土台の耐久性が保持され、長持ちにつながります。また蟻害《ぎがい》などに対しても有効です。

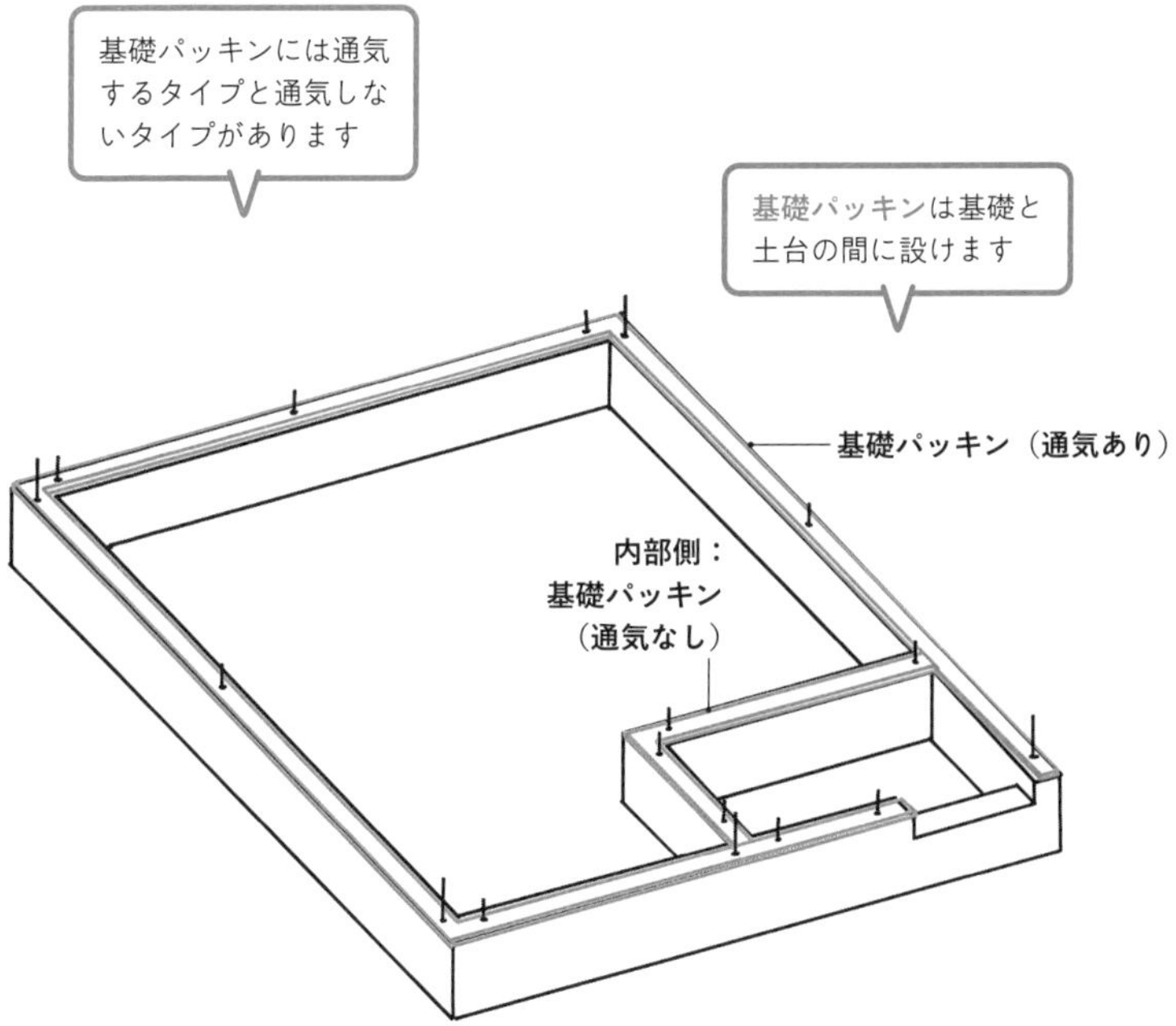

基礎パッキンには通気するタイプと通気しないタイプがあります
基礎パッキンは基礎と土台の間に設けます
基礎パッキン（通気あり）
内部側：
基礎パッキン
（通気なし）

5 土《ど》台《だい》

金物《かなもの》の登場と土台の樹種

現代のプレカット工法では、金物を使用して架構を固めます。基礎と土台を緊密につなぐためのアンカーボルトは、地震などの水平力がかかったときに建物の浮き上がりやズレを防止してくれます。

土台は地際に近いため、腐朽に強い樹種の選定が大事です。クリ、ヒノキ、ヒバ、ケヤキ、アスナロなどがよいでしょう。またどんな材でも辺材（白太）は腐りやすいので、心材（赤身）を使うことが肝要です。

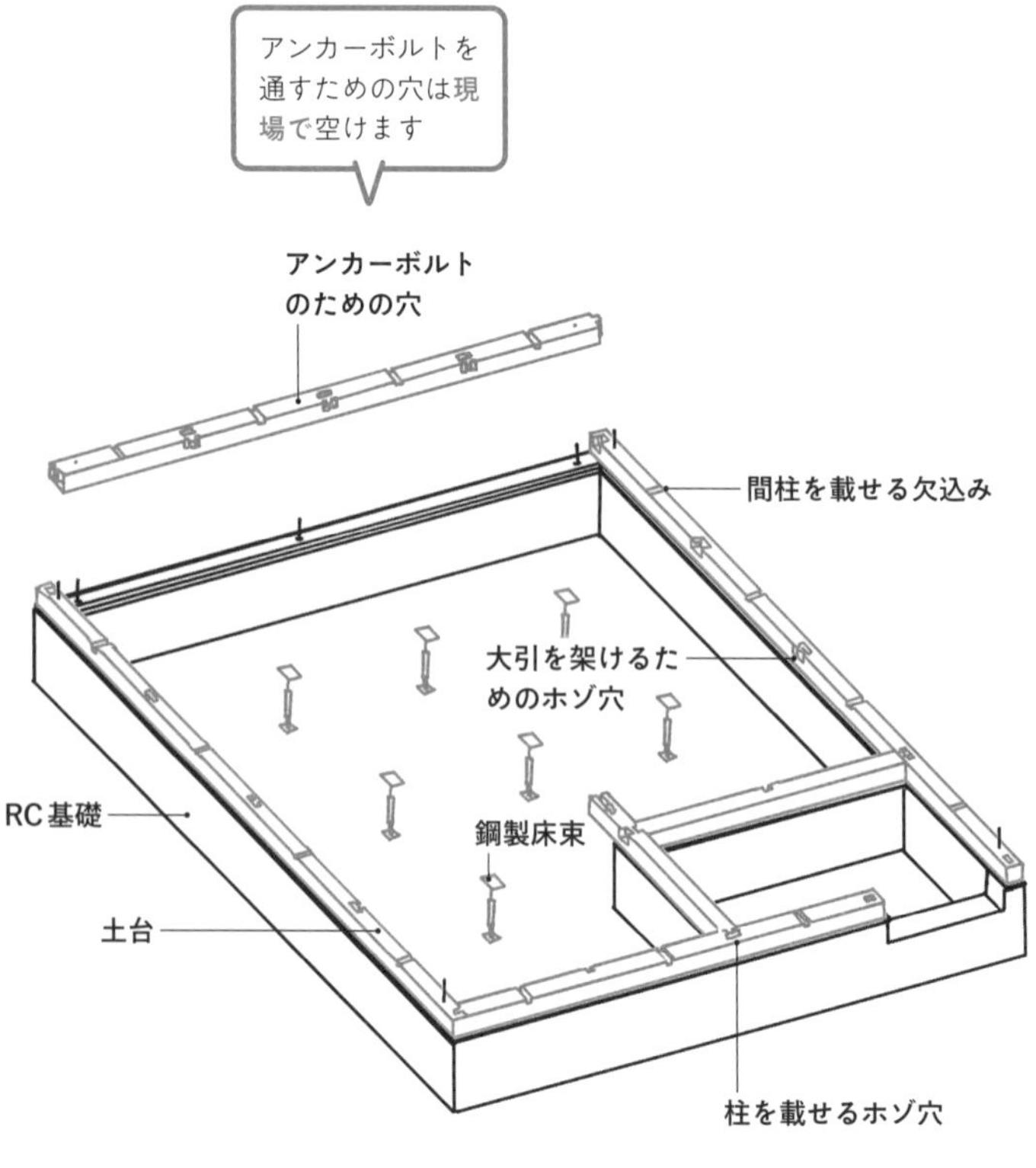
アンカーボルトを通すための穴は現場で空けます
アンカーボルトのための穴
間柱を載せる欠込み
大引を架けるためのホゾ穴
RC基礎
鋼製床束
土台
柱を載せるホゾ穴

6 大引《おおびき》

大引はどんなところに必要?

もともと大引は石場建て民家で、建物の足元が開かないように発生した足固めの役割を担う材です。ところが現代では、地震などの水平力に抵抗するのは土台と基礎で、大引の役割ではありません。

大引は床の上の人や家具などの重量を受けるので、床束下の地盤をよく締め固める、土間コンクリートを打設するなど、状況に合わせた対応が行う必要があります。耐力壁の下にくるのが土台と基礎、それ以外の1階の床を支える部材が大引と覚えましょう。

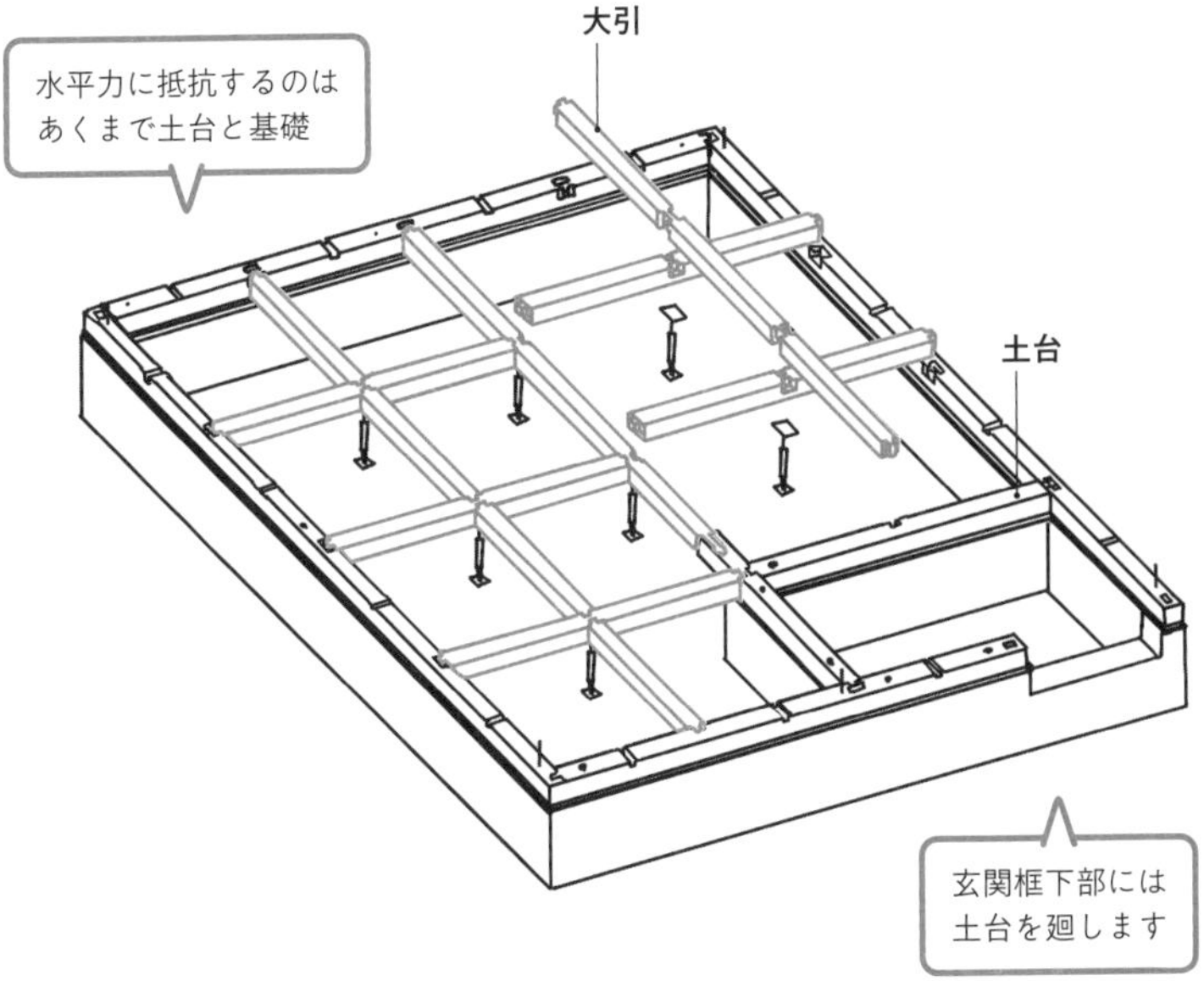
大引
水平力に抵抗するのはあくまで土台と基礎
土台
玄関框下部には土台を廻します

7 合板《ごうばん》（床）

合板って何？

合板（構造用合板）とは、繊維の向きを交互に接着し、高圧をかけ乾燥させた面材をいいます。いずれの方向にも強く、耐力・靭性とも安定した構造性状を示します。

合板登場前は大引の後に根太を細かいピッチで入れることが一般的でした。しかし合板は厚みが24mmもあれば強度的に根太は不要となります。合板を張れば歩きやすいので施工も容易になるなど、施工速度はグンと上がりました。

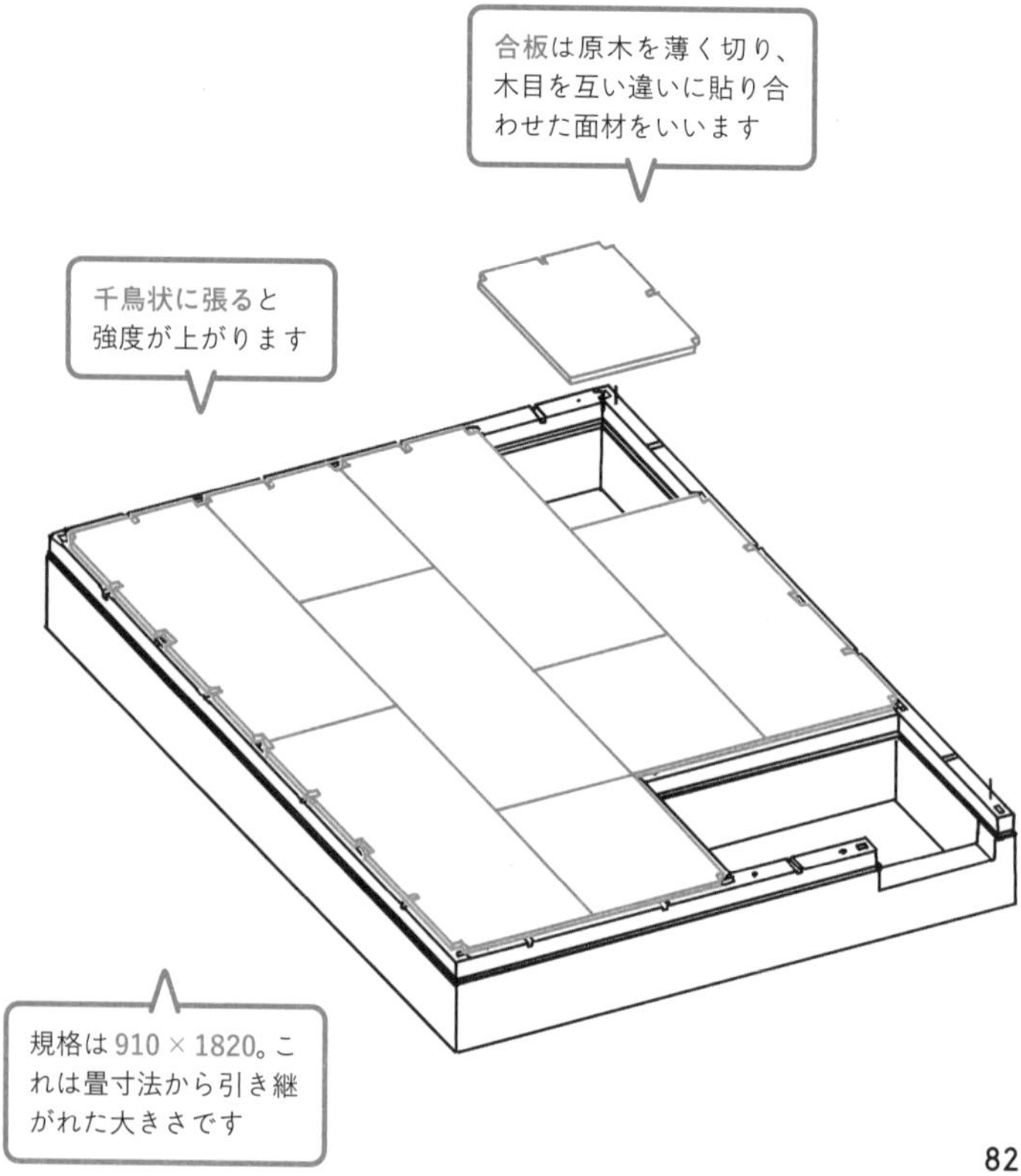

合板は原木を薄く切り、木目を互い違いに貼り合わせた面材をいいます
千鳥状に張ると強度が上がります
規格は910×1820。これは畳寸法から引き継がれた大きさです

8 柱立《はしらだ》て

柱の数は多いほどいいの？

柱の数が多いと頑丈そうに見えますが、重要なのは、柱の数より**耐力壁と架構全体のバランス**です。柱や梁だけで、地震や風といった水平力に耐えるのはツライのです。またそのために重要なのが**接合部**です。大断面の柱梁と貫による架構からなる伝統建築などは、高い水平抵抗力と粘り強さをもっています。一方、現代住居の柱梁は細く、ほとんど耐力はありません。そこで**耐力壁**を設けて**耐震性**を発揮しています。

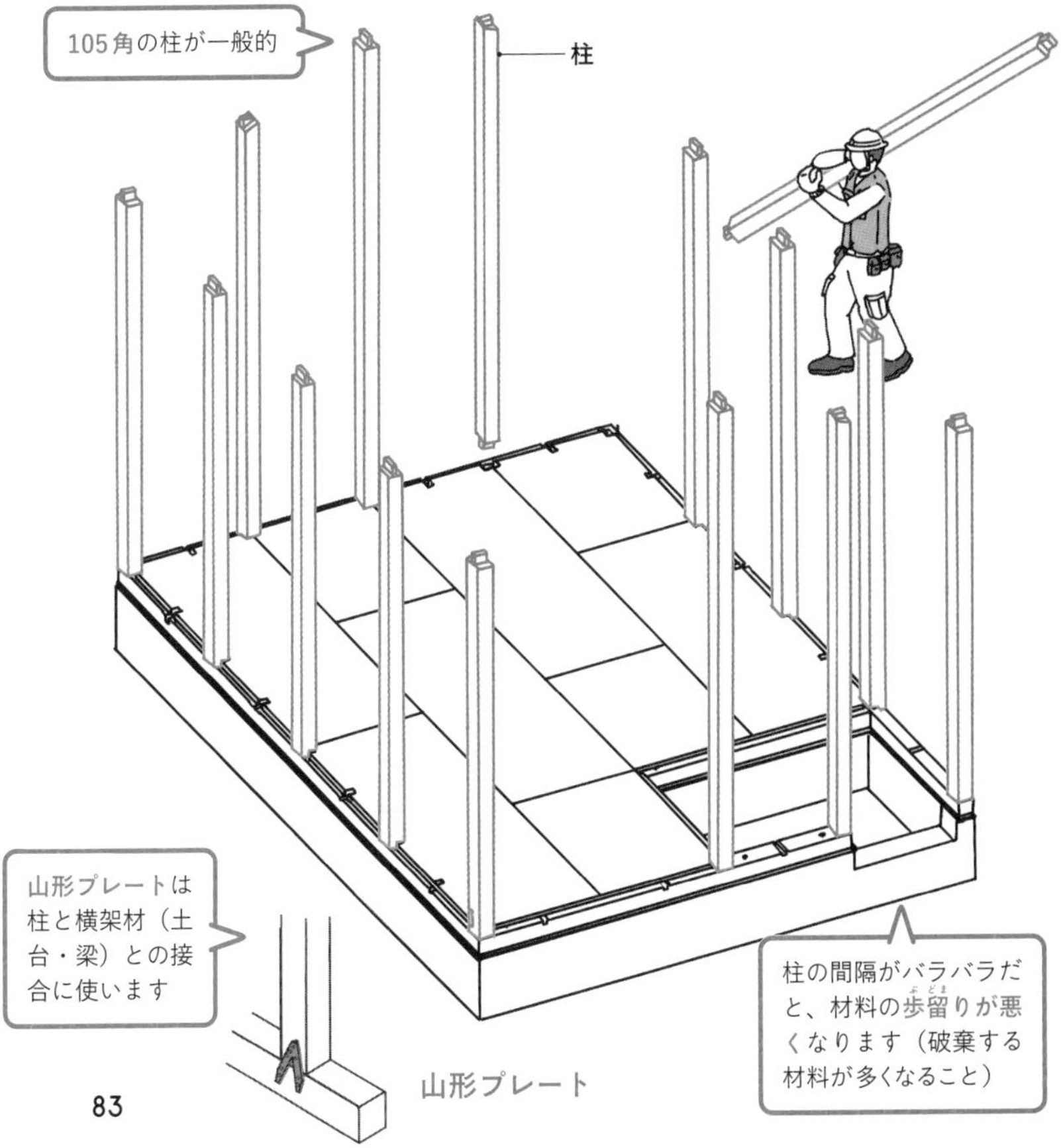

105角の柱が一般的
柱
山形プレートは柱と横架材（土台・梁）との接合に使います
柱の間隔がバラバラだと、材料の歩留《ぶどま》りが悪くなります（破棄する材料が多くなること）
山形プレート

9 桁《けた》・棟木《むなぎ》

金物はどうやって決めているの?

いい質問ですね! メジャーなのはN値計算です。地震などの水平力には耐力壁が有効です。でも柱や梁がきちんととまっていなかったらスポッと抜けちゃいますね。なので耐力壁の強さや状態に合わせて計算し、金物を決めているんです。

プランが固まってきたら構造計算し、接合部を検討して金物を決め、確認申請に提出するのが望ましい流れになります。

N値計算……引張耐力がその部分の必要引張耐力かどうか簡易計算を行い、柱頭柱脚の金物を選定する方法をいいます

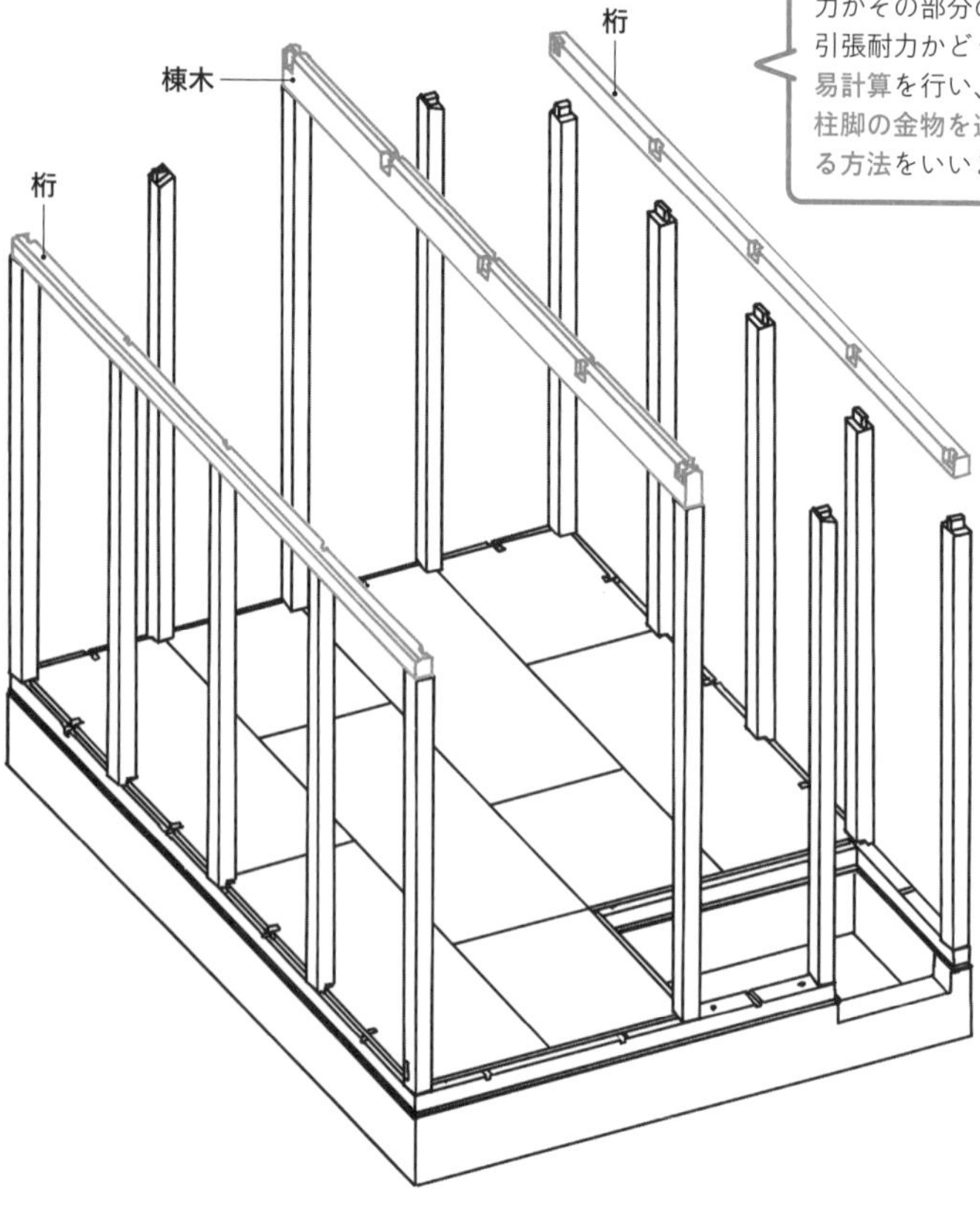

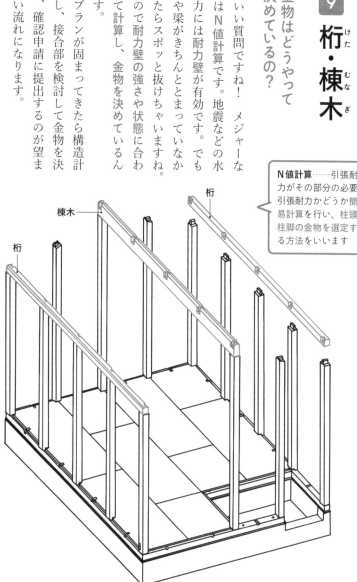

10

登《のぼ》り梁《ばり》

和小屋と登り梁、どこが違うの？

町家でも見た和小屋は現代でも主流ですが、地廻りより上に束が並びます。

一方、登り梁なら地廻りレベルの梁や束は不要で、屋根勾配なりの勾配天井など開放的な空間をつくれます。屋根まで一体の構造なので、連続性に問題はありませんが、棟木に大きな荷重がかかると両端部の柱が開きがちになるので、梁せい（梁高さ）を上げるなどの対応が必要です。

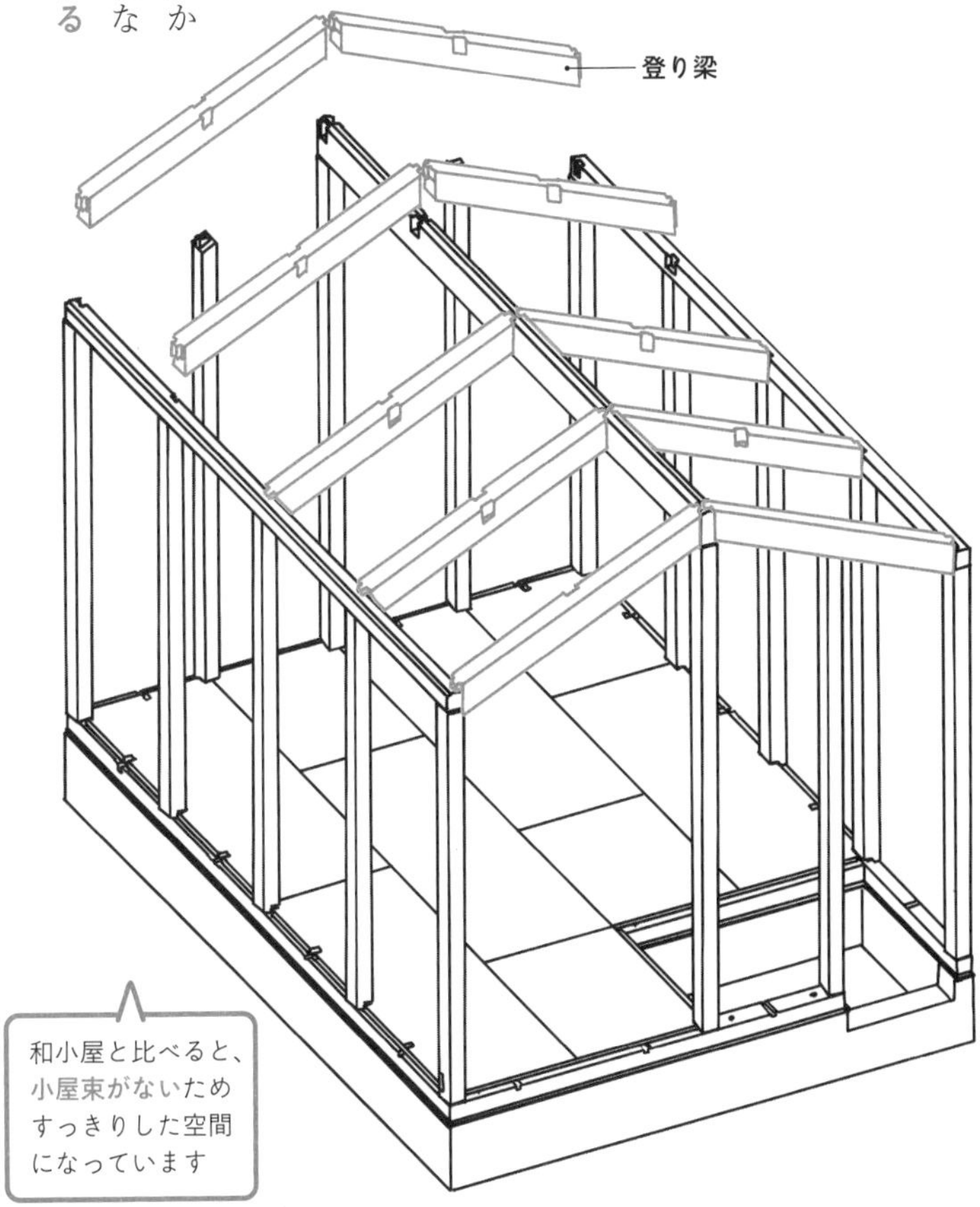
登り梁
和小屋と比べると、小屋束がないためすっきりした空間になっています

11 母《も》屋《や》

母屋ってないとダメなの？

母屋は構造計算次第で省略できる場合もあります。ただし、**屋根下地**となる合板は**釘打ち**するので、母屋があった方が**施工は容易**になります。屋根下地の合板を貼るために、**登り梁と面の高さが同じに**なるよう母屋を設けた方がよいことを覚えておきましょう。

金物の使用によって、民家や町屋の架構に見られた材の**余長**が見られなくなりました。しかし、土台から柱、桁から梁へタテヨコ交互に組んでいく原理自体は何ら変わるところがありません。

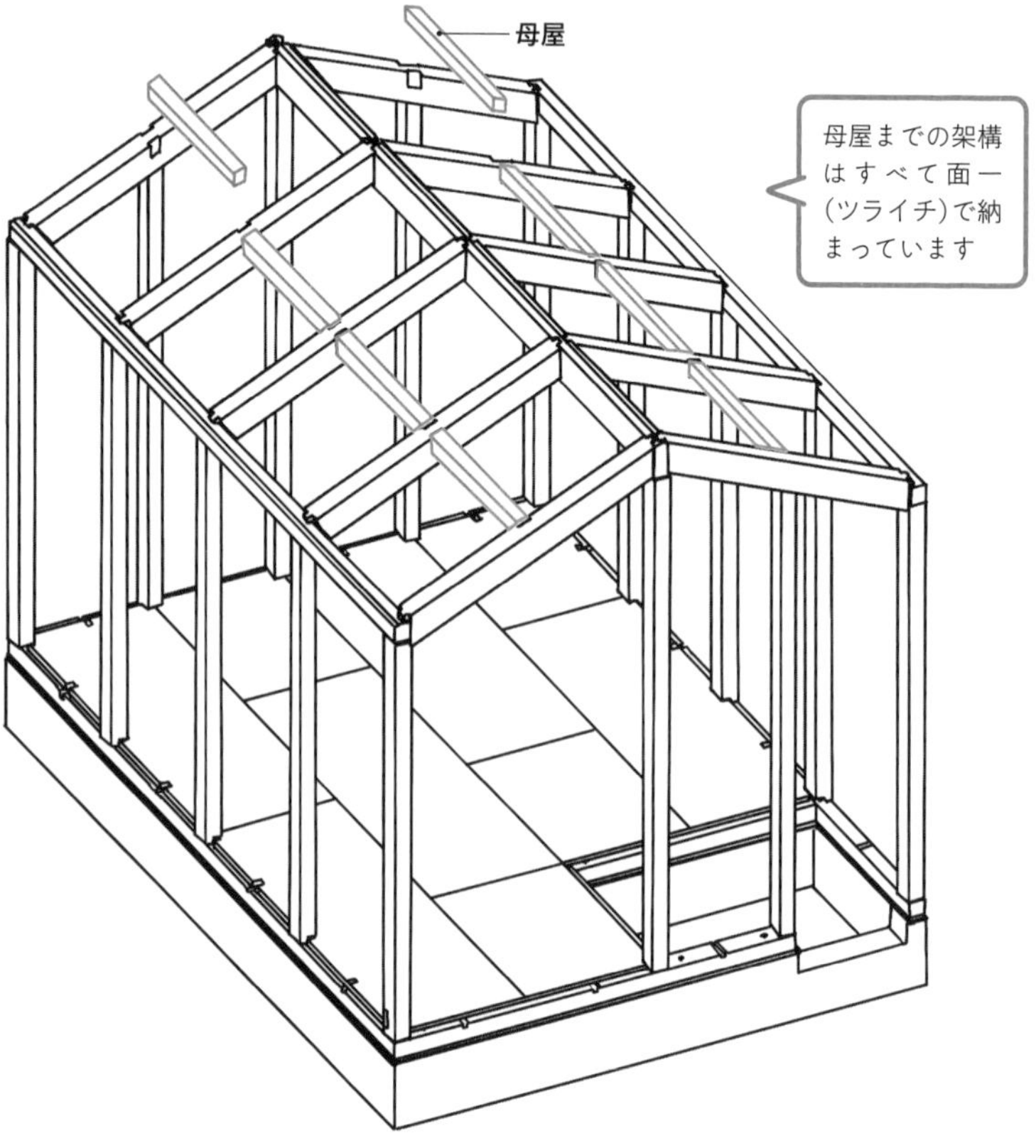

母屋までの架構はすべて面一（ツライチ）で納まっています

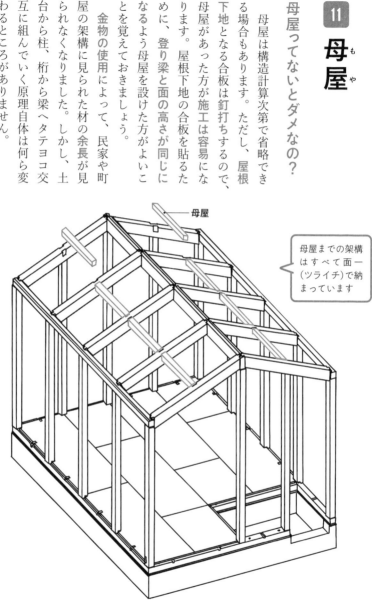

12

間柱《まばしら》

間柱の役目って何？

間柱は、壁を留めつけるための補強下地として用いられるものです。耐力壁は建物が水平力に耐えるための重要な要素ですが、ただ入れればよいというわけではなく、大事なのは量と強さ、それに配置です。そのために使われる合板や石膏ボードがその効果を発揮するためには、一定以下の間隔で釘を打たないといけません。もし間柱がなかったら板を留める間隔が大きすぎて、たわんでしまいます。そのために必要なんですね。

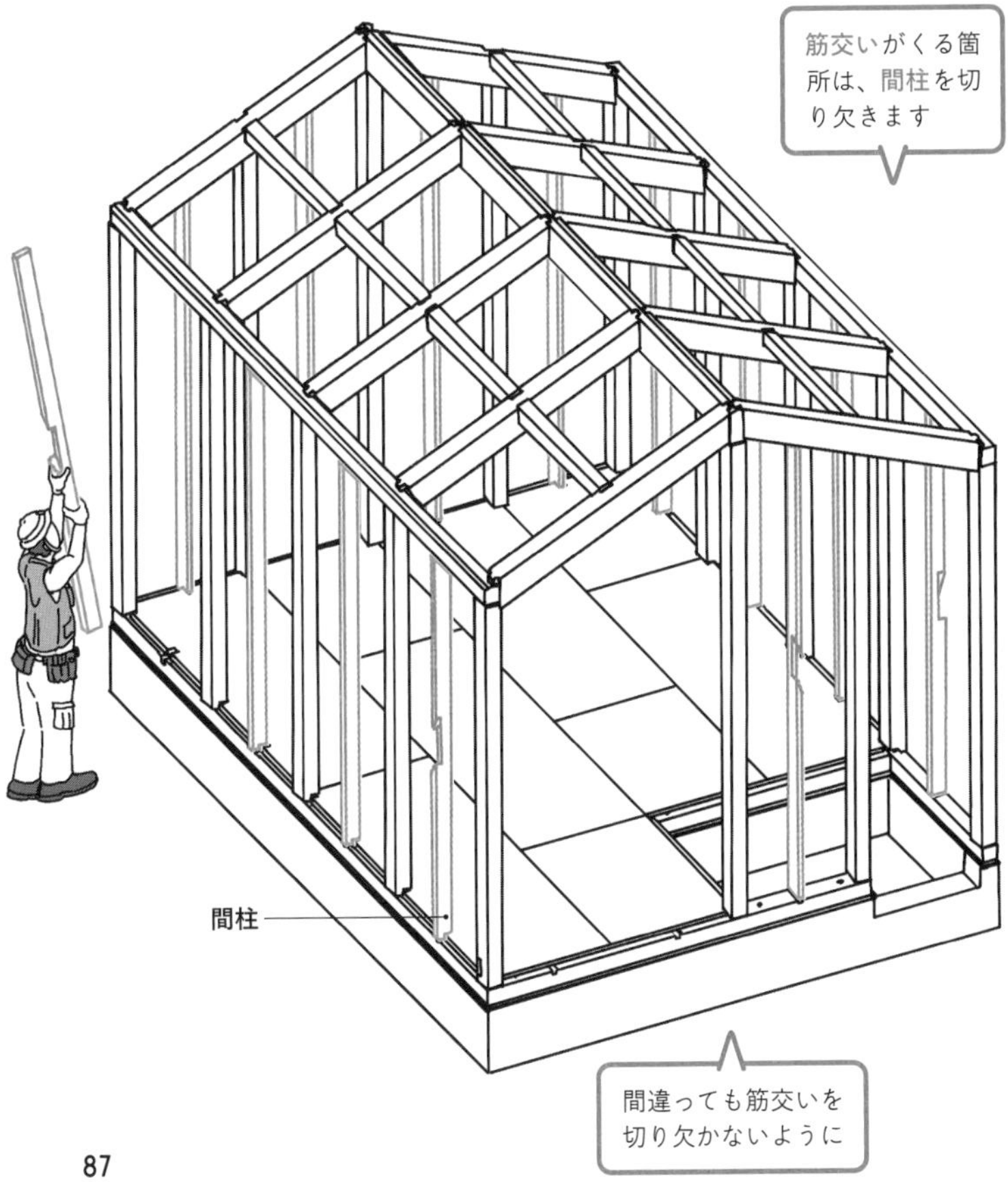

筋交いがくる箇所は、間柱を切り欠きます
間柱
間違っても筋交いを切り欠かないように

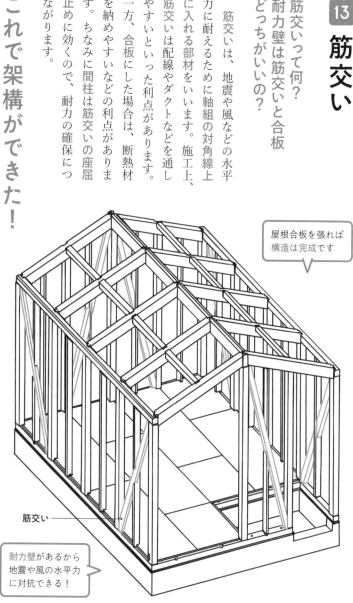

13 筋《すじ》交《か》い

筋交いって何？耐力壁は筋交いと合板どっちがいいの？

筋交いは、地震や風などの水平力に耐えるために軸組の対角線上に入れる部材をいいます。施工上、筋交いは配線やダクトなどを通しやすいといった利点があります。一方、合板にした場合は、断熱材を納めやすいなどの利点があります。ちなみに間柱は筋交いの座屈止めに効くので、耐力の確保につながります。

これで架構ができた！

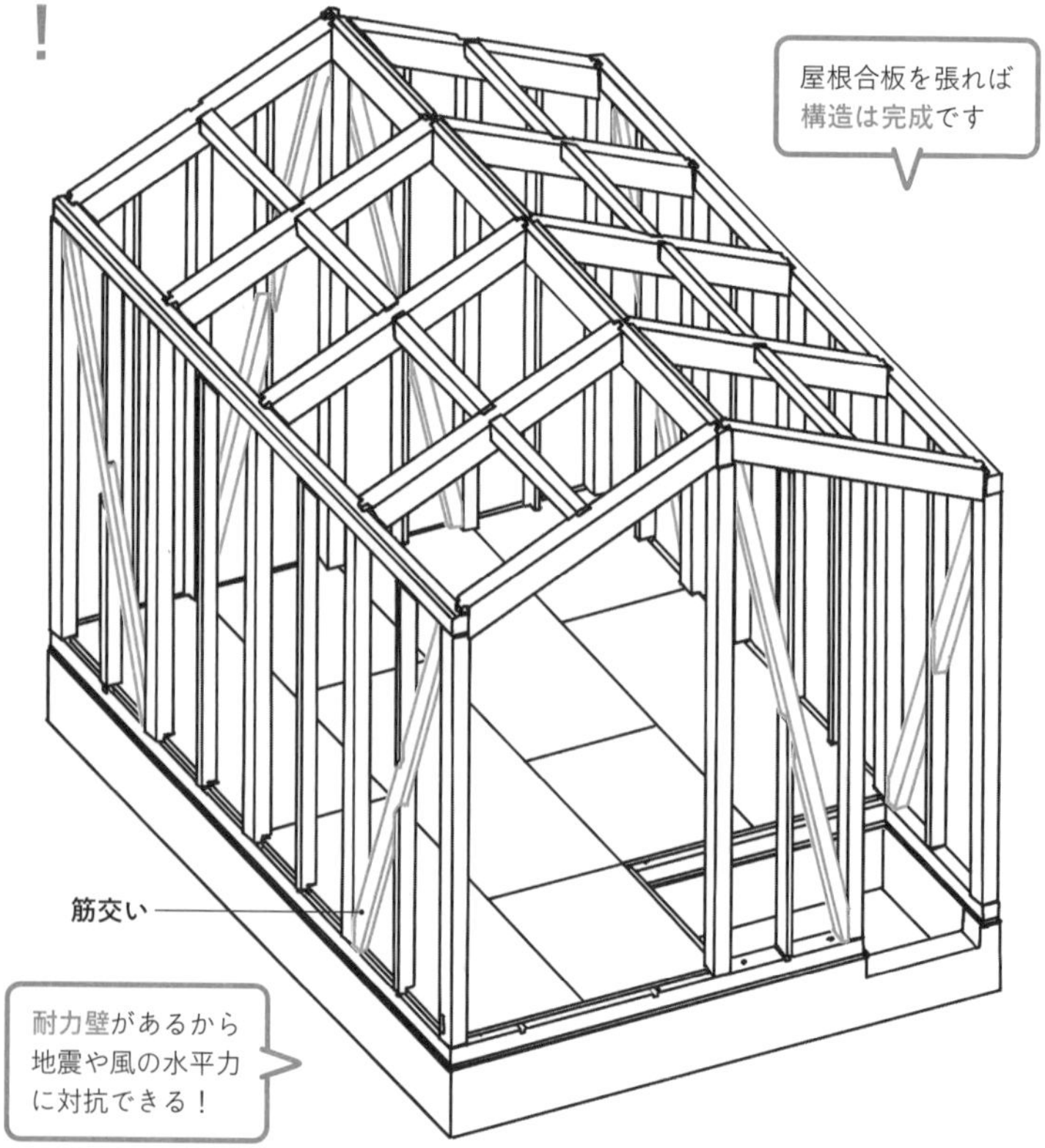
屋根合板を張れば
構造は完成です
筋交い
耐力壁があるから
地震や風の水平力
に対抗できる！

現代住居の完成形

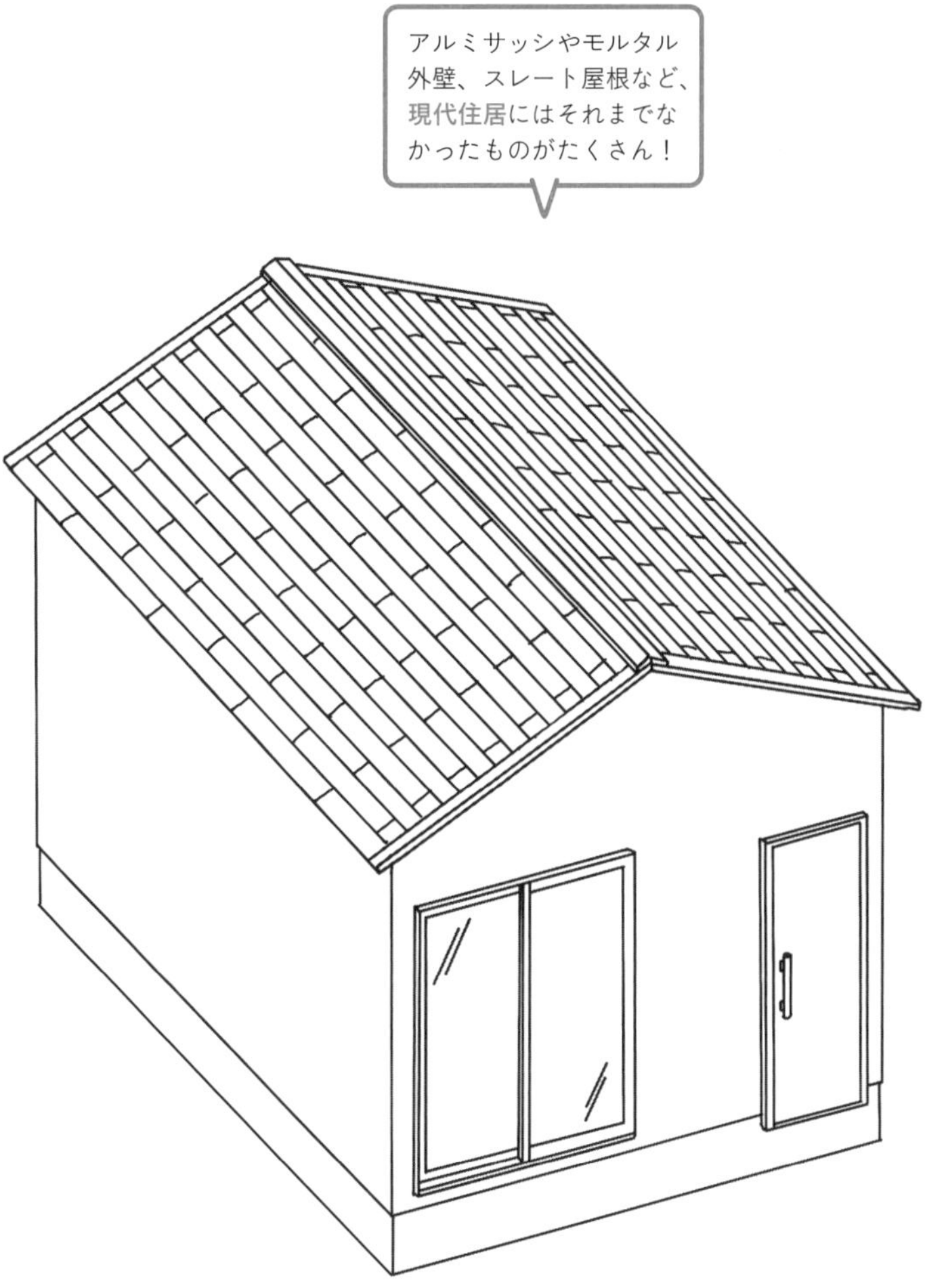
アルミサッシやモルタル外壁、スレート屋根など、現代住居にはそれまでなかったものがたくさん！

道具と技術の進化で伝統建築はより高みへ！

あちこちで活躍する近世の職人たちと生まれる専門職

近世になると、地域差はあるものの道具の進化・普及による建築技術の向上や、仕上げの発達がより目立ちはじめました。町ではさまざまな優れた技術をもった専門の職人も登場します。18世紀中期以降の柱や差し鴨居の仕上げを見ると、以前のチョウナから台鉋《だいがんな》の使用が増え、仕上面は平滑になっていきます。また18世紀後半まで、梁などは丸太の表面をチョウナで多角形状に仕上げる（瓜皮むきと呼ばれる）ことが多かったのですが、次第に側面を垂直に落とした太鼓落としが増えてきます。化粧材と野物材の区別も明確になっていき、「魅せる」ことをより意識するようになったことが見てとれます。

このように、近世民家や町家の仕上げは、庶民の富裕化、地域や階層によってさまざまな違いが現れているため面白く、見るべきポイントといえるでしょう。

第3章

建築の材料ってどんなもの？

木材

1 木材の特徴

自然素材である木材は、建築をつくる材料の中で建物の構造から仕上材まで、広い範囲で最も多く使用されています。木材は熱を伝えにくく、保温、調湿、吸湿性がありますが、燃えやすい、腐りやすい、変形があるなどのデメリットもあります。

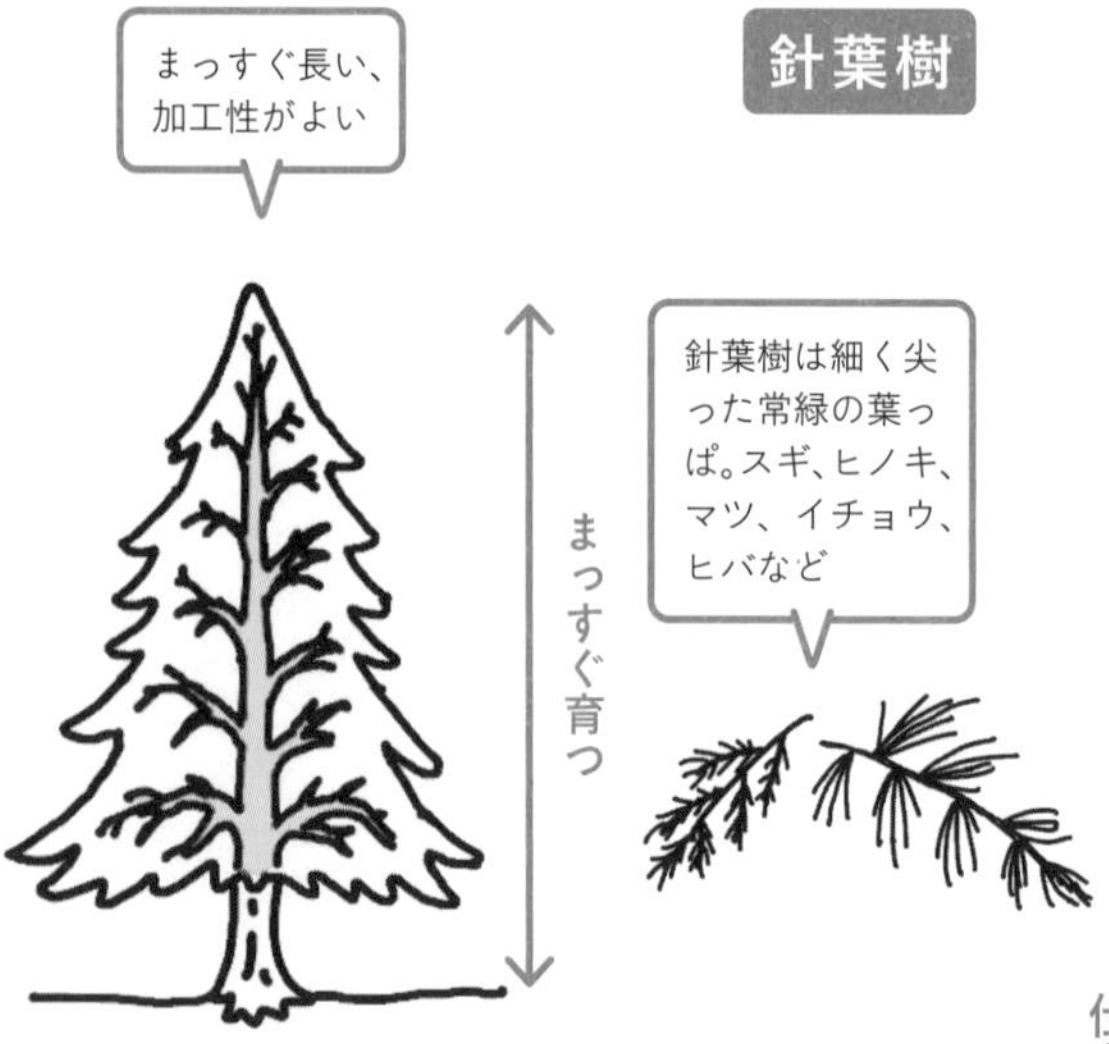

針葉樹
まっすぐ長い、加工性がよい
まっすぐ育つ
針葉樹は細く尖った常緑の葉っぱ。スギ、ヒノキ、マツ、イチョウ、ヒバなど

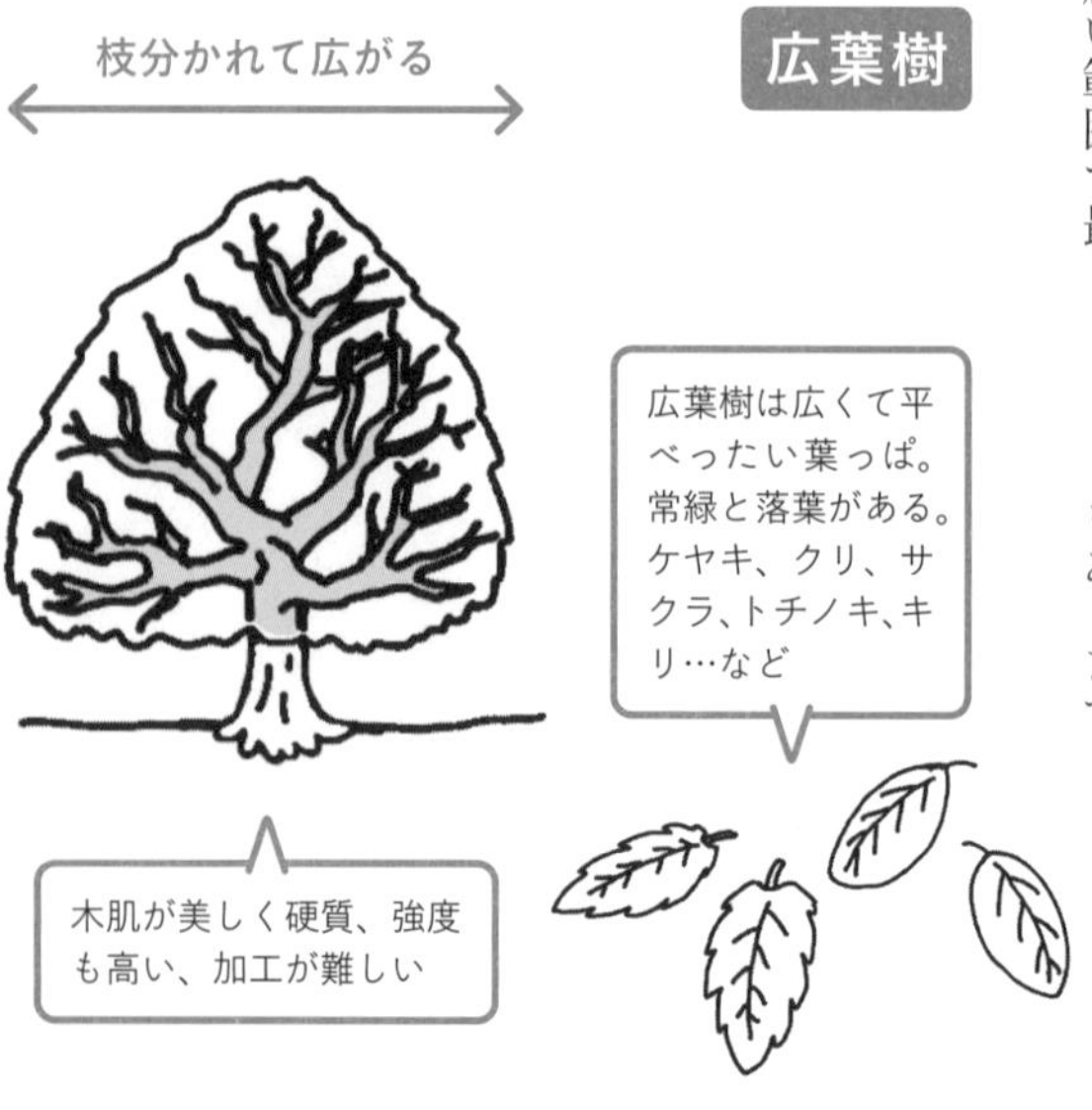

広葉樹
枝分かれて広がる
広葉樹は広くて平べったい葉っぱ。常緑と落葉がある。ケヤキ、クリ、サクラ、トチノキ、キリ…など
木肌が美しく硬質、強度も高い、加工が難しい

丸太から材としてどのように取り出すか

針葉樹

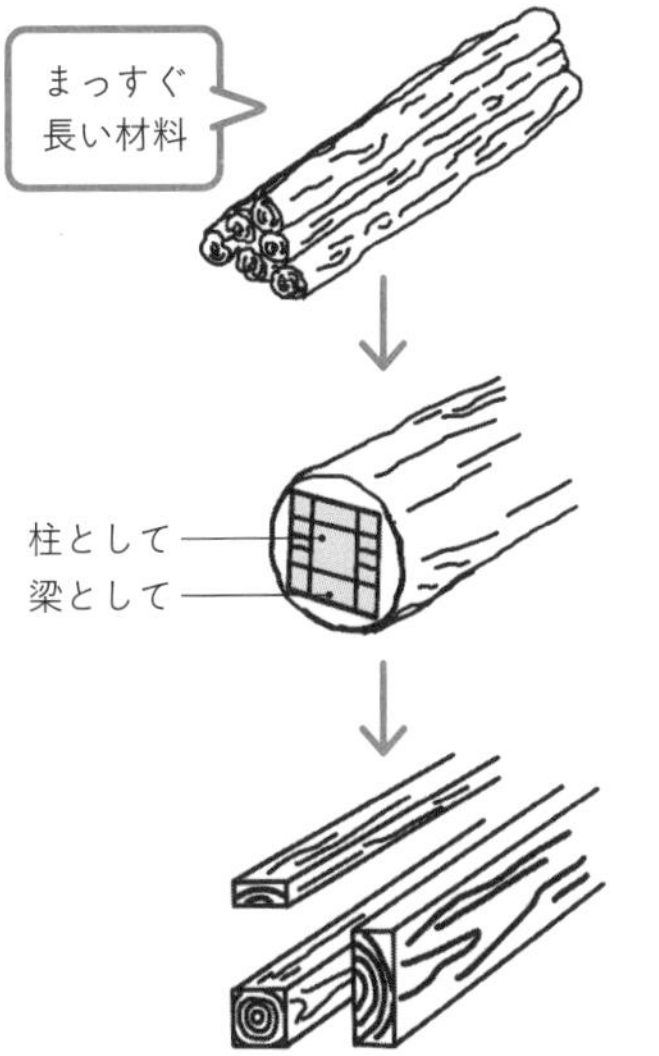
まっすぐ長い材料
柱として
梁として

加工がしやすいので現場向き

木造の柱・梁などの構造材

広葉樹

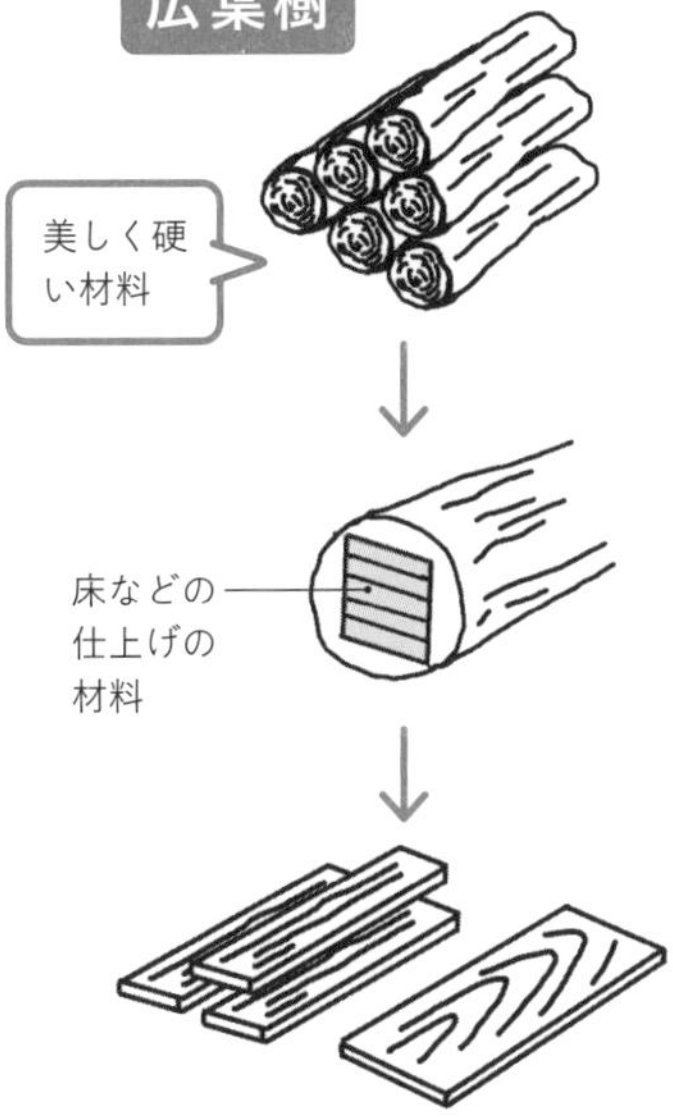
美しく硬い材料
床などの仕上げの材料

加工がしにくいので工場加工向き

仕上材、建具、家具など

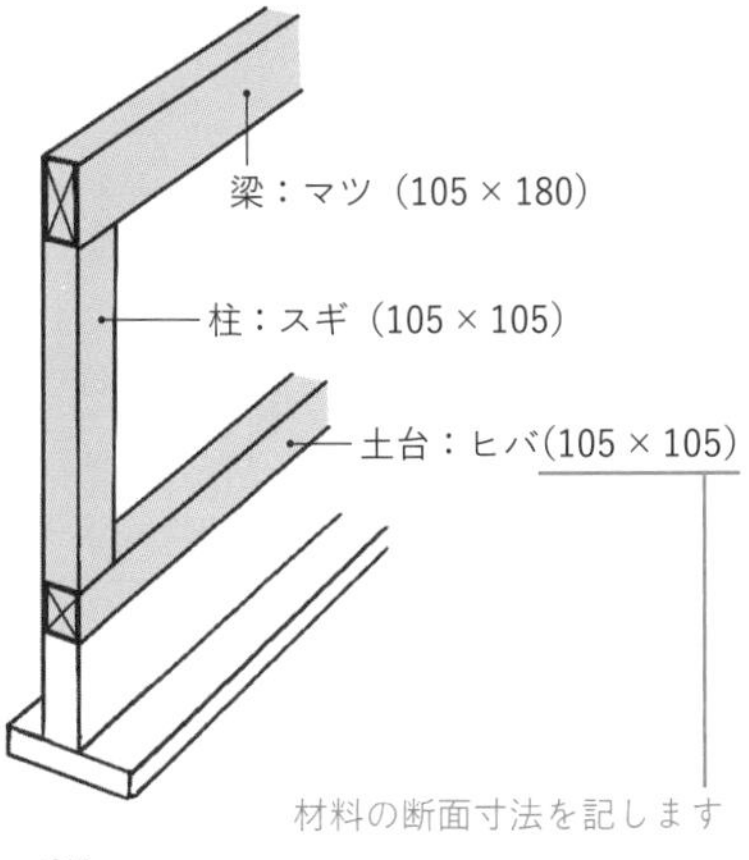
梁：マツ（105 × 180）
柱：スギ（105 × 105）
土台：ヒバ(105 × 105)
材料の断面寸法を記します

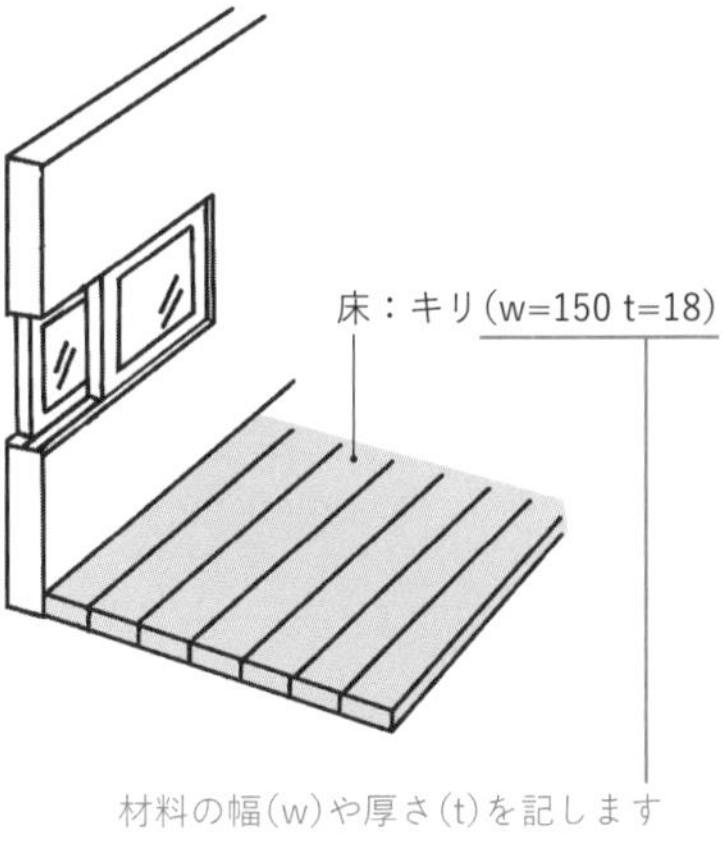
床：キリ(w=150 t=18)
材料の幅(w)や厚さ(t)を記します

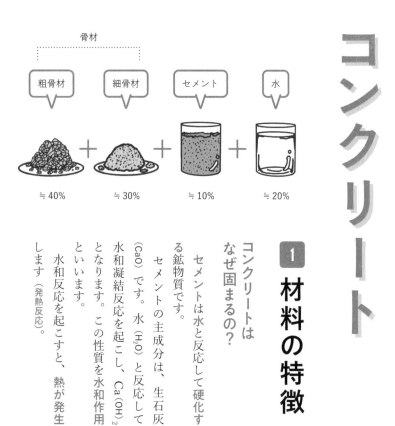

コンクリート

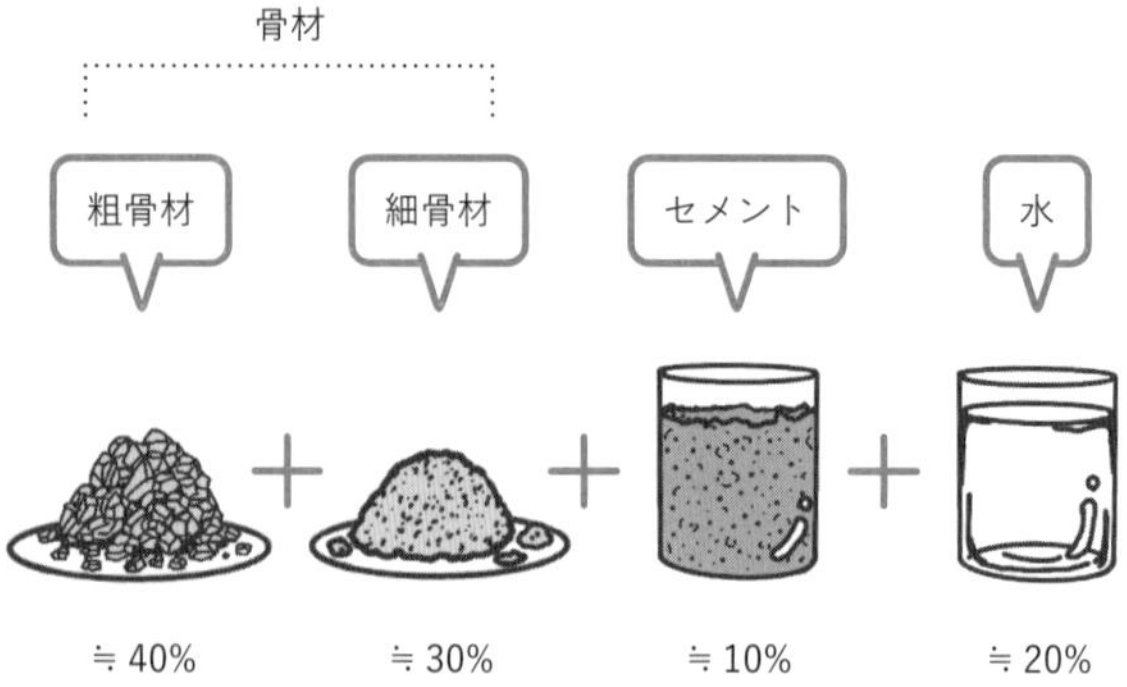
骨材
粗骨材
細骨材
セメント
水
≒40%
≒30%
≒10%
≒20%

1 材料の特徴

コンクリートはなぜ固まるの?

セメントは水と反応して硬化する鉱物質です。

セメントの主成分は、生石灰(CaO)です。水(H_2O)と反応して水和凝結反応を起こし、$Ca(OH)_2$となります。この性質を水和作用といいます。

水和反応を起こすと、熱が発生します(発熱反応)。

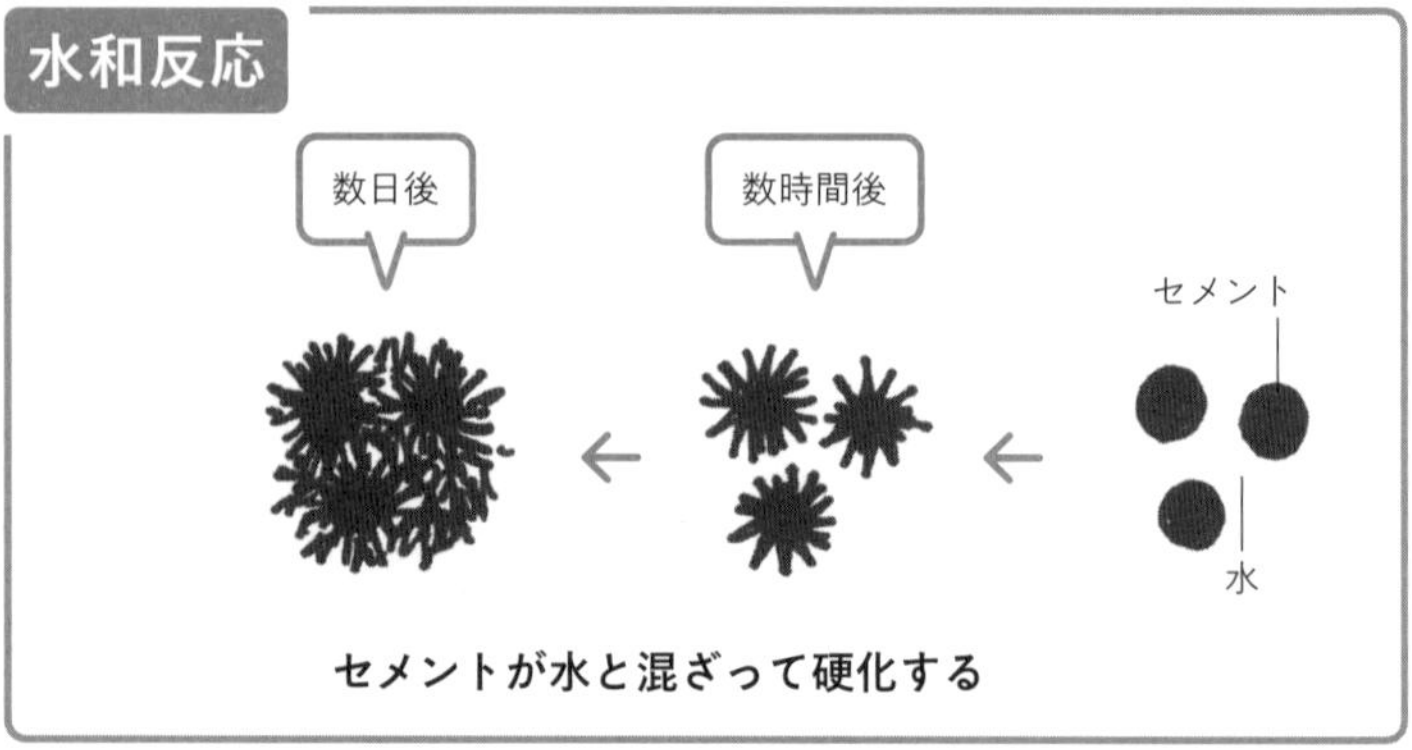
水和反応
数日後
数時間後
セメント
水
セメントが水と混ざって硬化する

2 骨材

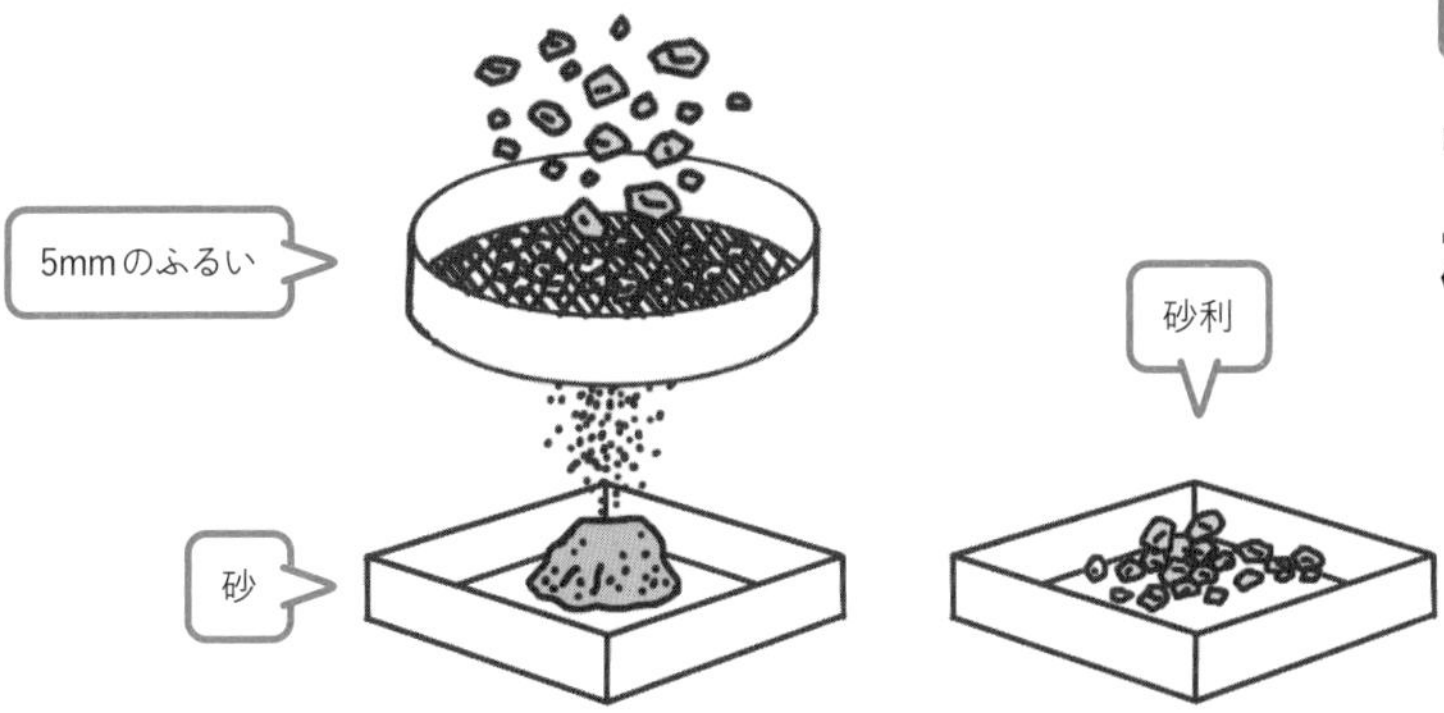
5mmのふるい
砂利
砂
細骨材
5mmのふるいを通るもの
粗骨材
5mmのふるいを通らないもの

なぜ、骨材をコンクリートに入れるの？

セメントと水が反応した際の発熱は100℃以上の高温になるときもあります。あまりに高温になると、外気に接する部分と内部の温度差が大きく、ひび割れなど品質が悪い状態になってしまいます。

そのため、骨材を入れることにより、セメントの量を減らして全体の発熱量を減らしているのです。また骨材には、発熱時に水が蒸発して縮むのを抑える役割もあります。昔は鉄骨を入れない無筋基礎がありました。

コンクリートは圧縮に強く、建物の荷重を支えます

鉄筋コンクリート

鉄筋

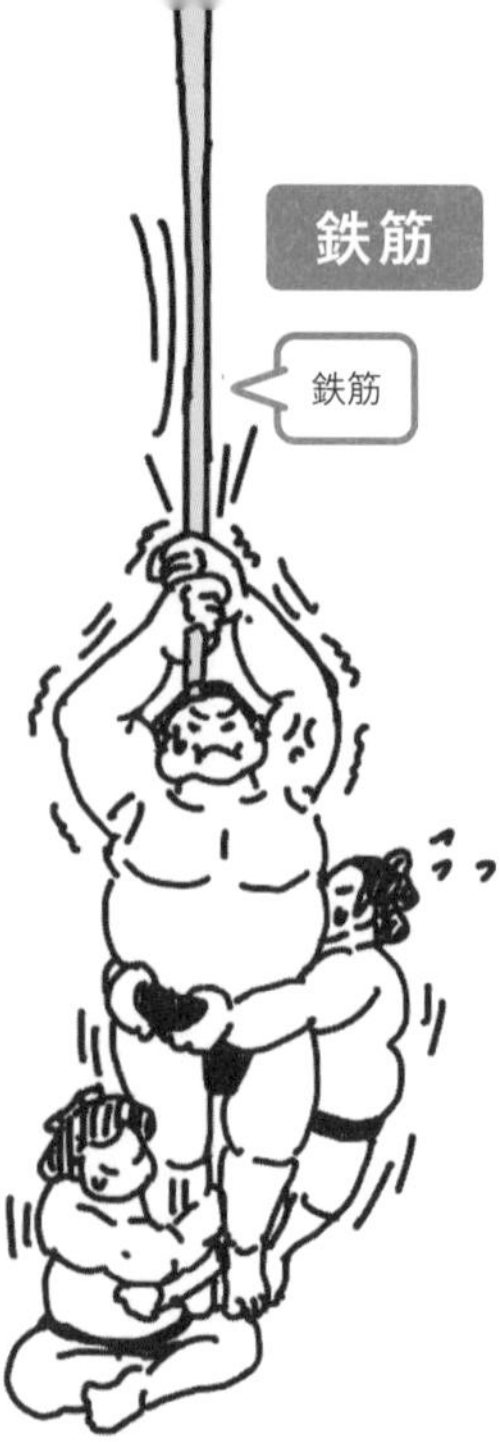

引張に強い！

↓

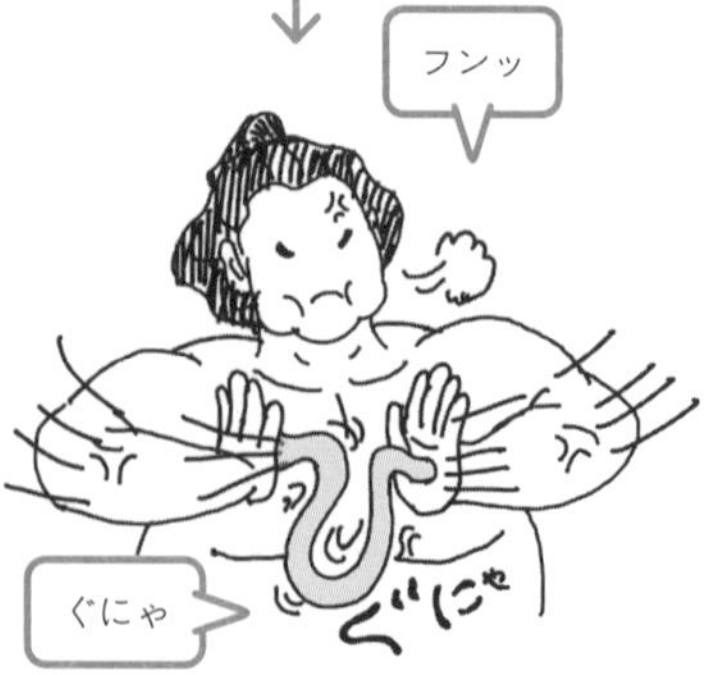

けど、圧縮に弱い！

コンクリート

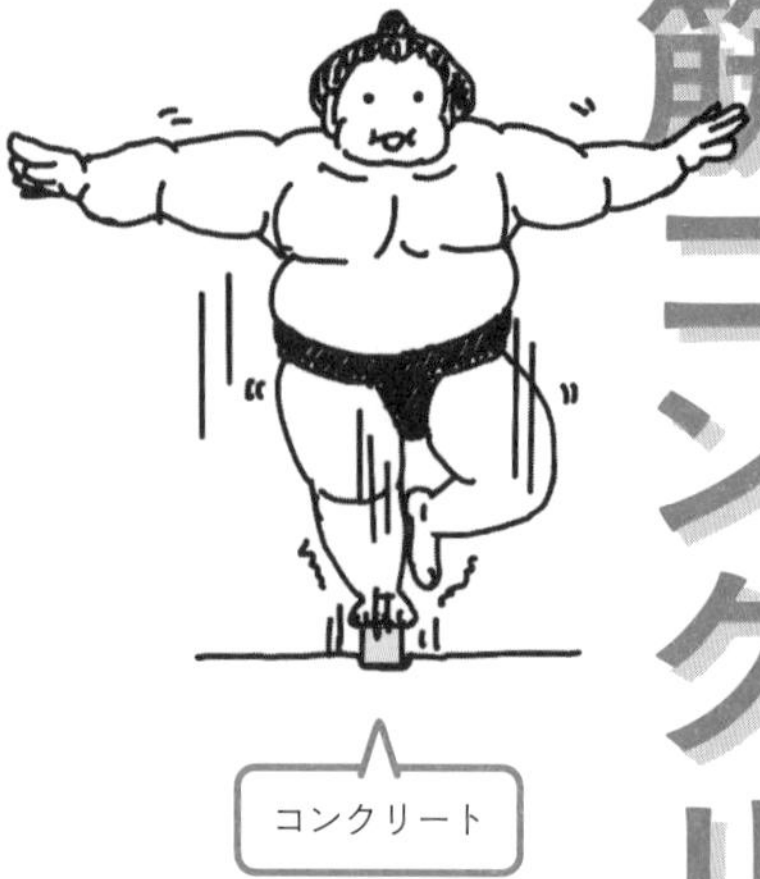

圧縮に強い！

↓

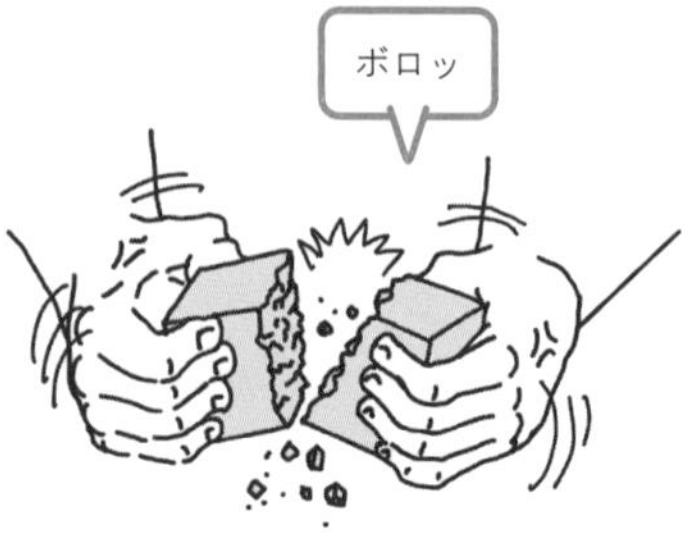

けど、引張に弱い！

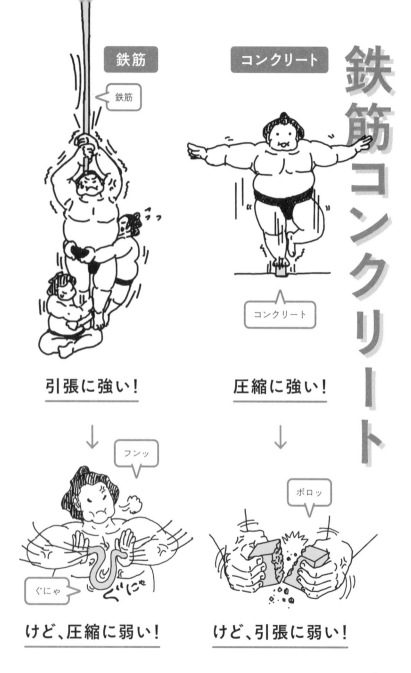

鉄筋コンクリートはお互いの欠点を補い合う大発明！

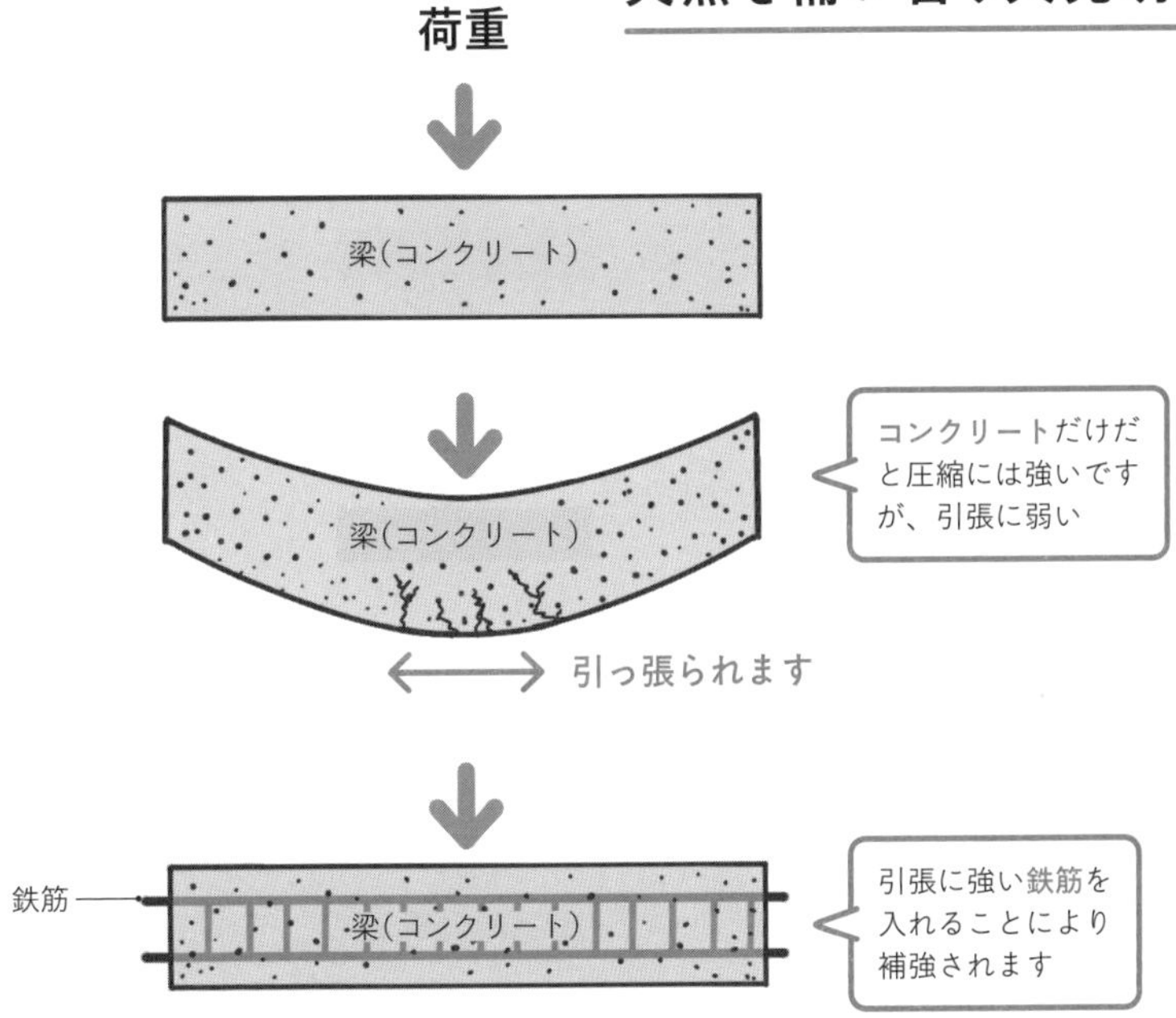
荷重
梁(コンクリート)
梁(コンクリート)
コンクリートだけだと圧縮には強いですが、引張に弱い
引っ張られます
鉄筋
梁(コンクリート)
引張に強い鉄筋を入れることにより補強されます

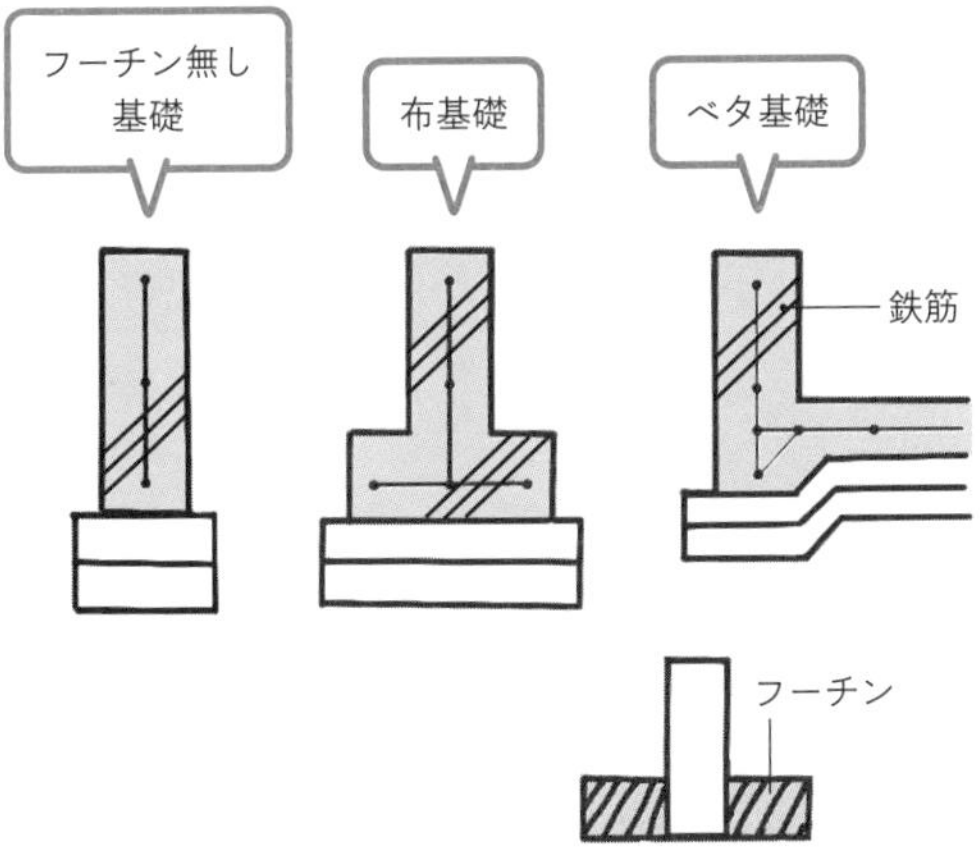
フーチン無し基礎
布基礎
ベタ基礎
鉄筋
フーチン

木造では基礎に鉄筋コンクリート（RC）を使います。コンクリートに鉄筋を入れることで上部の木造の荷重をしっかりと受けることができる強い基礎となります。

モルタル

モルタルとは、**砂**（細骨材）と**セメント**と**水**を練り混ぜてつくる建築材料のことです。仕上材や目地材、躯体の調整に用いられます。

外壁材として、最近ではサイディング（外壁パネル）が多いですが、ひと昔前まで**モルタル壁**が家屋によく使用されていました。モルタル壁は現場で職人が手作業でつくりあげます。**ラス網**という金属の網にひっかけるように**重ね塗り**（左官）をしてつくられます。

利点
- 塗壁の正規の工法として確立
- 継ぎ目がなく、メンテナンス性が高い
- コーキングなどのジョイントがない

欠点
- 材料費や人件費が高い。職人が必要
- 施工期間が長い
- 経年劣化に起因するひび割れが生じる
- サイディングなどに比べて重い

モルタル壁

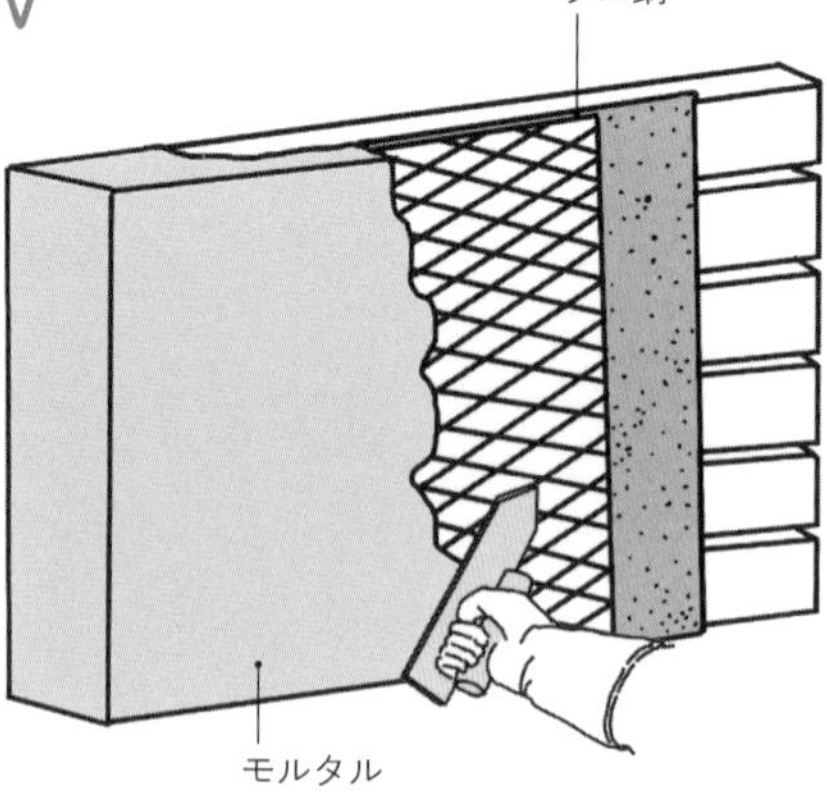

モルタルは外部の床や階段にタイルや石を取り付ける接着剤としても使用します

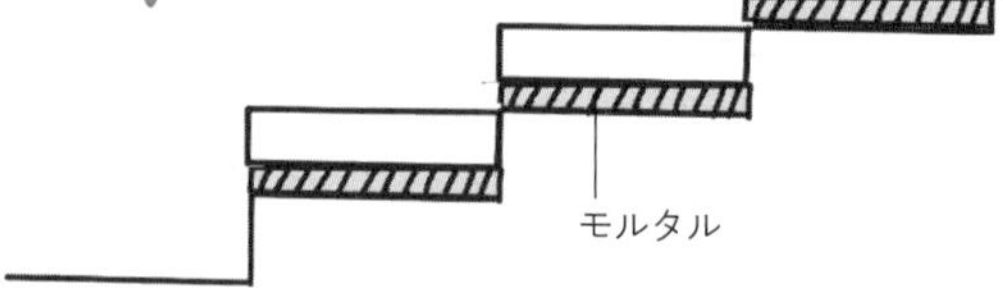

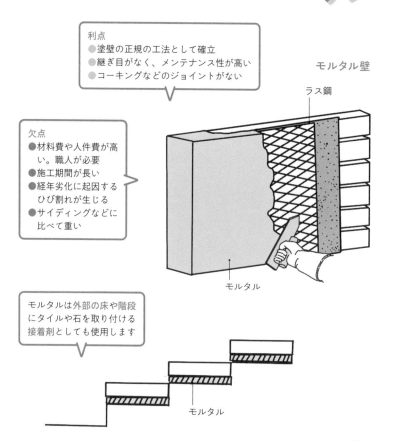

金属

建築に使用される金属の種類は、大きく分けて鋼とアルミの2種類です。

1 鋼

鋼は鉄を主成分とする合金です。強度、靭性《じんせい》、磁性、耐熱性などの鉄の性能を人工的に高めたものです。ステンレスや耐熱鋼も鋼に分類されます。

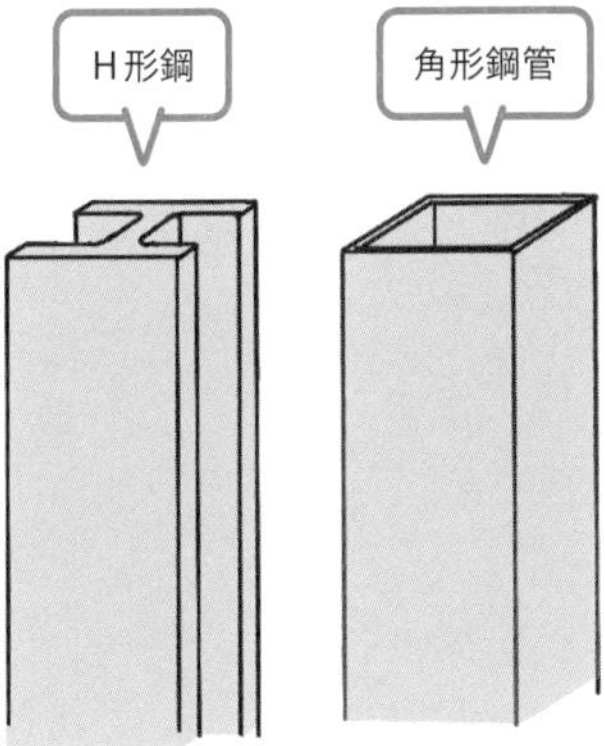

H形鋼
角形鋼管

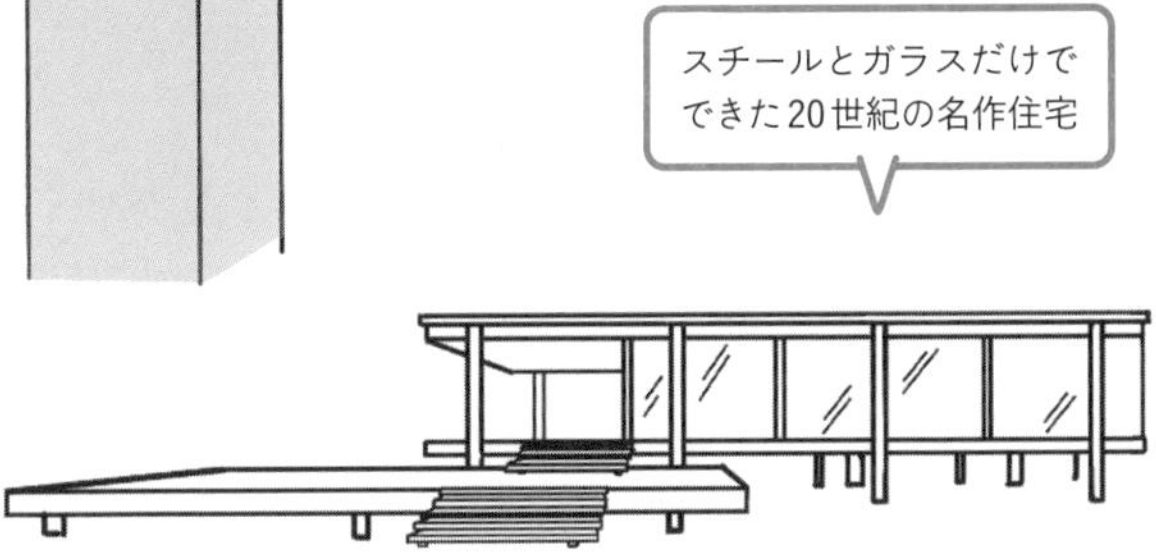

スチールとガラスだけでできた20世紀の名作住宅

ファンズワース邸

設計：ミース・ファン・デル・ローエ

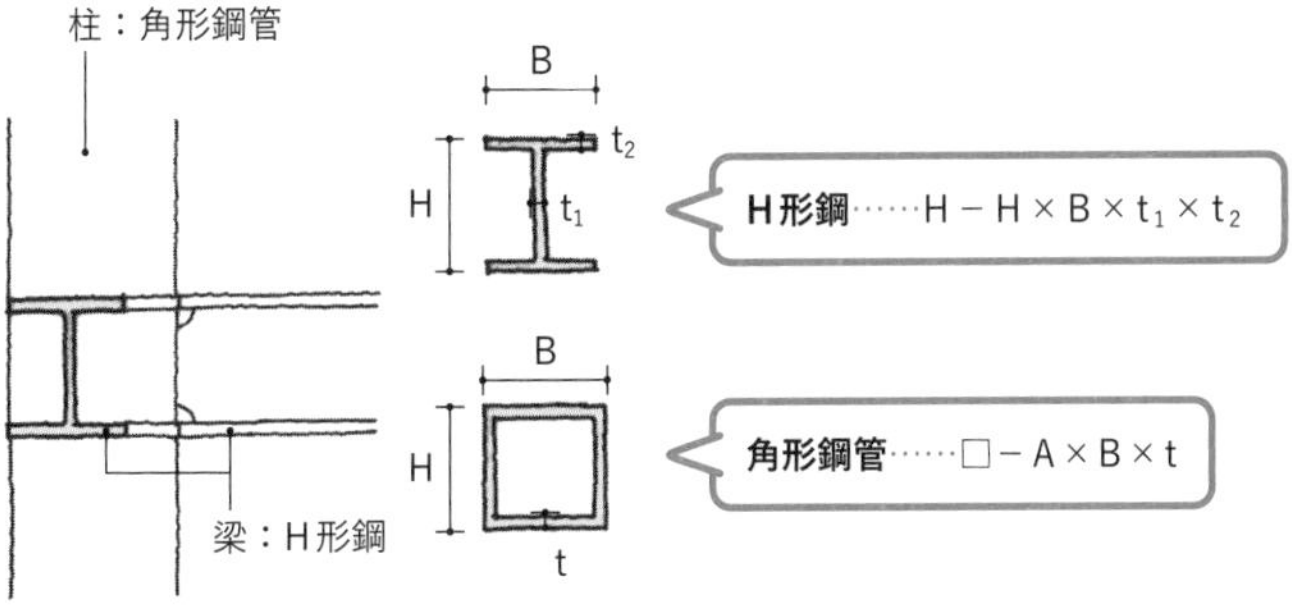

柱：角形鋼管
梁：H形鋼
B
H
t_2
t_1
H形鋼……H－H×B×t_1×t_2
B
H
t
角形鋼管……□－A×B×t

2 アルミ

アルミは銀白色の金属で、軽量で加工性がよいことからアルミサッシや手すりの部材など広く使用されています。一般的に構造部材に使われることは少なく、また使用する場合には認可が必要になります。

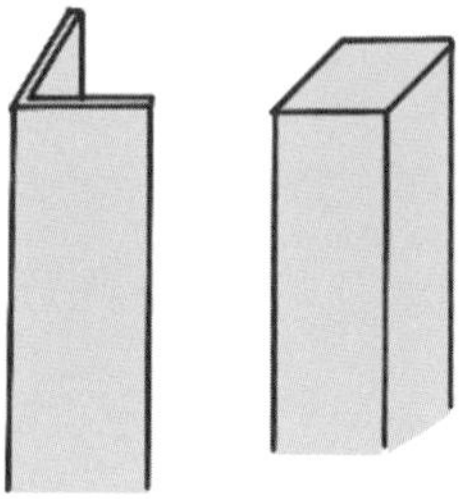

3 その他

鋳鉄《ちゅうてつ》

溶融させた金属を型に流し込み製造。圧縮に強く、アーチ橋など圧縮でもたせたい橋などに使用されています。

錬鉄《れんてつ》

炭素の含有量が少ない鉄。鋳鉄と比較して強靭なので、鉄道のレールや、建物の構造材にも使われました。

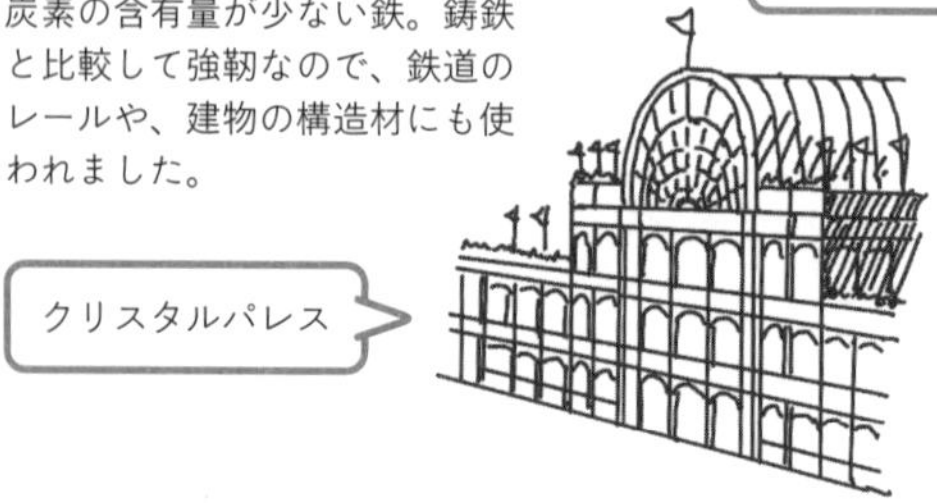

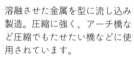

ガラス

ガラスは、**ケイ酸塩**を主成分とする硬く透明な物質です。多くは可視光線に対して透明で、表面が滑らかです。汚れも落としやすいので、**窓ガラス**や鏡、レンズ、ビン、食器などに多く利用されます。

性能

防火ガラス

熱衝撃に強く、網などが入っていないため、視界をクリアにすることができるガラスです。

合わせガラス

ガラスとガラスの間に樹脂膜を挟み込んだガラス。強度が高く、割れた場合にも飛散しにくいガラスです。

複層ガラス

複数枚のガラスの間に中空層を設けたガラス。単板ガラスよりも断熱性が高いです。

単板《たんばん》ガラス

ガラスが一枚のガラス。複層ガラスと区別するために単板ガラスというようになりました。

模様

エッチングガラス

ガラス装飾のために、サンドブラストや硫酸腐食などの加工を施したガラス。

型板ガラス

ガラスの片面に型模様をつけたガラス。型模様により光を拡散し視界を遮ることができます。

透明ガラス

ガラスの表面に加工を施していない透明で視線を遮らないガラス。

その他、二次曲面ガラスや三次元曲面ガラスというのもあり、建築のさまざまなデザインに対応できるようになっています

FRP

FRPとは、ガラス繊維などの繊維をプラスチックの中に入れて強度を向上させた複合材料のこと。強度は鉄よりも優れ、比重は鉄の1／4程度と軽くて強い材料で、防水性にも優れています。飛行機や自動車、ユニットバスなどの水廻りやベランダの床面など防水に使用されます。

飛行機や自動車などにFRPはよく使われます

建築の場合は水廻りによく使われます

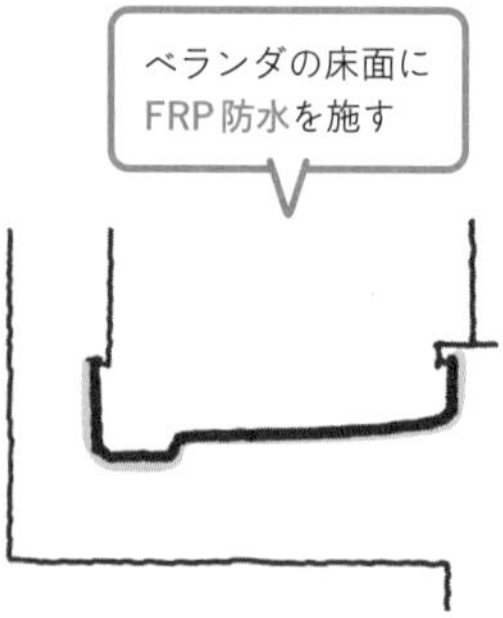
ベランダの床面にFRP防水を施す

FRPグレーチング

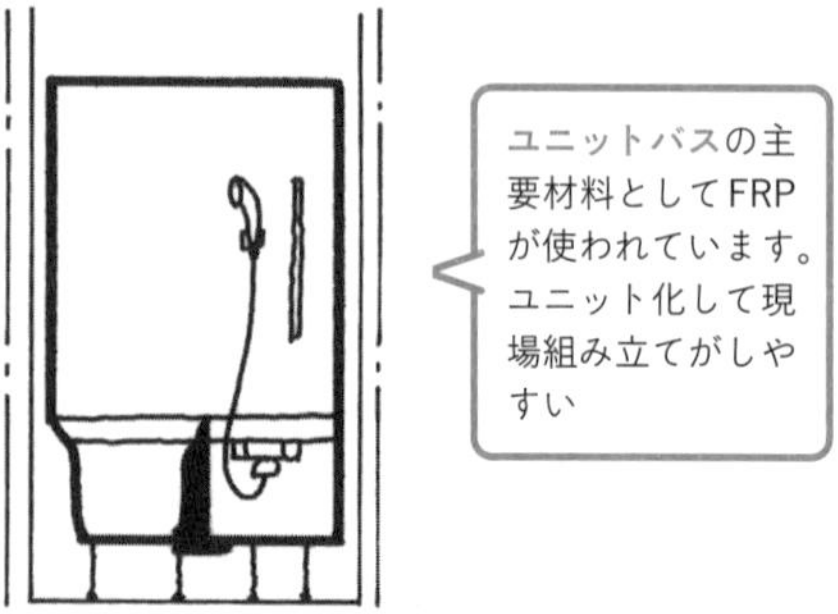
ユニットバスの主要材料としてFRPが使われています。ユニット化して現場組み立てがしやすい

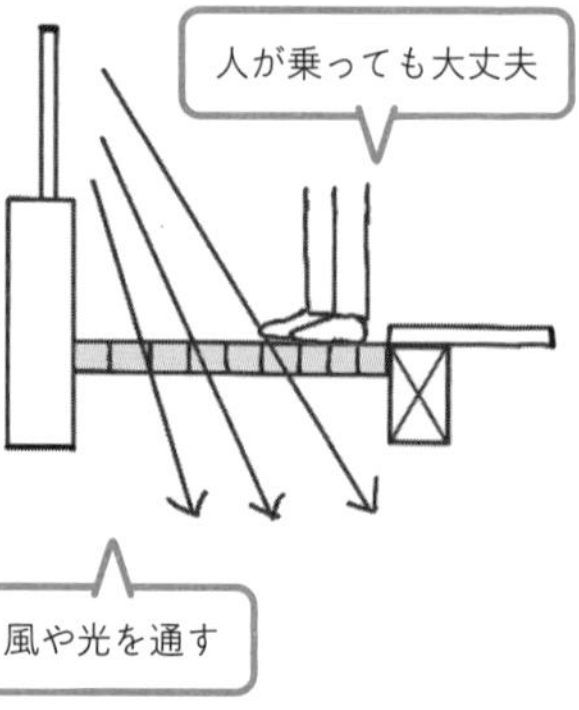
人が乗っても大丈夫
風や光を通す

石

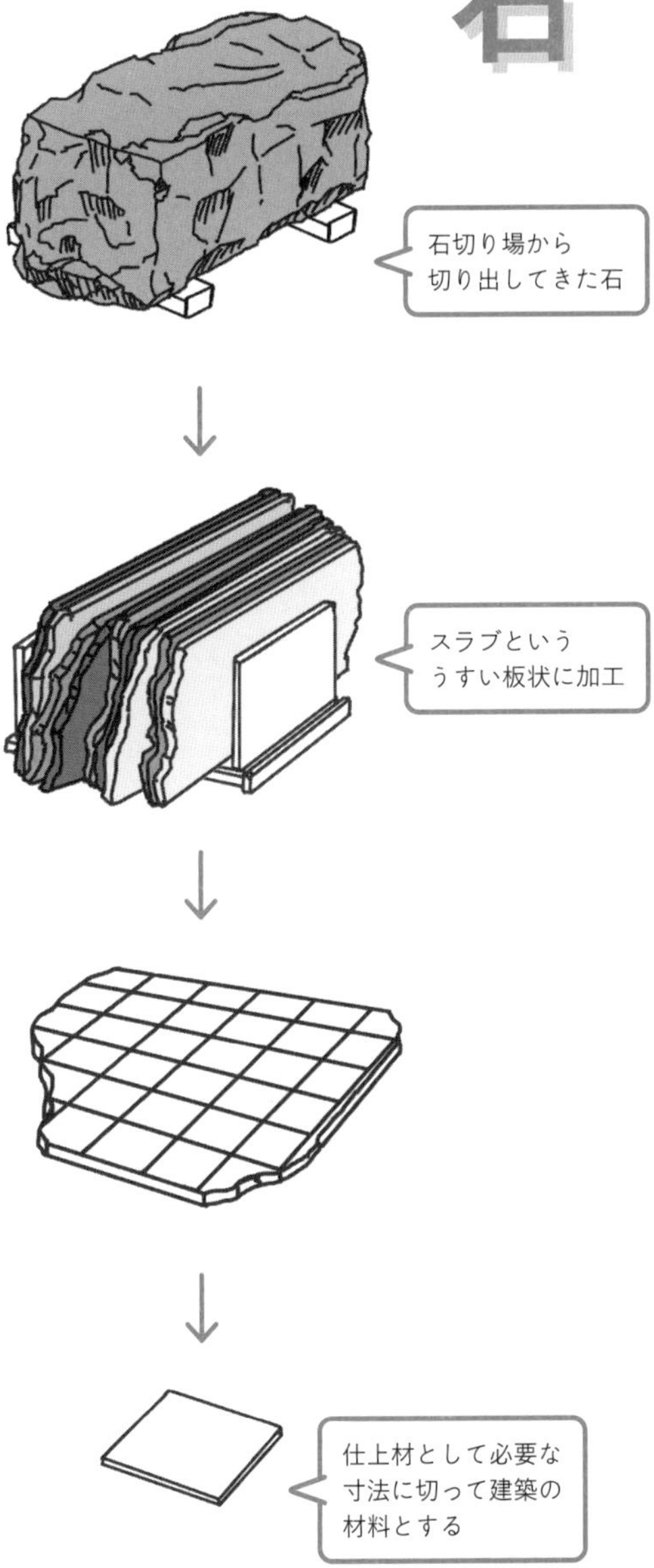
石切り場から
切り出してきた石
スラブという
うすい板状に加工
仕上材として必要な
寸法に切って建築の
材料とする

大理石

大理石は、石灰岩（貝や動物の死骸が海の底で積み重なり固まった石）が地中のマグマの熱と圧力で再結晶化して変質したものです。オーム貝などの化石が入っている石も見ることができます。主に室内で使用されます。

御影石（花崗岩）

御影石は、マグマが地下でゆっくりと冷却され、高い圧力によって形成された石をいいます。室内・室外ともに使用されます。

瓦

瓦は古くから建物の屋根に使用される材料です（床に敷く瓦や土塀用の瓦などもあります）。

最も代表的な和瓦（日本瓦とも呼ばれる）は、粘土に砂を混ぜ、一定の型に成形して瓦窯で焼いた仕上材です。釉薬の有無や使われる粘土の性質、焼成温度や時間などによって瓦の特性は変わります。和瓦の中でも有名なのが日本三大瓦の三州瓦、石州瓦、淡路瓦です。

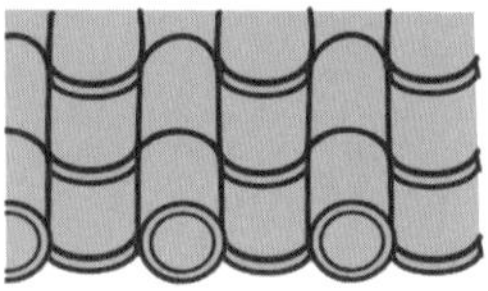

ガルバリウム鋼板

アルミ・亜鉛・シリコン（ケイ素）でメッキ加工した鋼板（鉄）をガルバリウム鋼板といいます。現在では、多くの屋根材や外壁材などに採用され、ポピュラーな金属素材となっています。

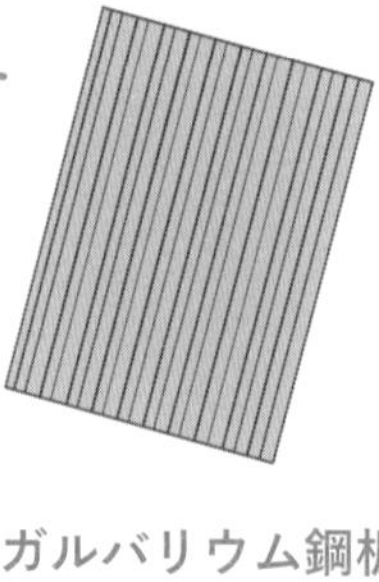

ガルバリウム鋼板

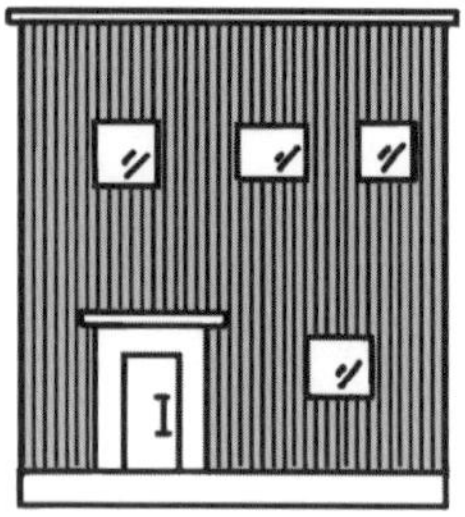

主に外装材として使われます

メリット
- 高い防食性（サビにくい）
- 高い耐久性（ひびや割れがない）
- 軽い（耐震性）
- ステンレス鋼板などと比べて安価
- 断熱性がある（断熱材を含むもの）
- 遮音性がある（遮音材を含むもの）

タイル

タイルは、粘土を焼成して平板形状につくられた仕上材です。内外の床や壁に使用されます。耐火性・耐久性に優れており、さらに耐水性、耐摩耗性もあります。

モザイクタイル

1辺が50mm以下のタイルをモザイクタイルといいます

セラミックタイル

セラミックタイルは、陶磁器、せっ器質、陶磁器タイルの総称をいいます。技術の進歩により大判化、薄型化され、使用される場面が多くなっています。

天然石の代わりに使用する機会も多い

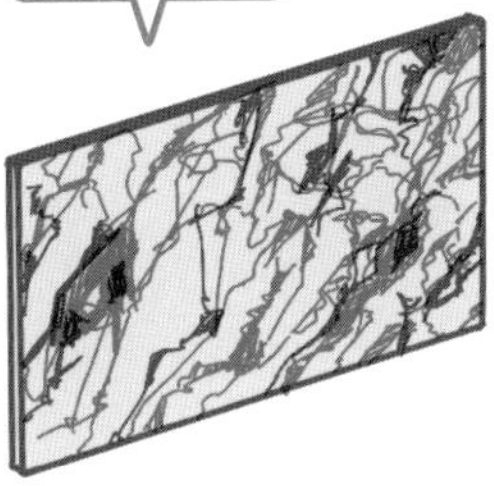

大理石調のセラミックタイル

メリット
- 大判化してもタイル全体で均一な強度がある
- キラキラした見た目で高級感がある
- 木目調、テラコッタ調など、バリエーション豊富

大判タイル
(600mm～)

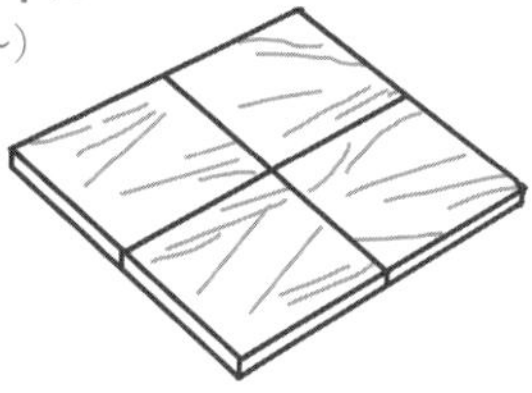

少し前までは、一般に流通する最大寸法は600mm角でしたが、大判化が進み、3000mm×1500mm以上も可能に

断熱材

断熱材とは、建物の外部の熱と内部の熱の伝わりを少なくするための材料です。住宅の夏を涼しく、冬は暖かく快適に過ごせる温熱環境をつくるために屋根や外壁、床などに設置します。

土（自然素材系）

日本家屋の屋根や土壁には、古くから身近にあった土が使われてきました。断熱性能としてはグラスウールの1/10程度しかありませんが、蓄熱性があったので、室内で温めた空気が逃げにくい環境をつくることができました。

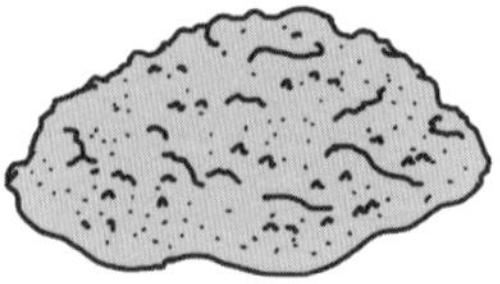

ロックウール（繊維系）

耐熱性に優れた天然岩石を主原料として、高温で溶融したものを遠心力で吹き飛ばして繊維状にした人造鉱物繊維を断熱材として使用しています。グラスウールに比べコストが高いこと、撥水性があるなどの違いがあります。

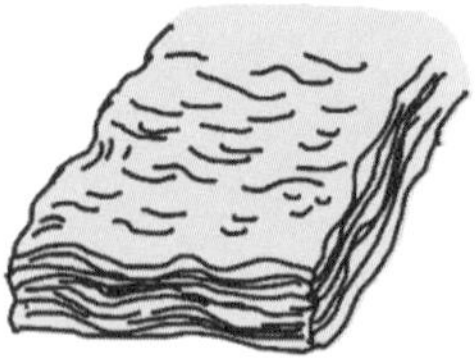

藁《わら》（自然素材系）

縄文時代から住まいの屋根に使用されてきました。断熱性が高く、吸音性、通気性、保湿性の性能があります。多くの藁を使用してできる厚い空気層により多様で高い性能が得られます。

グラスウール（繊維系）

リサイクルガラスを原料にガラスを遠心力で細かな繊維状にした断熱材です。断熱性、耐久性が高く、経年劣化の少なくコストに優れています。デメリットとして吸水性があるため、防水に注意しなければなりません。

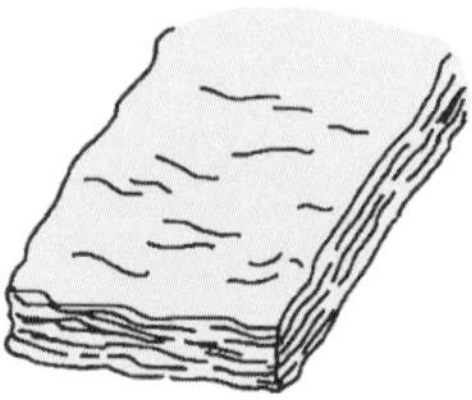

スタイロフォーム

スタイロフォーム（樹脂系）

ポリスチレン樹脂の薄膜をもった無数の気泡でできた板状の断熱材です。この気泡内に熱伝導率の小さいガスを封じ込めています。断熱性能が高く、吸水性が小さいので水分で変形や膨張を起こしません。

セルロースファイバー（自然素材系）

回収された古紙（新聞紙）を原材料とした木質繊維系断熱材です。繊維の中に細かな空気の粒が入っており、また絡み合った繊維が空気の層も形成します。吹き込み施工により隙間のない気密性の高い施工精度が可能で、断熱性、調湿性、吸音性、防火性能、防虫性能など高い性能をもった素材です。

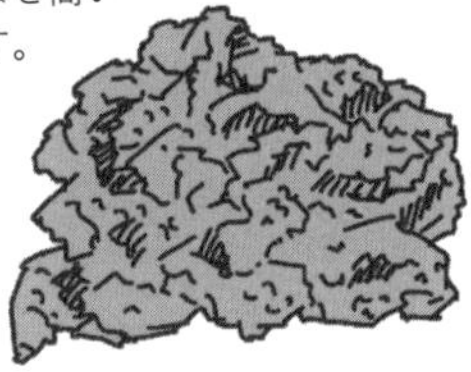

断熱材は住宅のどこに入れる?

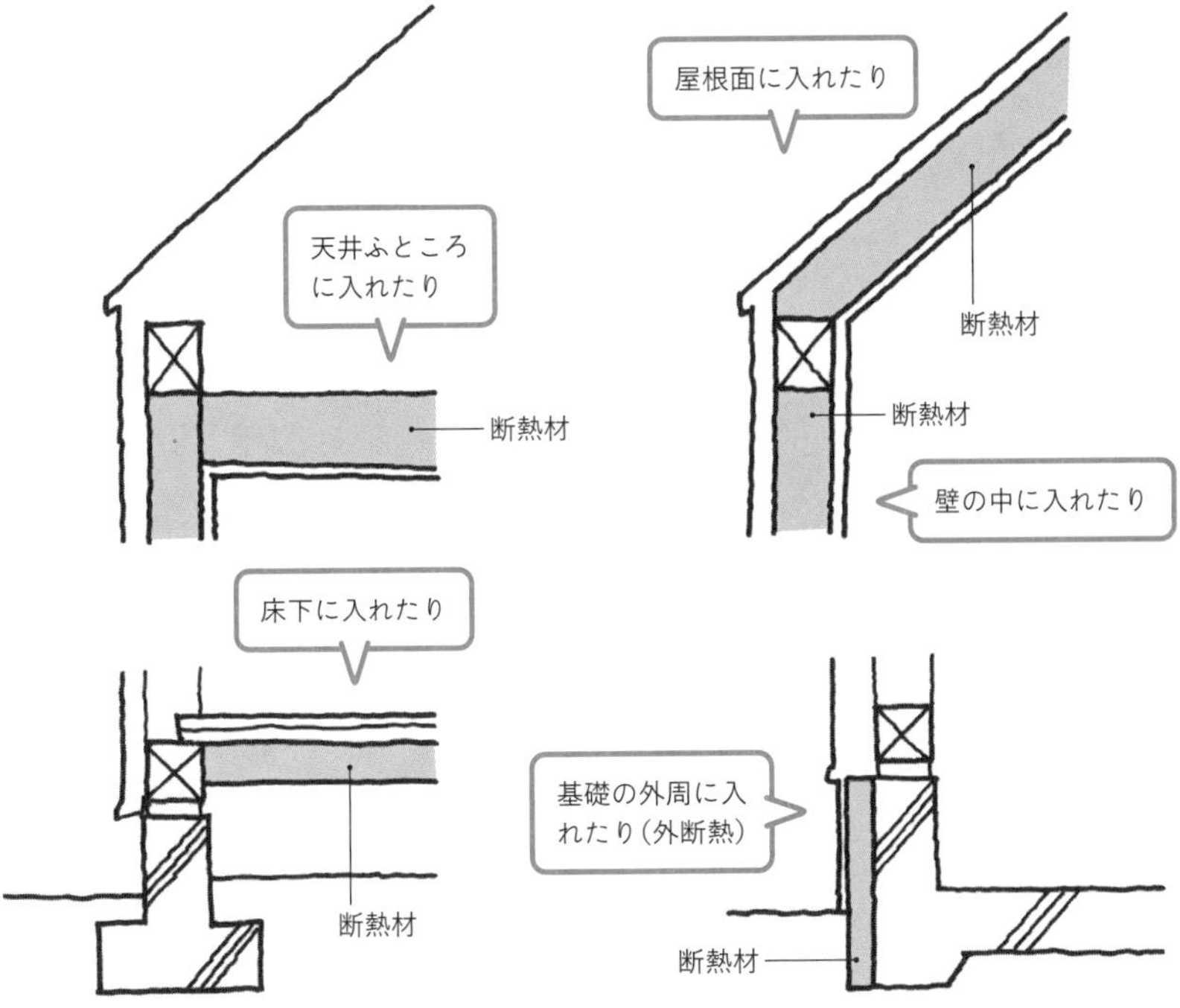
天井ふところ
に入れたり
断熱材
屋根面に入れたり
断熱材
断熱材
壁の中に入れたり
床下に入れたり
断熱材
基礎の外周に入
れたり（外断熱）
断熱材

塗料

建築や家具などの表面の保護と美装のために、塗料を部材の表面や内部に浸透させることを塗装といいます。使用目的の違いや材料により塗料の種類を使い分けることが大切です。塗料は大きく分けて自然塗料（植物由来）と合成樹脂塗料（人工塗料）の二つです。

自然塗料

カシュー塗料……カシューナッツの皮から絞った油が原料。漆に似た性質

弁柄《べんがら》……土から取れる酸化鉄が主成分。耐候・耐久性に優れています

漆《うるし》……ウルシの木に傷をつけて樹液を採取。水、熱に強く丈夫で独特の光沢が美しい

柿渋《かきしぶ》……柿を潰して油を抽出。平安時代から防水・防腐剤として使用されています

蝋《ろう》……ハゼの木の実からつくられます。木材のツヤ出しや保護、撥水性向上に適します

合成樹脂塗料

耐候性、施工性に優れています。

多くの種類の塗料がありますが、代表的なものを紹介します。

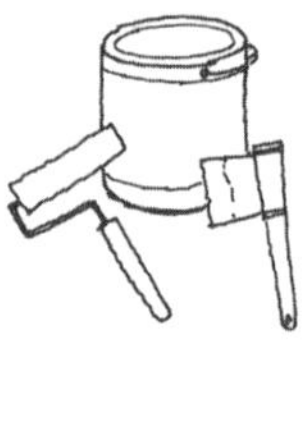

内部仕上げ

浴室やキッチンなど水を使う場所
AEP（アクリルエマルジョンペイント）

室内壁や天井
EP（水性エマルジョンペイント）

家具、床

木材の色や木目を活かす
OS（オイルステイン）

木工家具に透明で木材の色と木目を活かす
CL（クリアラッカー）

不透明塗料

耐候性が高く屋外で使用される
OP（油性ペイント）

「ペンキ」と呼ばれる
SOP（合成樹脂調合ペイント）

第4章

建築の部位別解説

寸法

1 基本モジュール

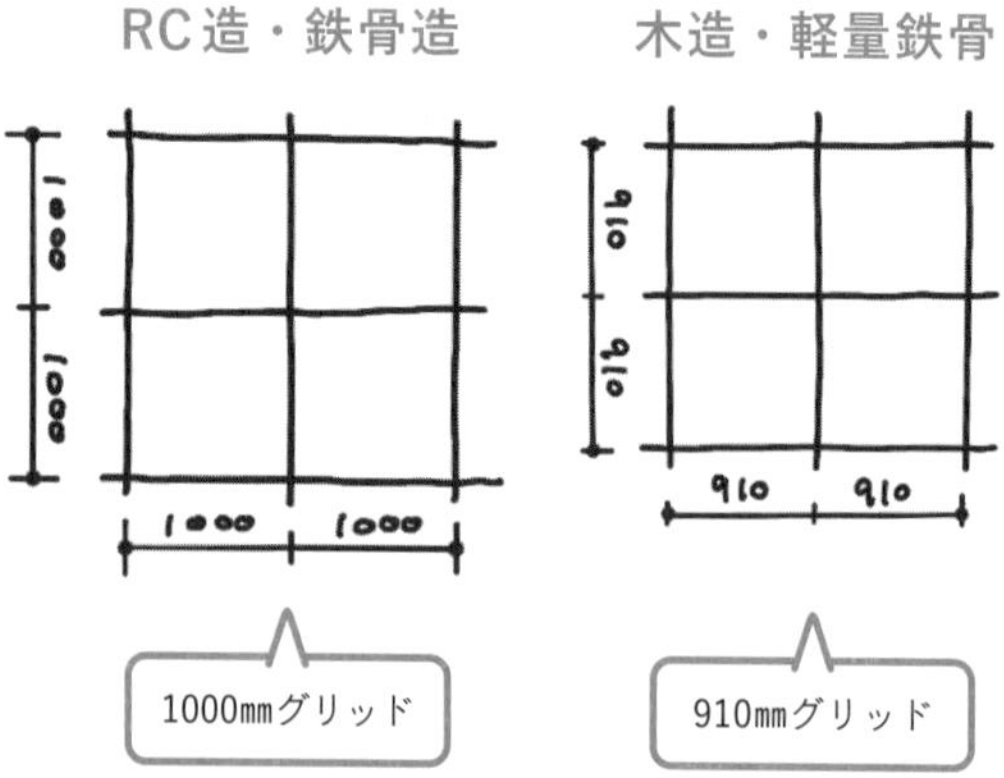
RC造・鉄骨造
1000
1000
1000
1000
1000mmグリッド
木造・軽量鉄骨
910
910
910
910
910mmグリッド

2 910×1820

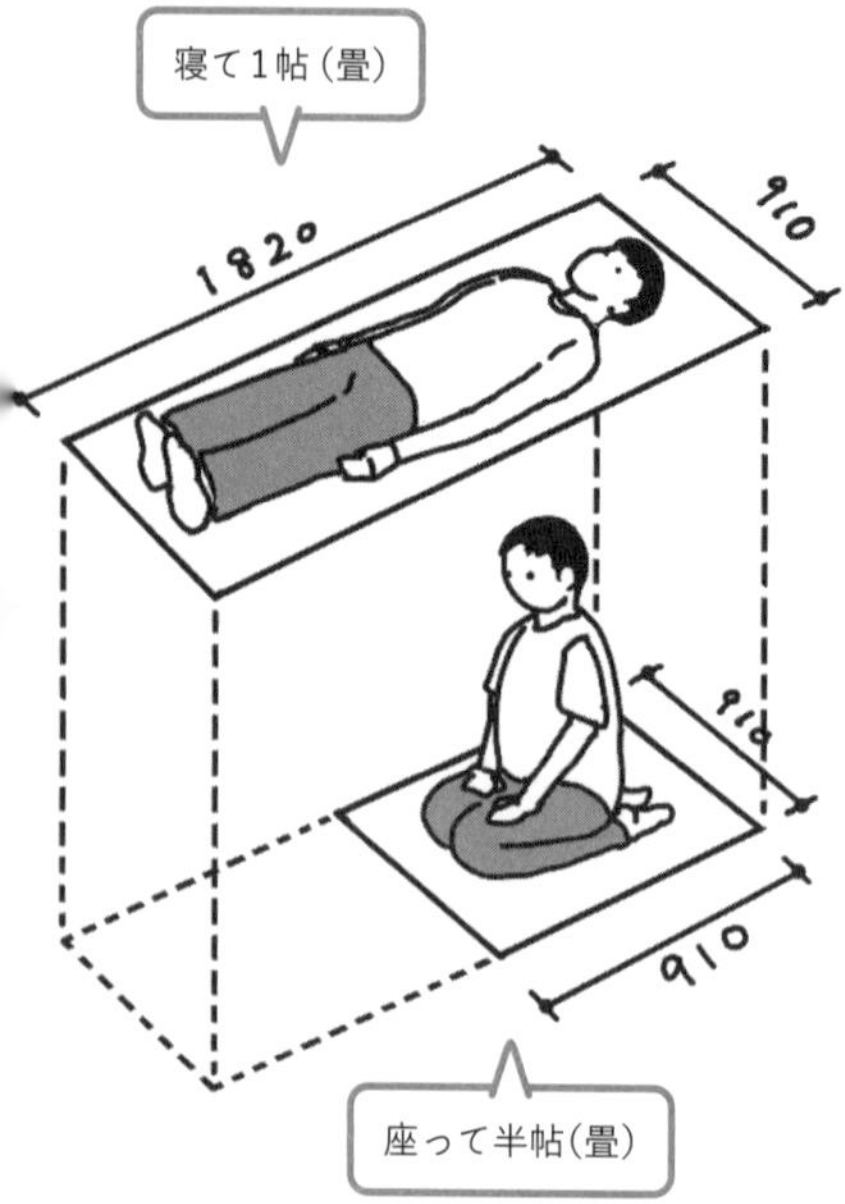
寝て1帖（畳）
1820
910
910
910
座って半帖（畳）

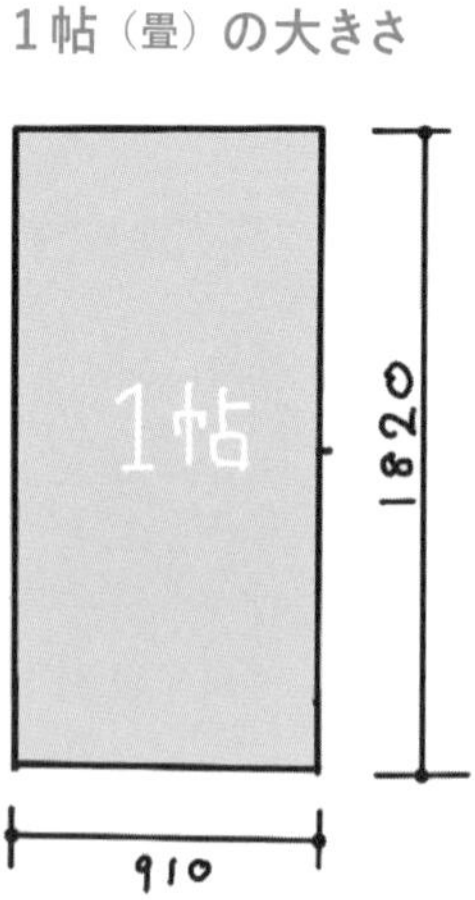
1帖（畳）の大きさ
1帖
1820
910

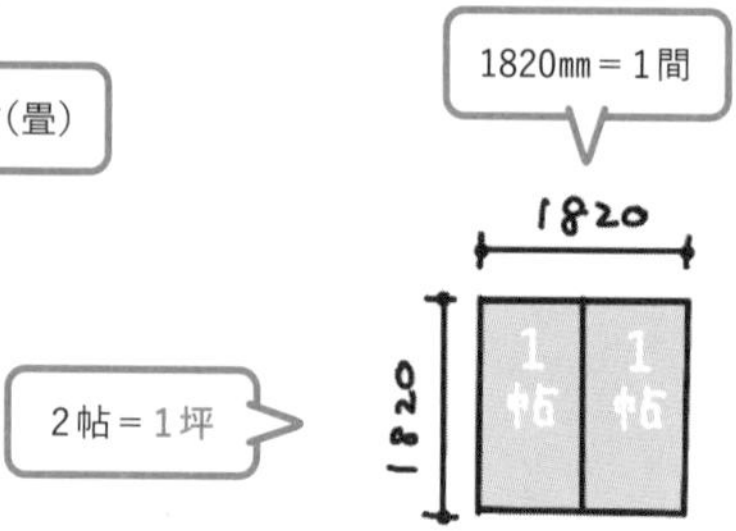
1820mm＝1間
1820
1820
1帖
1帖
2帖＝1坪

部材寸法

覚えて！

寸法一覧

1分（ぶ）＝3mm
1寸（すん）＝30mm
1尺（しゃく）＝303mm
3尺（半間）＝909mm ≒ 910mm
6尺＝1間＝1818mm ≒ 1820mm
1坪＝1間×1間
　＝1820mm × 1820mm

例：105角の柱は
　「3寸5分」と呼ばれる

柱・土台

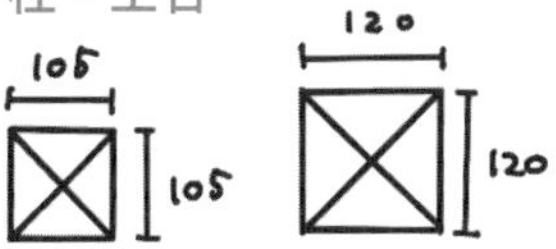

105 × 105　　120 × 120

梁・胴差し

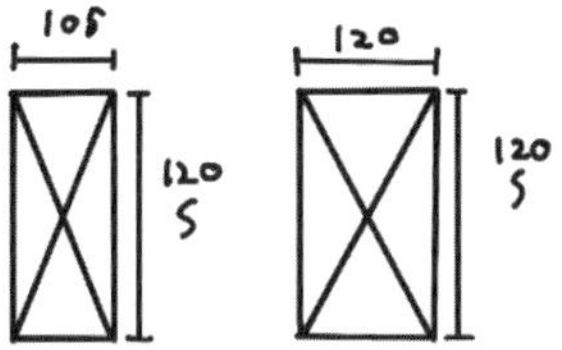

105 × 120～　　120 × 120～

内法《うちのり》高さ

立っても半帖

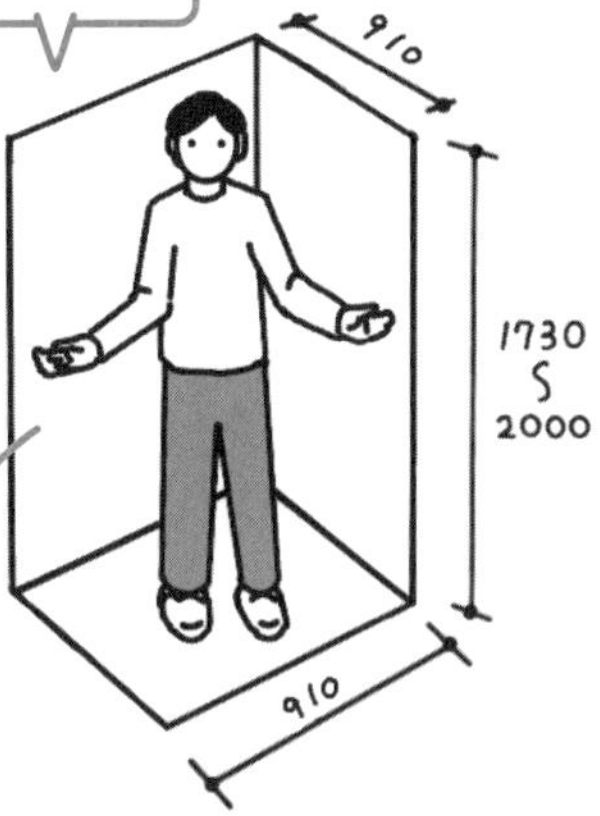

民家など古い建物の出入口の高さ（1730㎜）もこの寸法がベースになっています

現在は、人の体格の変化により、出入口などの高さは2000㎜程度が一般的

江戸時代の人
平均155㎝ほど

現代人
平均170㎝ほど

地盤

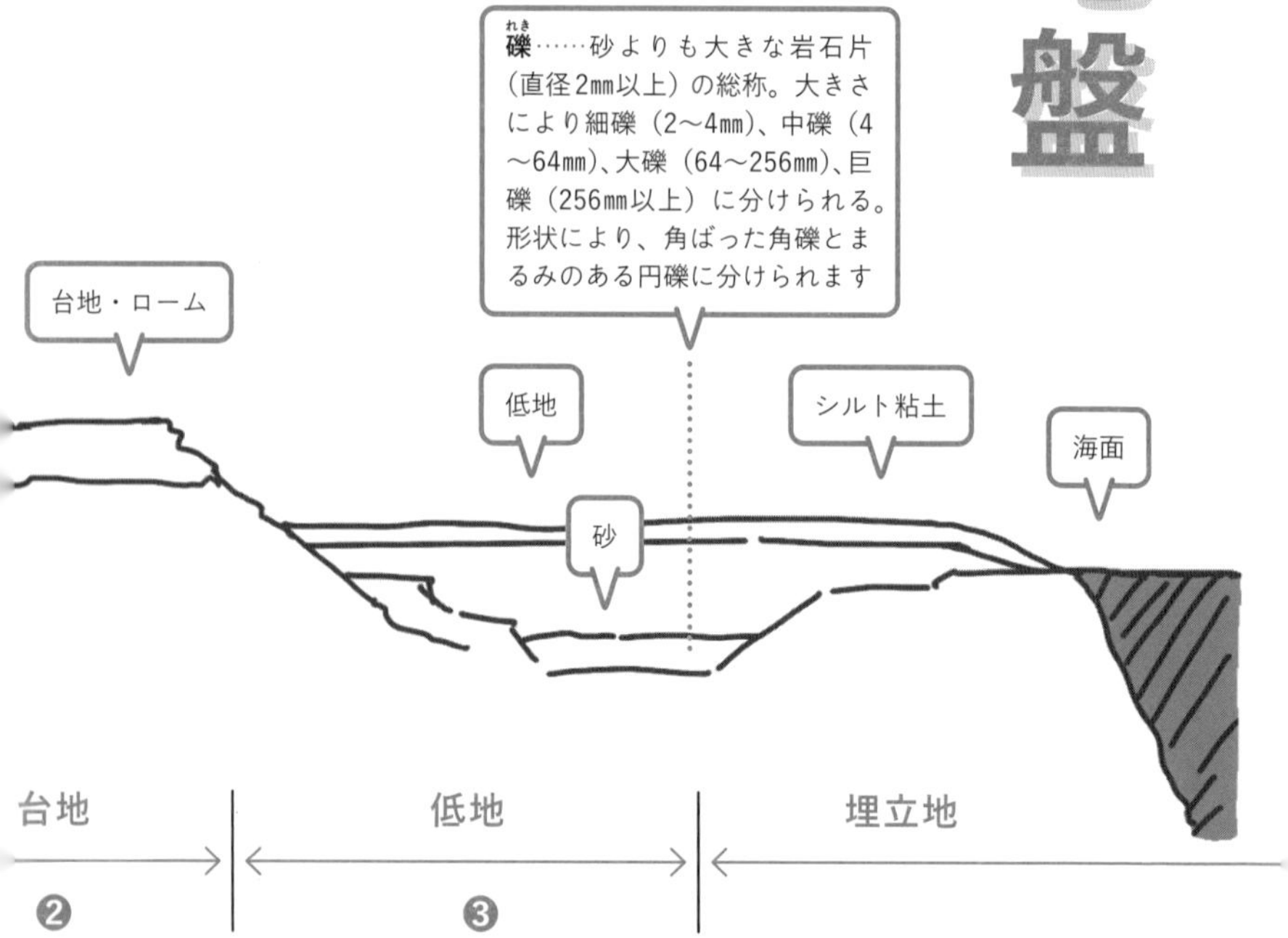

礫《れき》……砂よりも大きな岩石片（直径2㎜以上）の総称。大きさにより細礫（2～4㎜）、中礫（4～64㎜）、大礫（64～256㎜）、巨礫（256㎜以上）に分けられる。形状により、角ばった角礫とまるみのある円礫に分けられます
台地・ローム
低地
シルト粘土
海面
砂
台地
低地
埋立地
❷
❸

地盤の種類

❶山地《さんち》

山がまとまっている地域や、平地に対して比較的大きな起伏や傾斜をもつ地域をいいます。

❷丘陵地《きゅうりょうち》・台地《だいち》

なだらかな起伏が連なる地域を**丘陵地**、平地と比較して高く盛り上がっている地域を**台地**といいます。

❸低地《ていち》

周囲の地盤面よりも低い地域や、海抜の低い地域をいいます。

地盤調査の方法

●ボーリング（標準貫入試験）

深い深度（100m程度）までの採

地盤とは、構築物の基礎を支える地面のこと

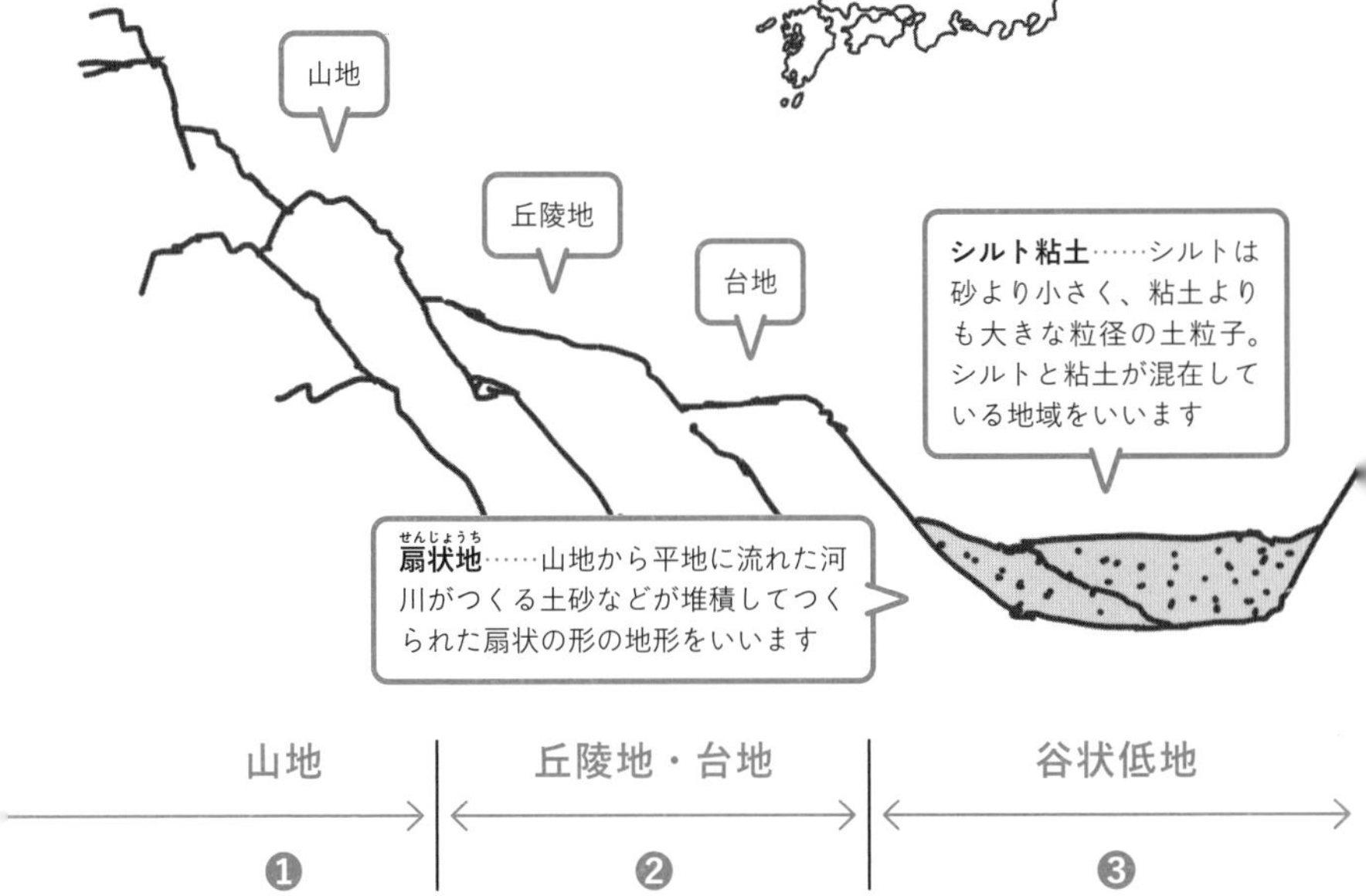
山地
丘陵地
台地
シルト粘土……シルトは砂より小さく、粘土よりも大きな粒径の土粒子。シルトと粘土が混在している地域をいいます
扇状地《せんじょうち》……山地から平地に流れた河川がつくる土砂などが堆積してつくられた扇状の形の地形をいいます
山地
丘陵地・台地
谷状低地
❶
❷
❸

掘が可能。地面に孔を空け、鉄の筒状をしたサンプラーを挿入してサンプラー上部にハンマーを所定の高さから落下させ打撃します。打撃したハンマーの回数から地盤の強度を測定します。

●スウェーデン式サウンディング（SWS試験）

鉄のロッドにスクリューポイントと呼ばれるドリル形状の部品を取り付け、おもりで荷重をかけて地中に貫入します。回転貫入したスクリューポイントのおもりの重さや回転させた回数で地盤の強度を測定します。

基礎

基礎は、構造物からの**力**（荷重）を地盤に伝え、構造物を安全に支える機能をもつ構造部位です。

1 掘立柱

掘立柱は地面に穴を掘り、柱を直接穴に挿し、埋め込んで立てていきます。簡単に柱を固定できますが、木材が地面に接しているので、地中部分が腐食したり、地面から吸い上げた水分で柱が腐食したり、シロアリなどの被害も受けやすくなります。

およそ2000年の歴史をもち、日本古来の建築様式「**唯一神明造**《ゆいいつしんめいづくり》」の**伊勢神宮**も掘立柱による建物です。

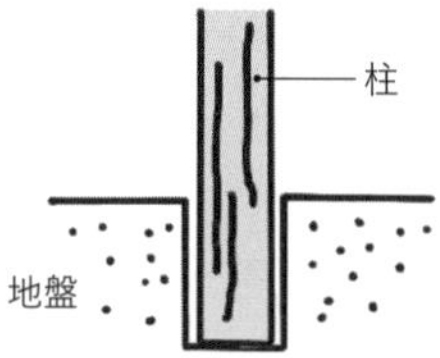

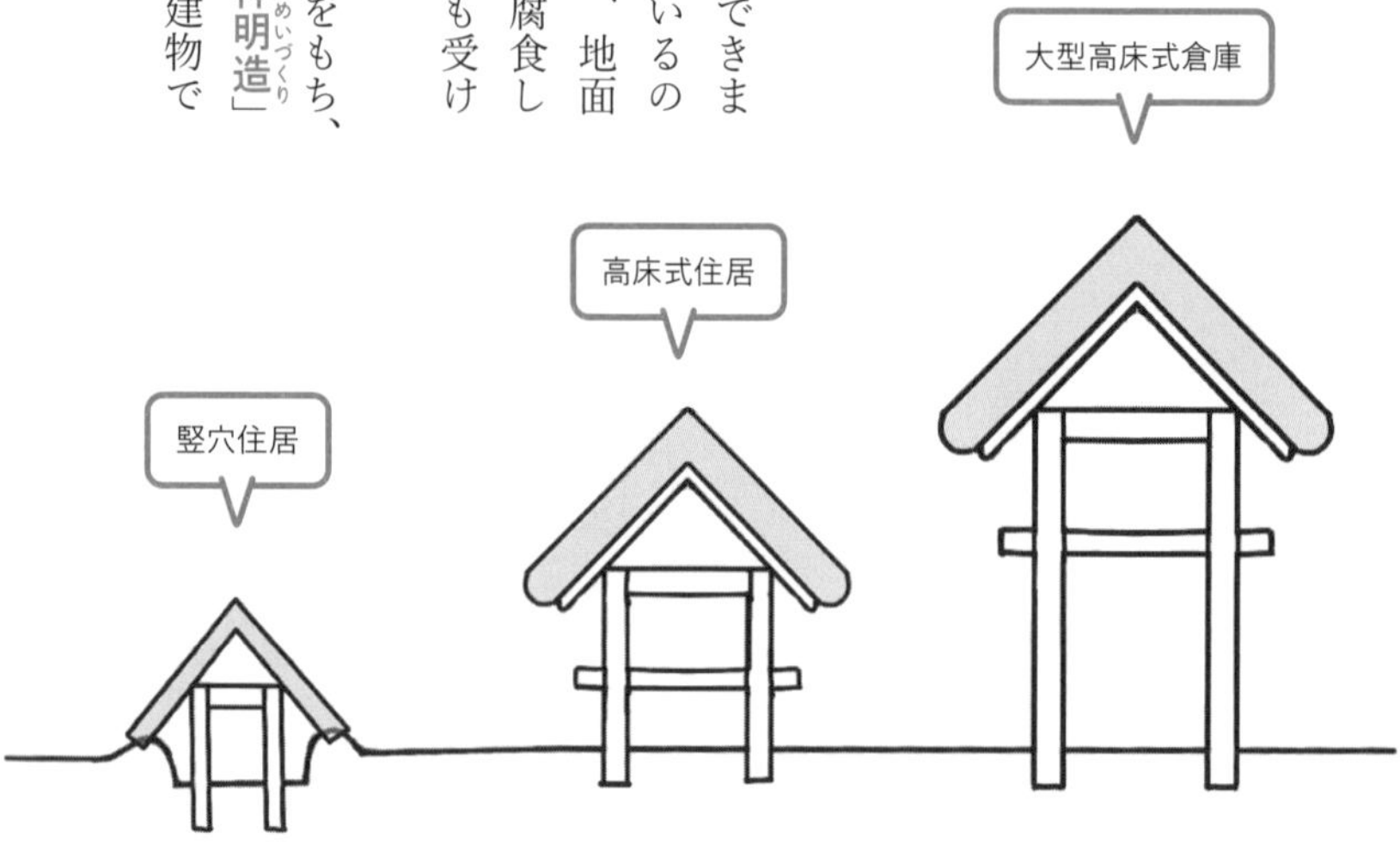

2 礎石基礎（石場建て基礎）

束石を地面に埋めて柱を立てます。直接地面に埋めた柱が劣化してしまう**掘立柱のデメリットを克服する**ために考えられました。床下に空間ができたので、**通気性が向上**し、防腐性が高まり、シロアリも発生しにくくなりました。

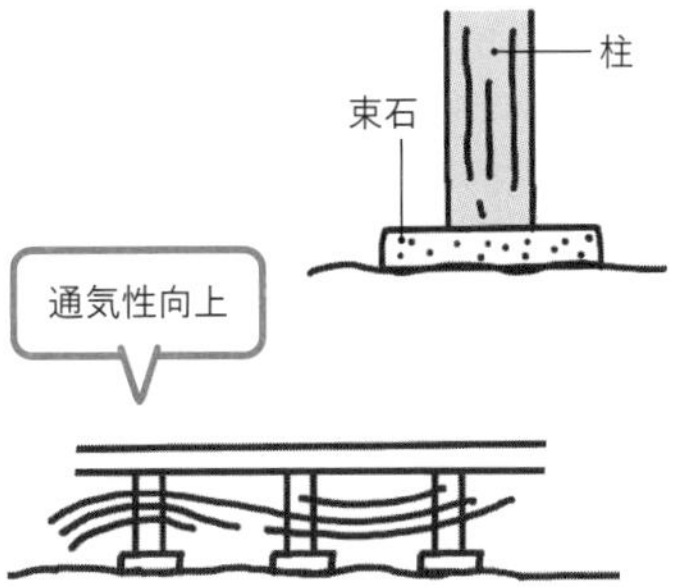

柱
束石
通気性向上

夏の湿気を防ぎ、居住性も向上

3 コンクリート基礎

明治時代になると、日本にもコンクリートの技術が入ってきました。コンクリートの使用が広まると同時に、建物の基礎にもコンクリートが使用されるようになりました。

現在主流の基礎の形状

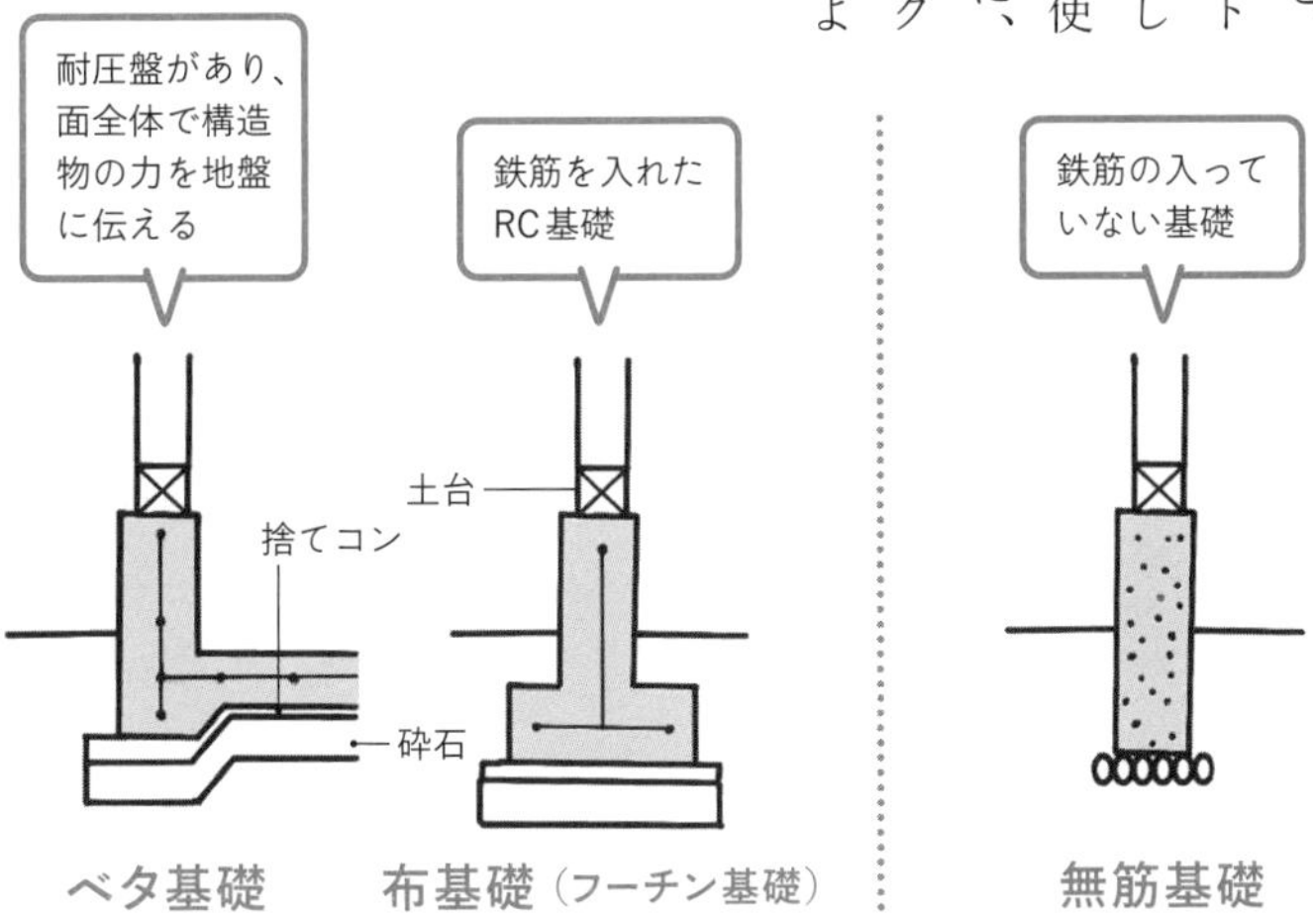

耐圧盤があり、面全体で構造物の力を地盤に伝える
捨てコン
砕石
ベタ基礎
鉄筋を入れたRC基礎
土台
布基礎（フーチン基礎）
鉄筋の入っていない基礎
無筋基礎

架構

1 竪穴住居の架構

基本フレーム❶

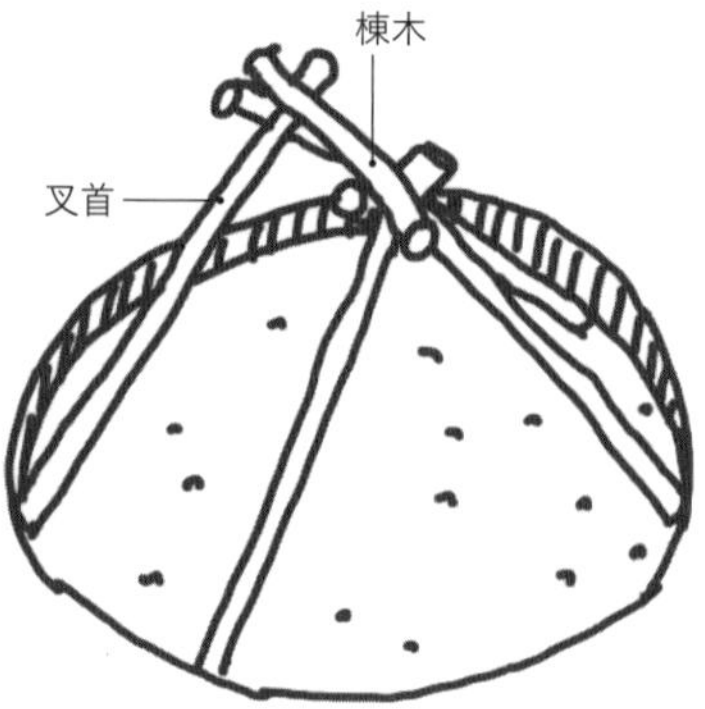
棟木
叉首

縄(茅を原材料に使う)で交差した各部材を留める

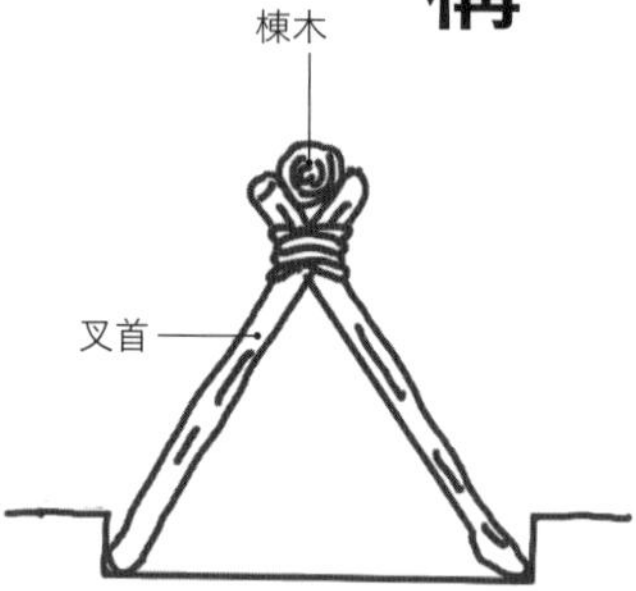
棟木
叉首

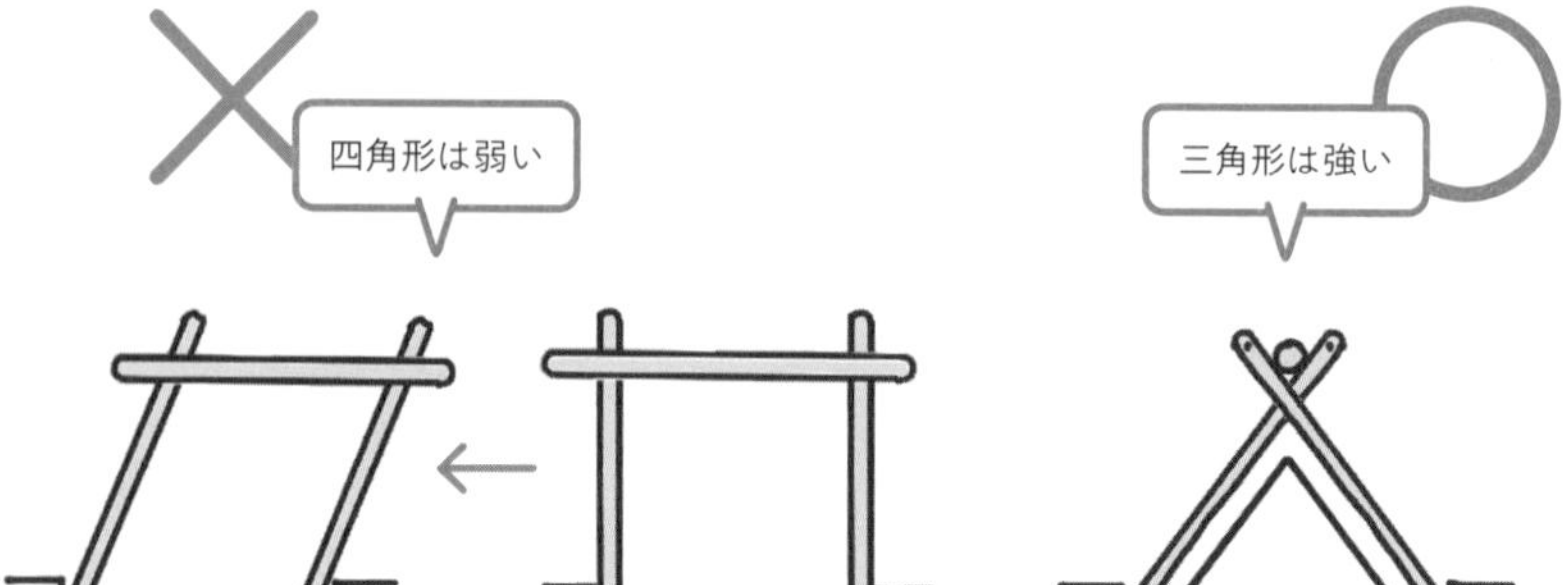
四角形は弱い
三角形は強い

基本フレーム❷

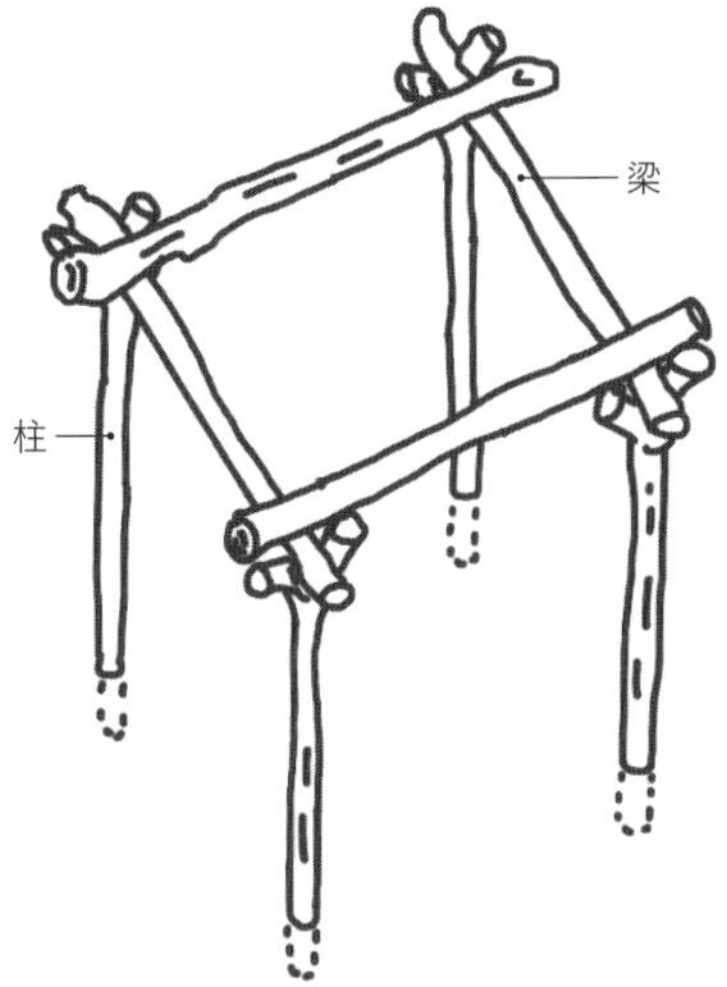
梁
柱

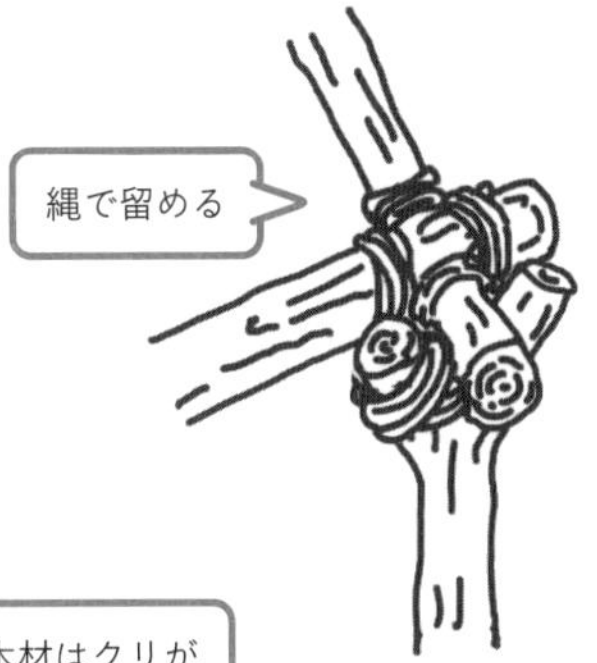
縄で留める

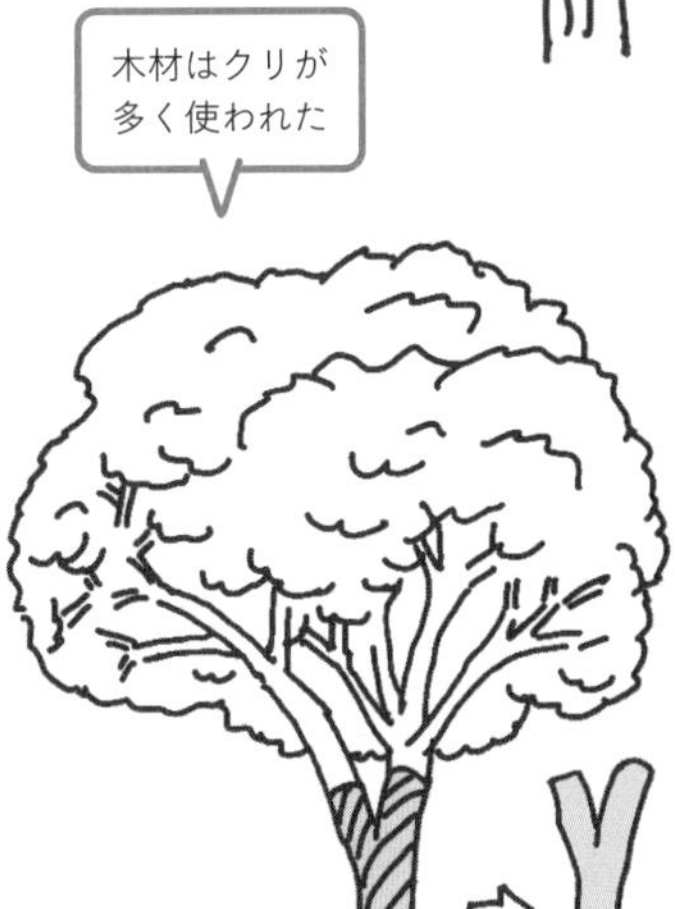
木材はクリが
多く使われた

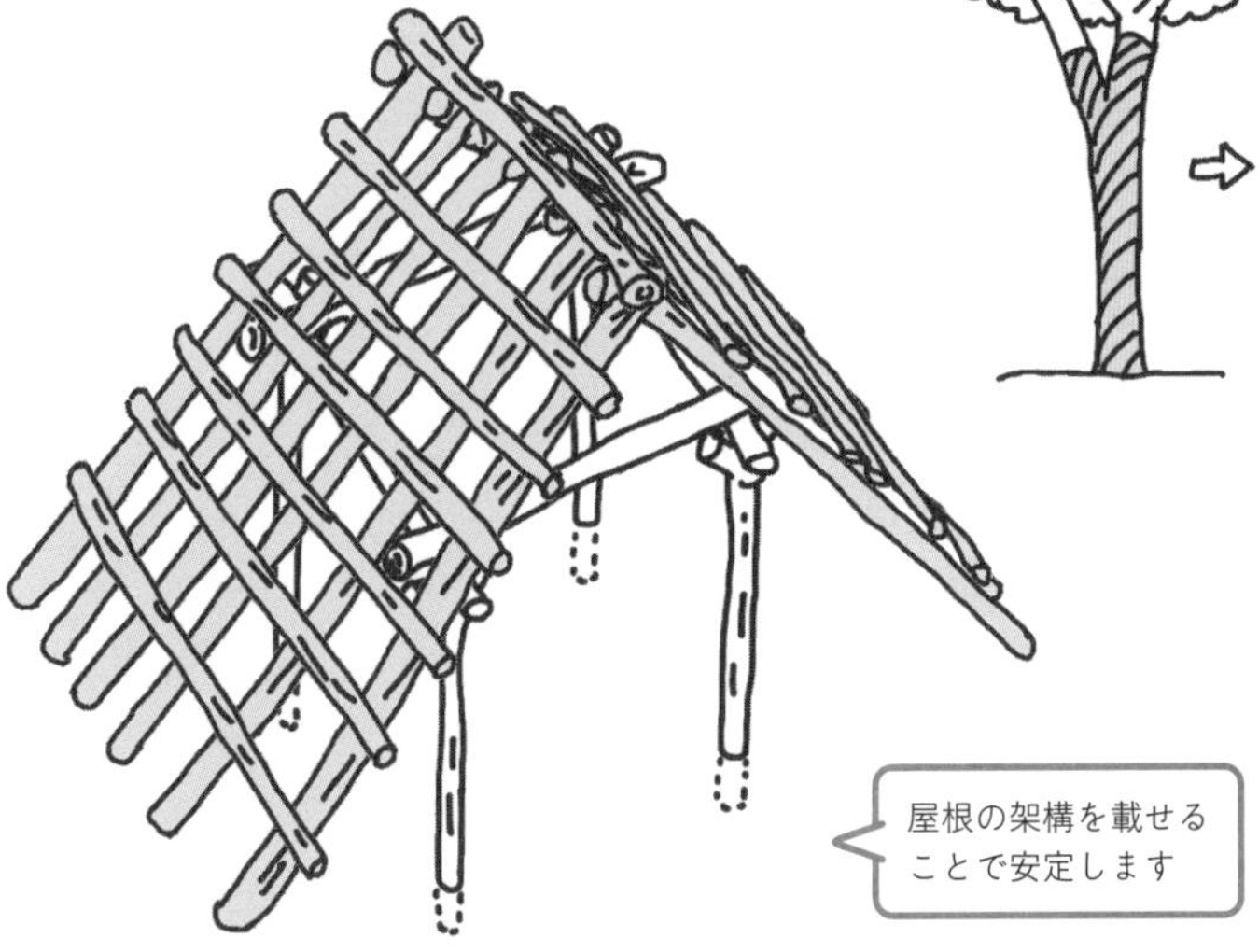
屋根の架構を載せる
ことで安定します

2 架構部材

柱

垂直に立てて建築物を支えるもの。建築物の重量はすべて柱に集まり、地面へと伝えます。

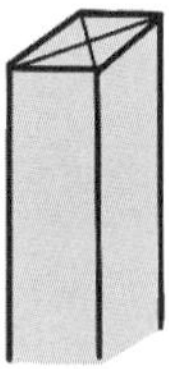

基本の柱寸法：
105 × 105、120 × 120
材種：スギ、ヒノキ

梁

柱と接合され、建築物を支える水平材。建築物の床・屋根・人・物の重量を柱へ伝えます。

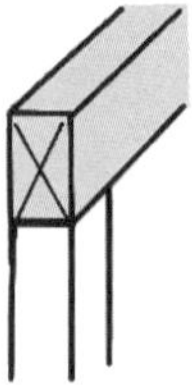

基本の梁寸法：
105 × 120～、120 × 120～
材種：スギ、マツ、ヒノキ

3 門型架構

門型架構とは、柱と梁で組んだ構造をいいます。組む場所により、柱・梁の優先順位を考えます。

柱と梁（他にも土台と柱など）を組み合わせる接合部の加工を**仕口**《しぐち》といいます。

柱勝ち

梁勝ち

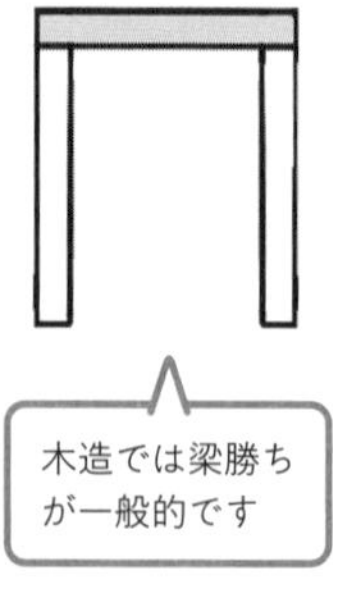

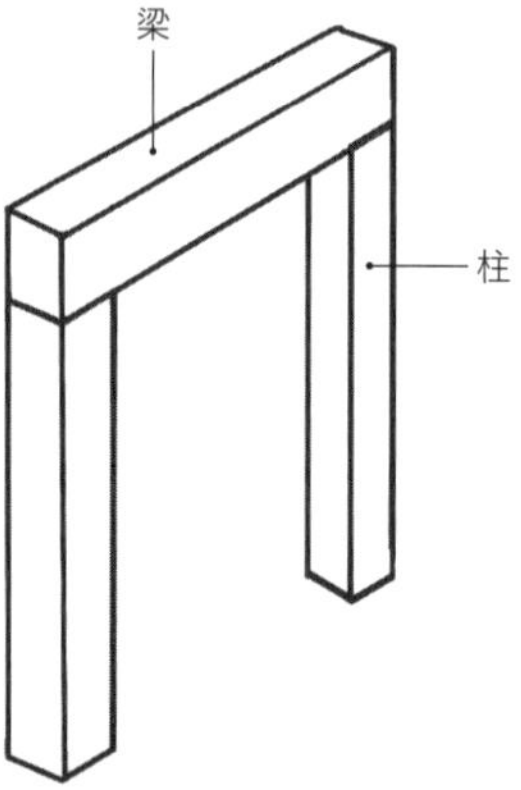

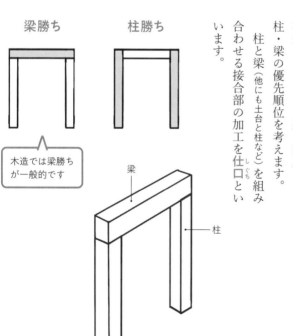

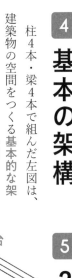

4 基本の架構

柱4本・梁4本で組んだ左図は、建築物の空間をつくる基本的な架構です。柱と柱の間隔(柱間《はしらま》と呼びます)は、3640㎜(2間)×3640㎜(2間)を基本として考えます。

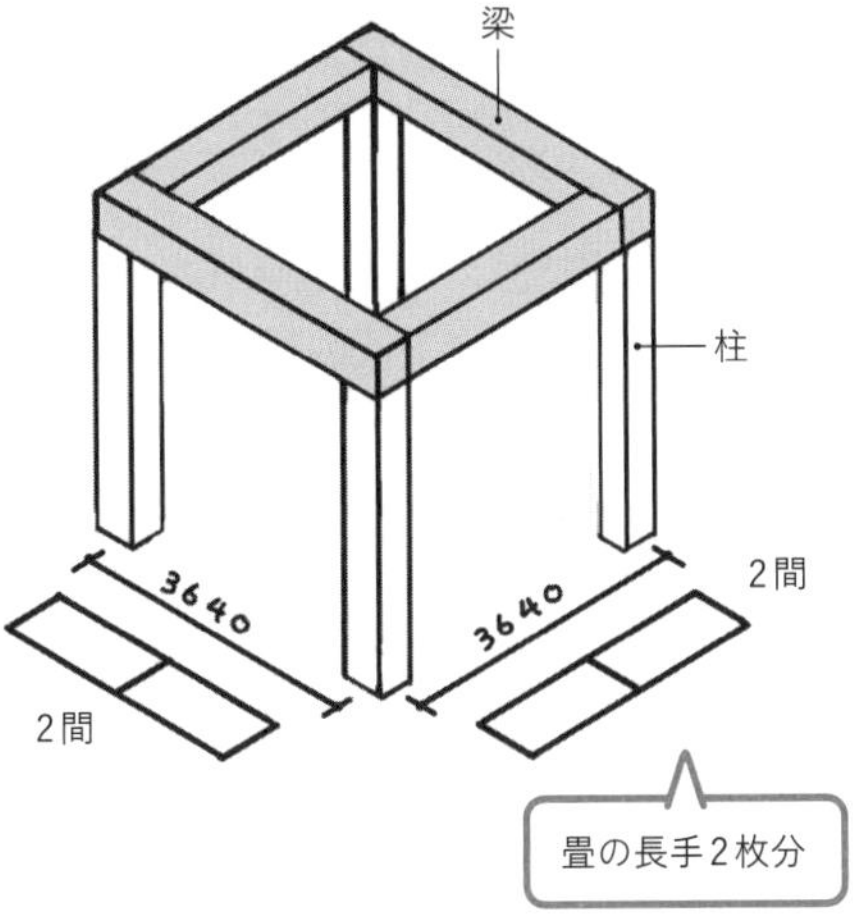
梁
柱
3640
3640
2間
2間
畳の長手2枚分

5 2階建て架構

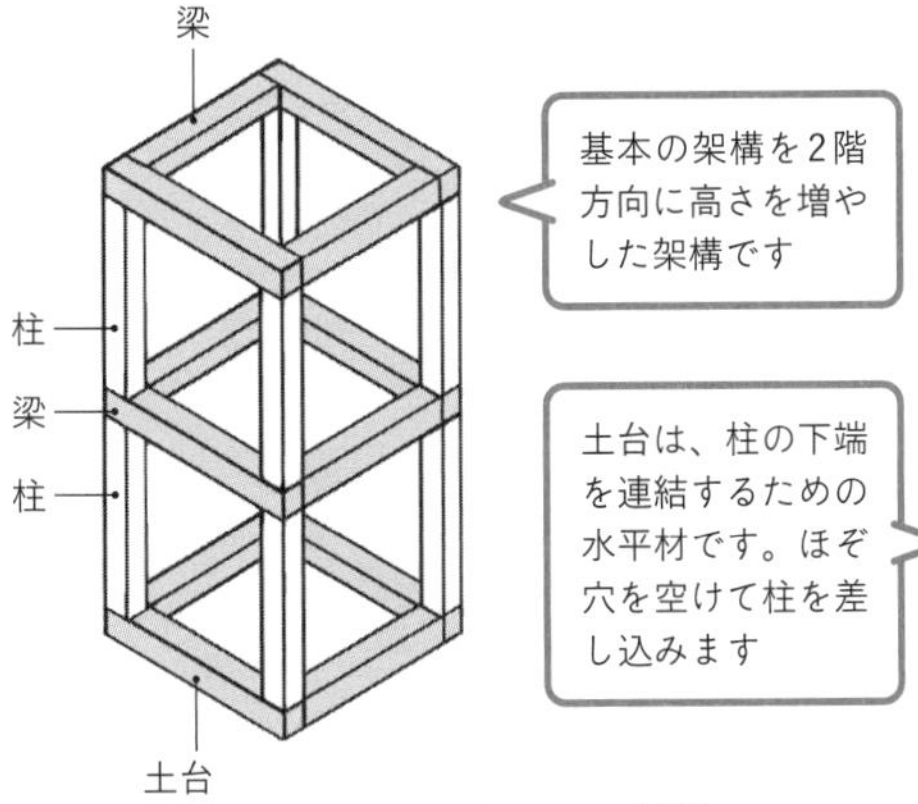
梁
柱
梁
柱
土台
基本の架構を2階方向に高さを増やした架構です

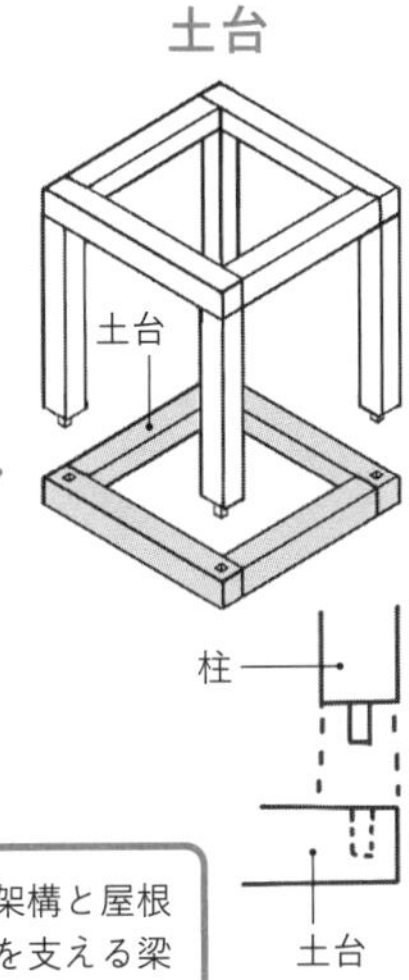
土台
土台
土台は、柱の下端を連結するための水平材です。ほぞ穴を空けて柱を差し込みます
柱
土台

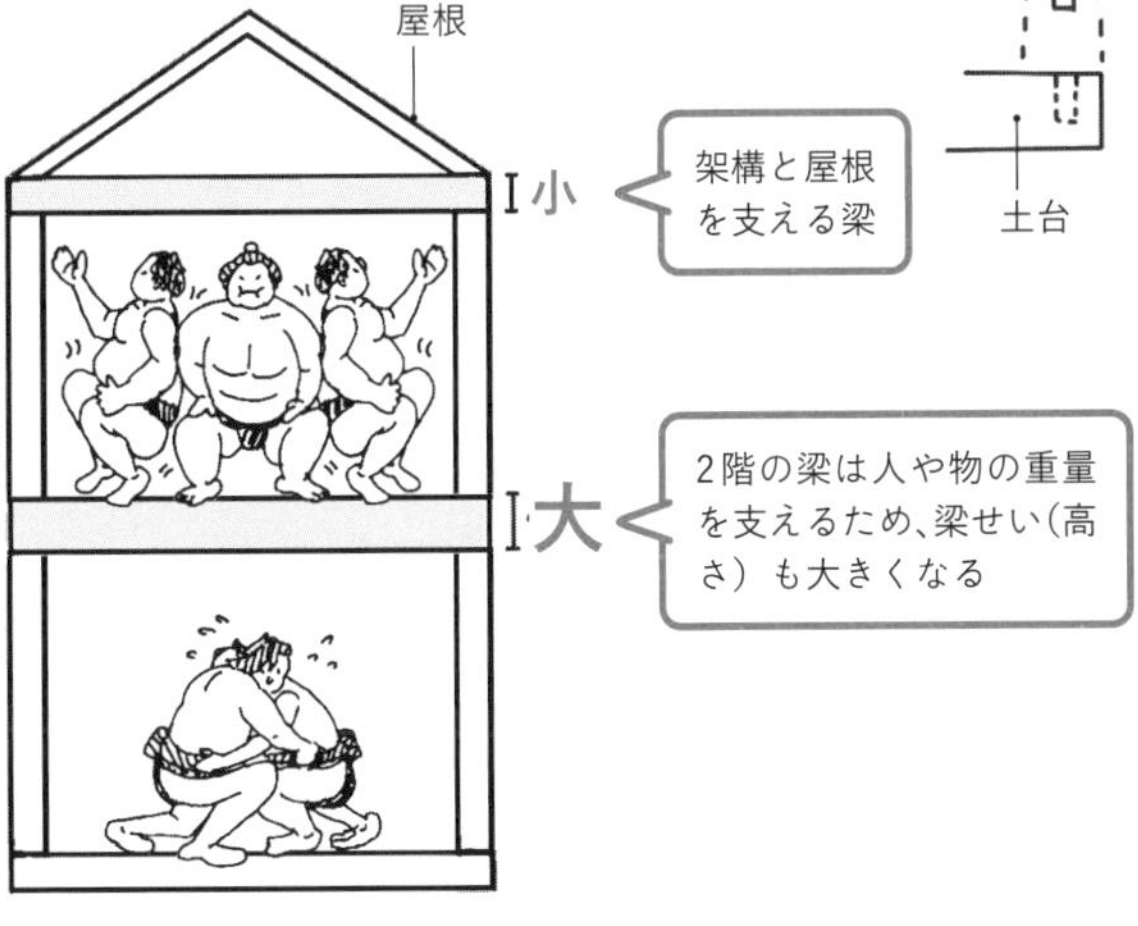
屋根
小
架構と屋根を支える梁
大
2階の梁は人や物の重量を支えるため、梁せい(高さ)も大きくなる

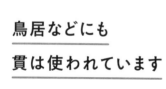

6 貫

昔ながらの伝統構法には、貫が用いられています。

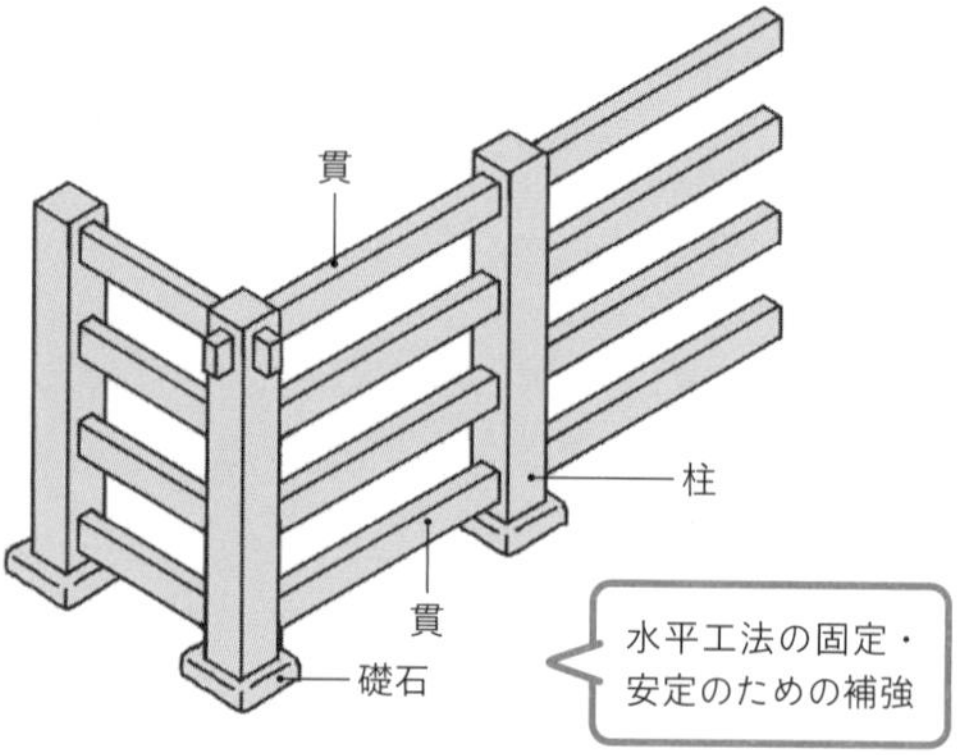

貫
柱
貫
礎石
水平工法の固定・安定のための補強

貫を入れると変形しにくく安定する

柱・梁だけだと変形しやすい

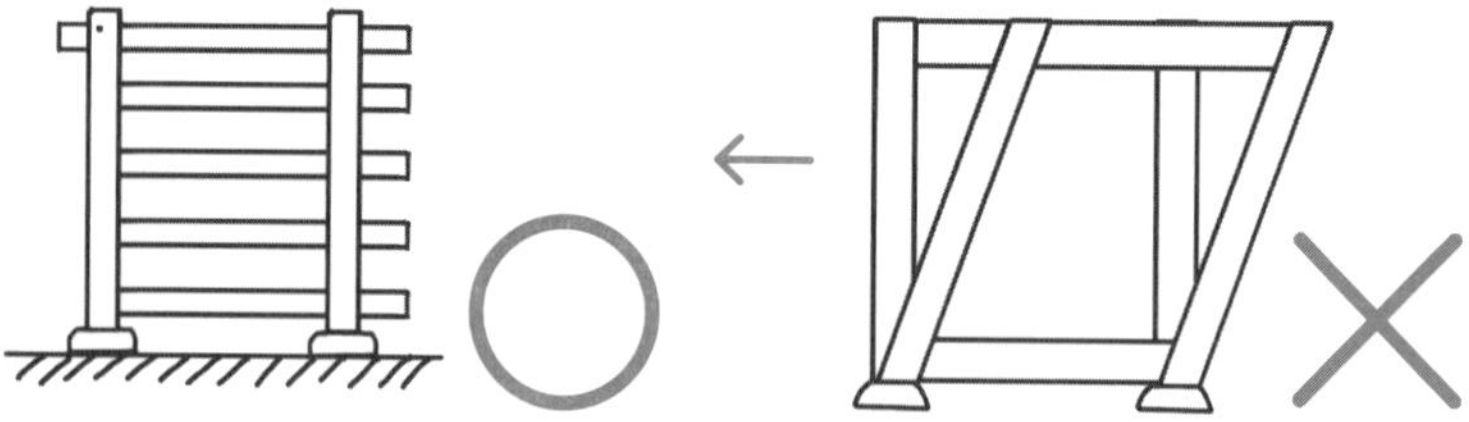

←

鳥居などにも貫は使われています

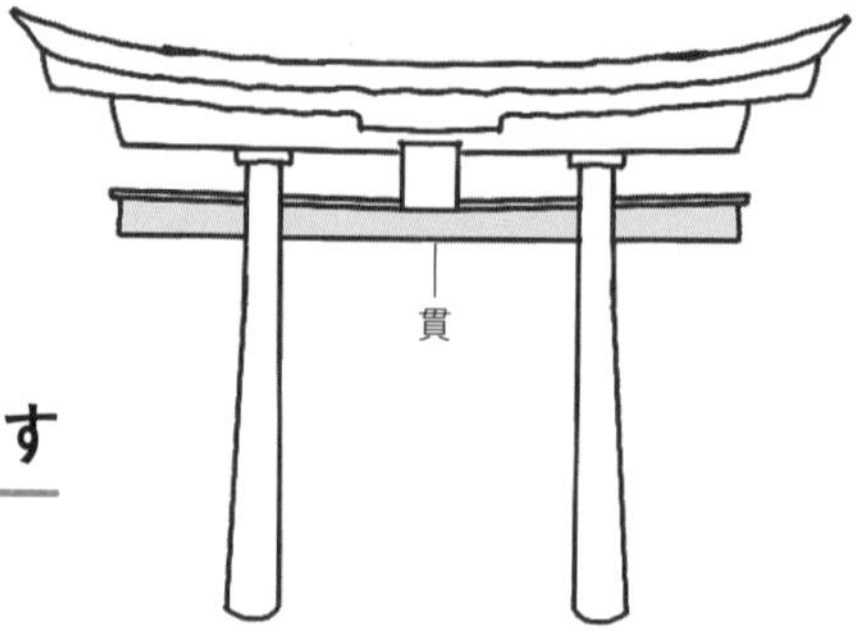

貫

鳥居

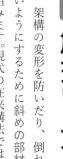

7 筋交い・方杖・火打ち梁

架構の変形を防いだり、倒れないようにするために斜めの部材を組みます。現代の在来構法では、その部材のことを筋交《すじか》い・方杖《ほうづえ》・火《ひ》打《う》ち梁《ばり》といいます。ただ、基本的な考え方は貫と同じです。

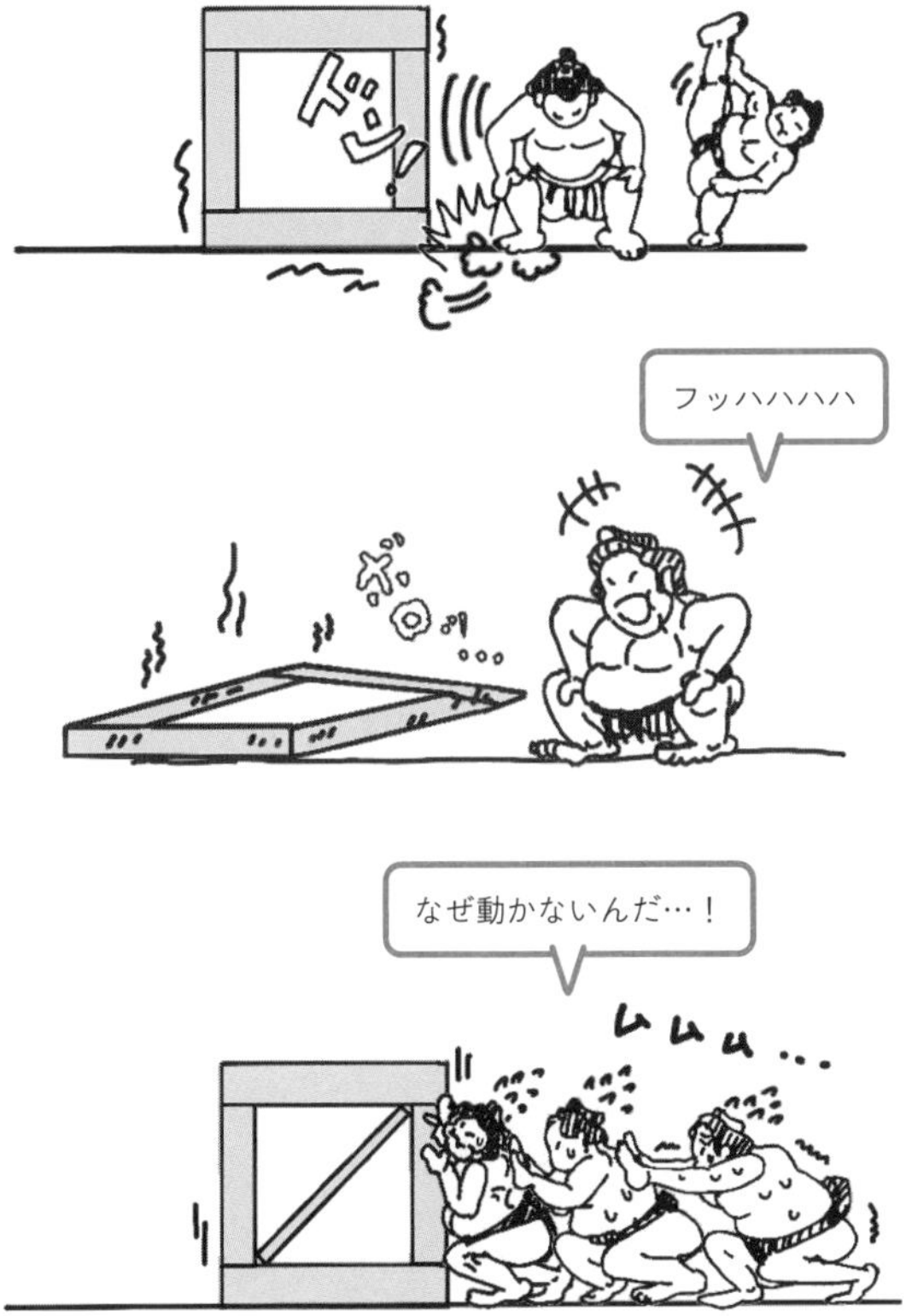
フッハハハハ
なぜ動かないんだ…！
ムムム…

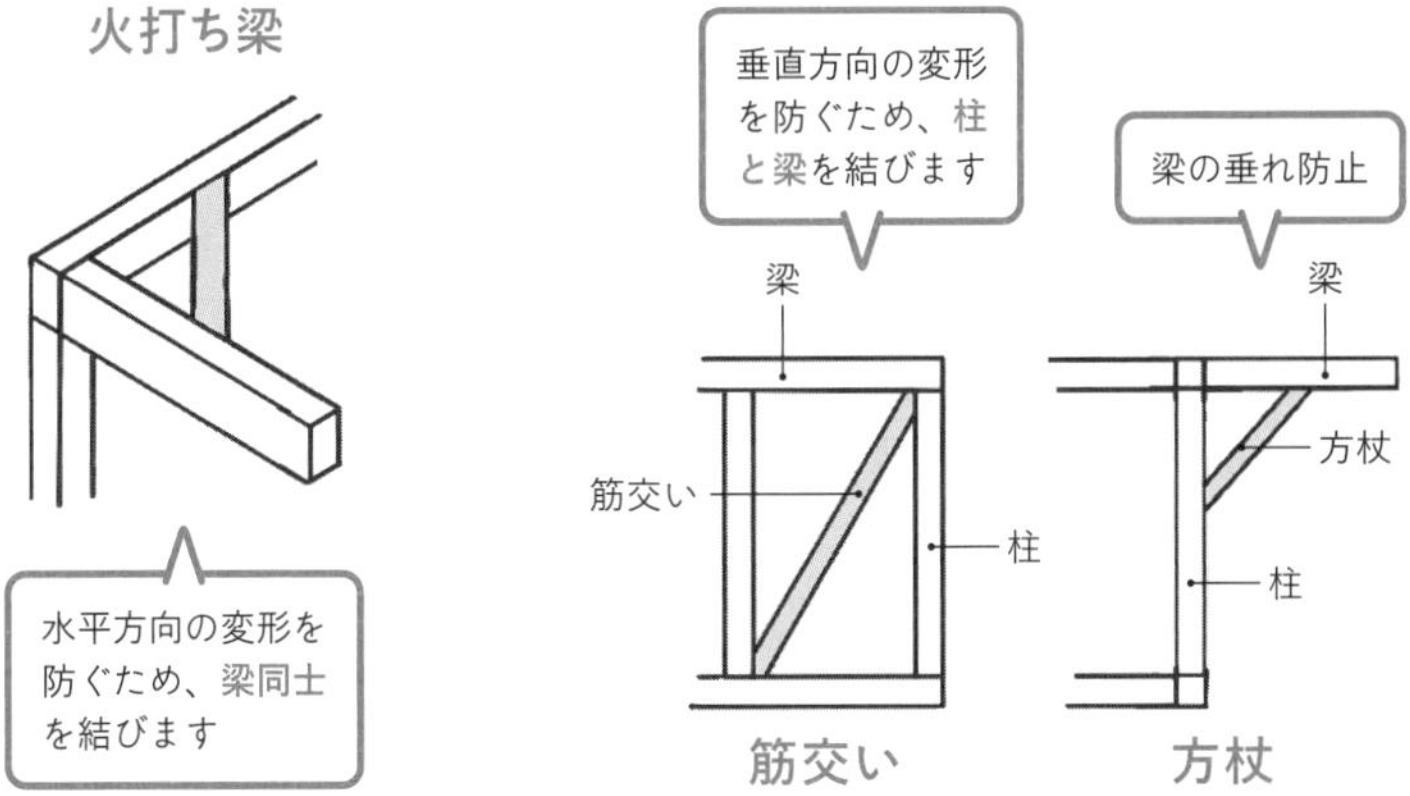
火打ち梁
水平方向の変形を防ぐため、梁同士を結びます
垂直方向の変形を防ぐため、柱と梁を結びます
梁
筋交い
柱
筋交い
梁の垂れ防止
梁
方杖
柱
方杖

8 筋交い・火打ち梁

筋交いは柱と柱の間に斜めに入れます。もし、柱がなければ柱を追加して入れます。

基本架構

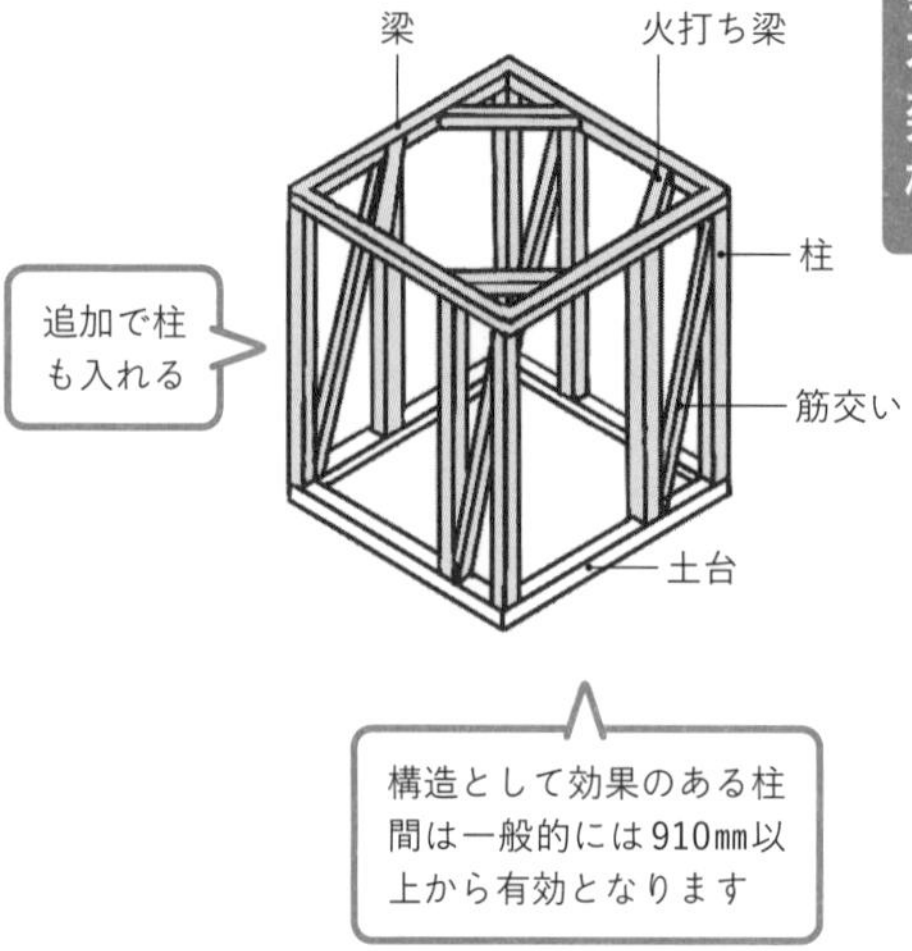
梁
火打ち梁
柱
筋交い
土台
追加で柱も入れる
構造として効果のある柱間は一般的には910㎜以上から有効となります

2階建て架構

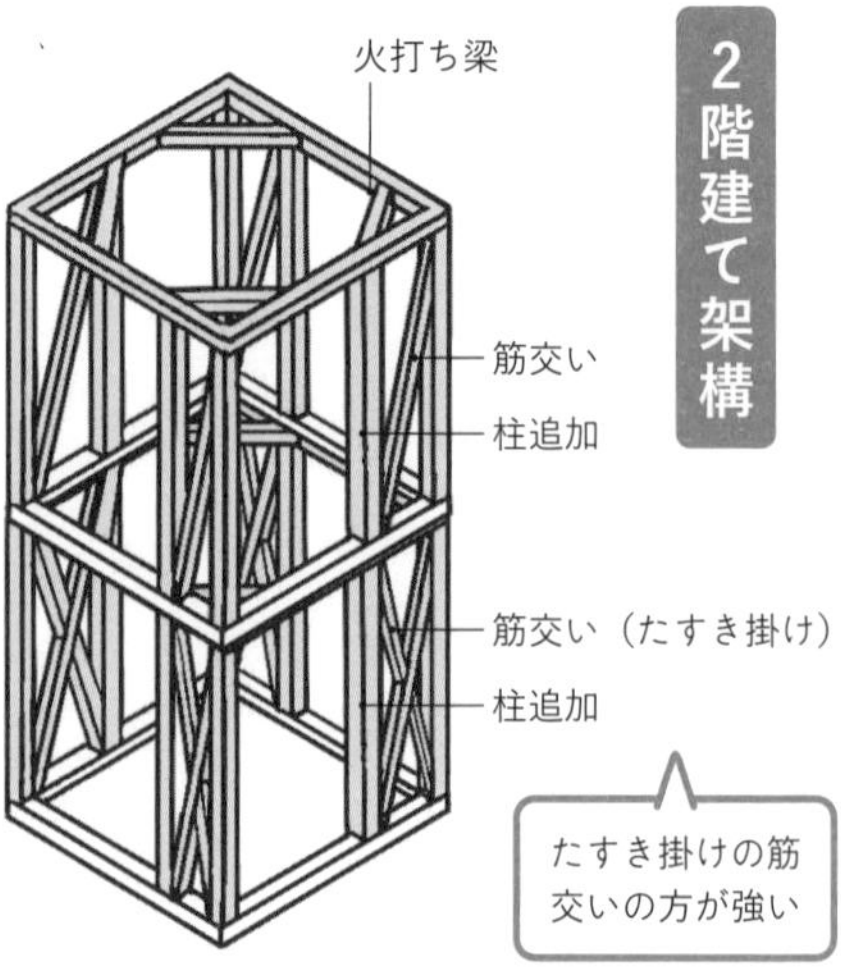
火打ち梁
筋交い
柱追加
筋交い（たすき掛け）
柱追加
たすき掛けの筋交いの方が強い

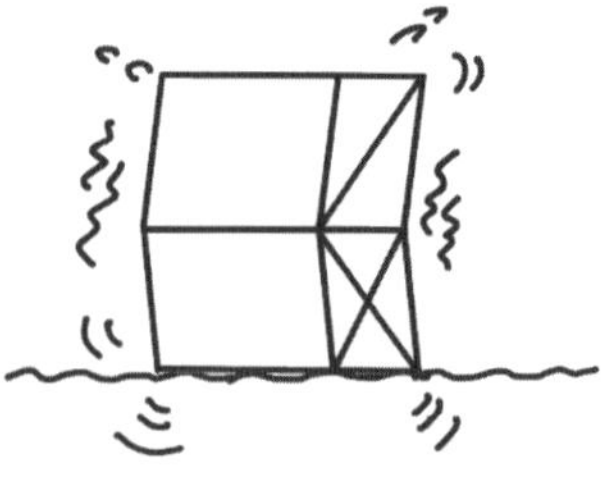

地震

風（台風）

1層目を2層目より強くする必要あり

面をつくる

1 面のつくり方

床組

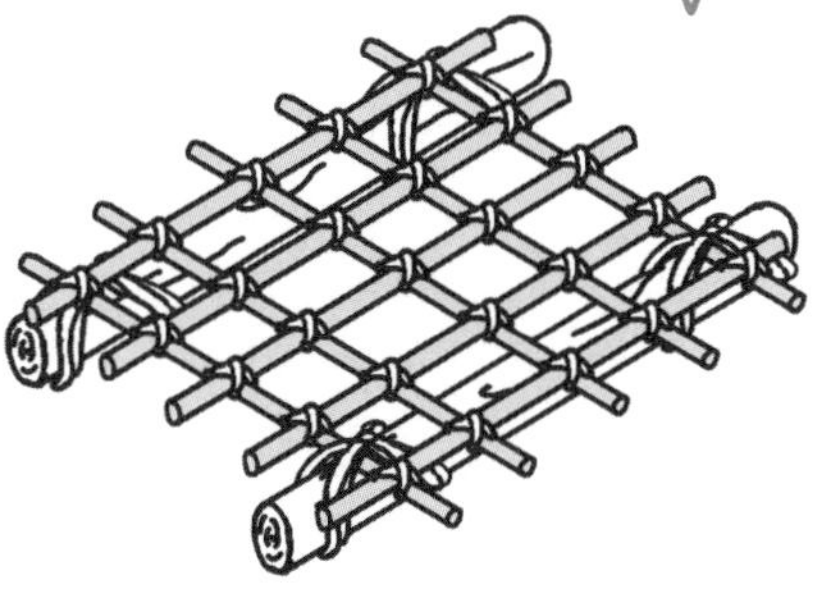
材を直交させることで面をつくる
床面・壁面・屋根面など

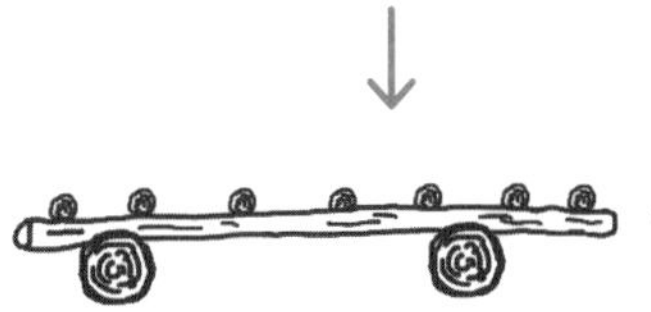

縄文の高床式建物

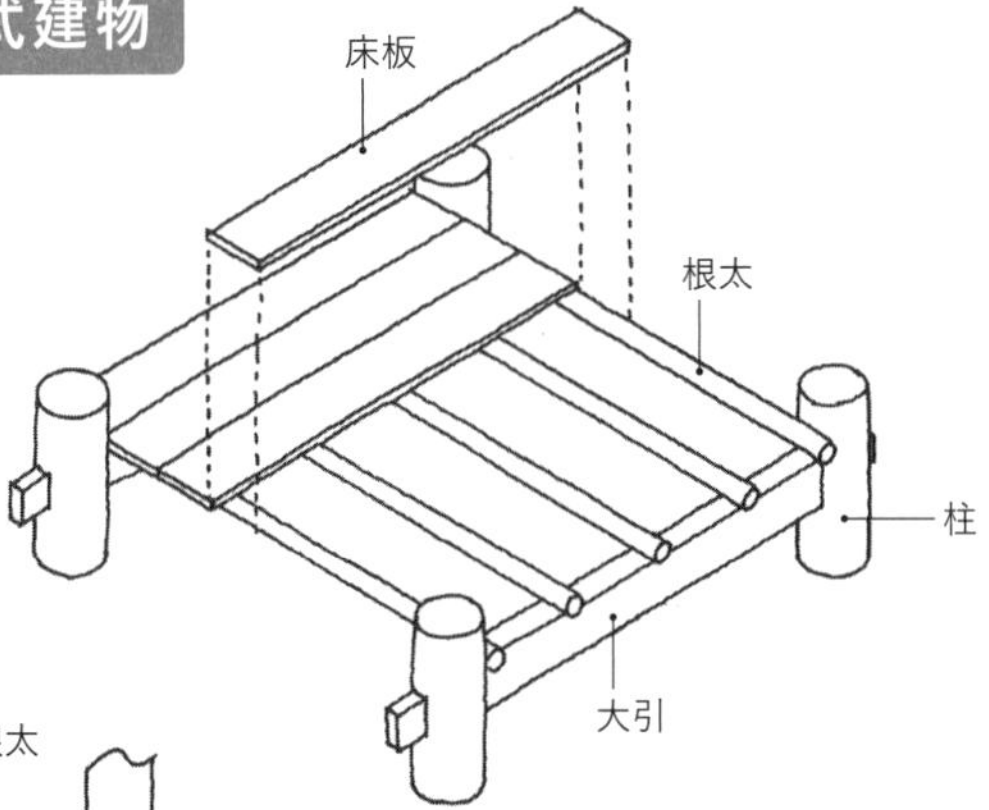

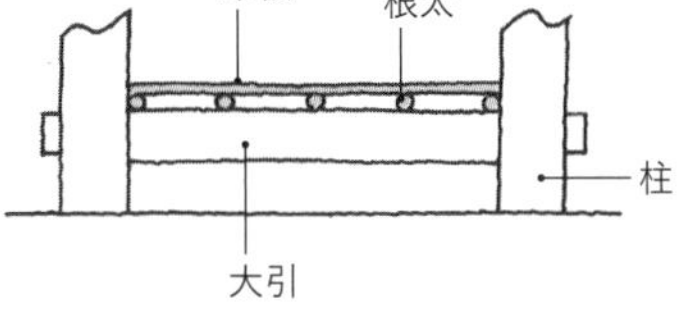
床板
根太

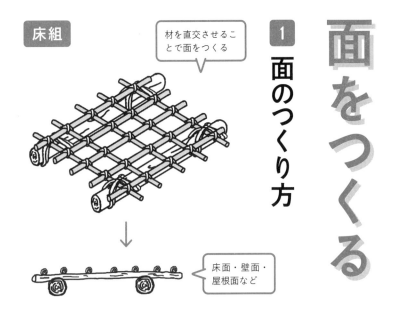

2

現代でも基本は同じ

1階床組❶

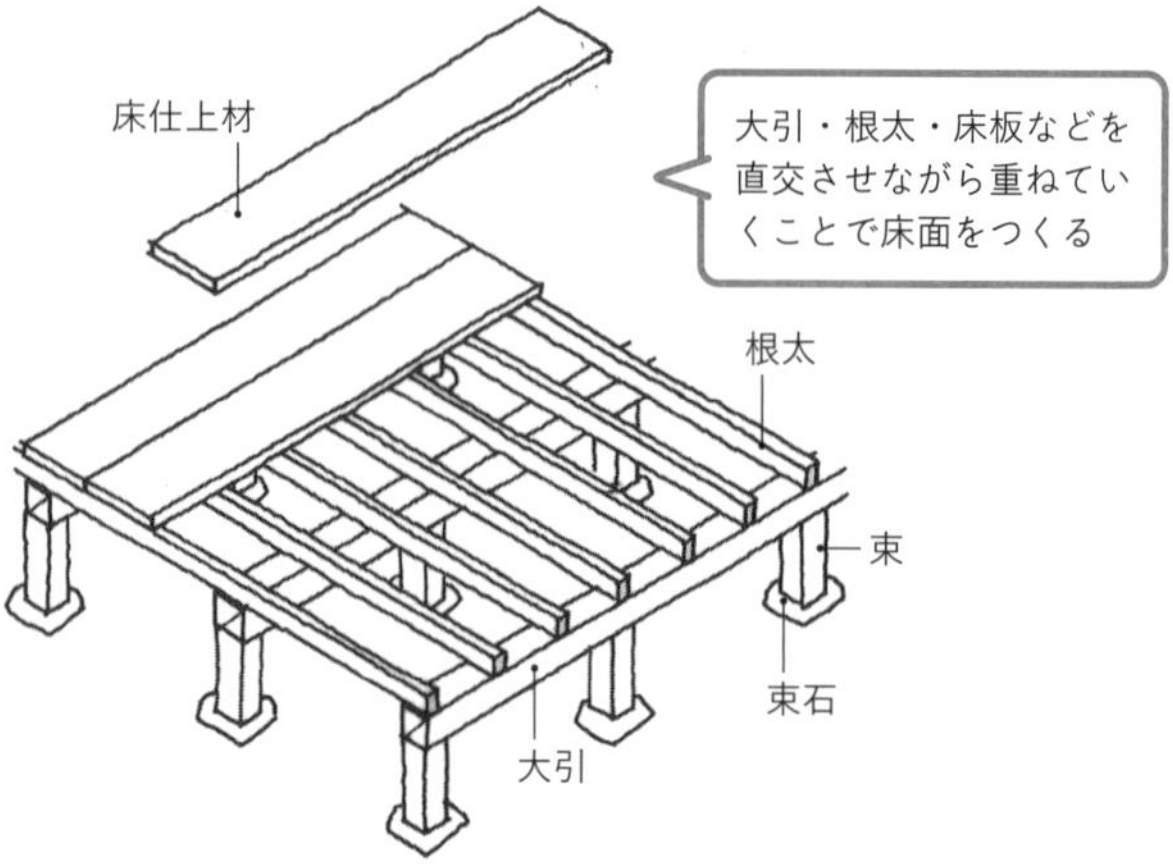
床仕上材
大引・根太・床板などを
直交させながら重ねてい
くことで床面をつくる
根太
束
束石
大引

1階床組❷

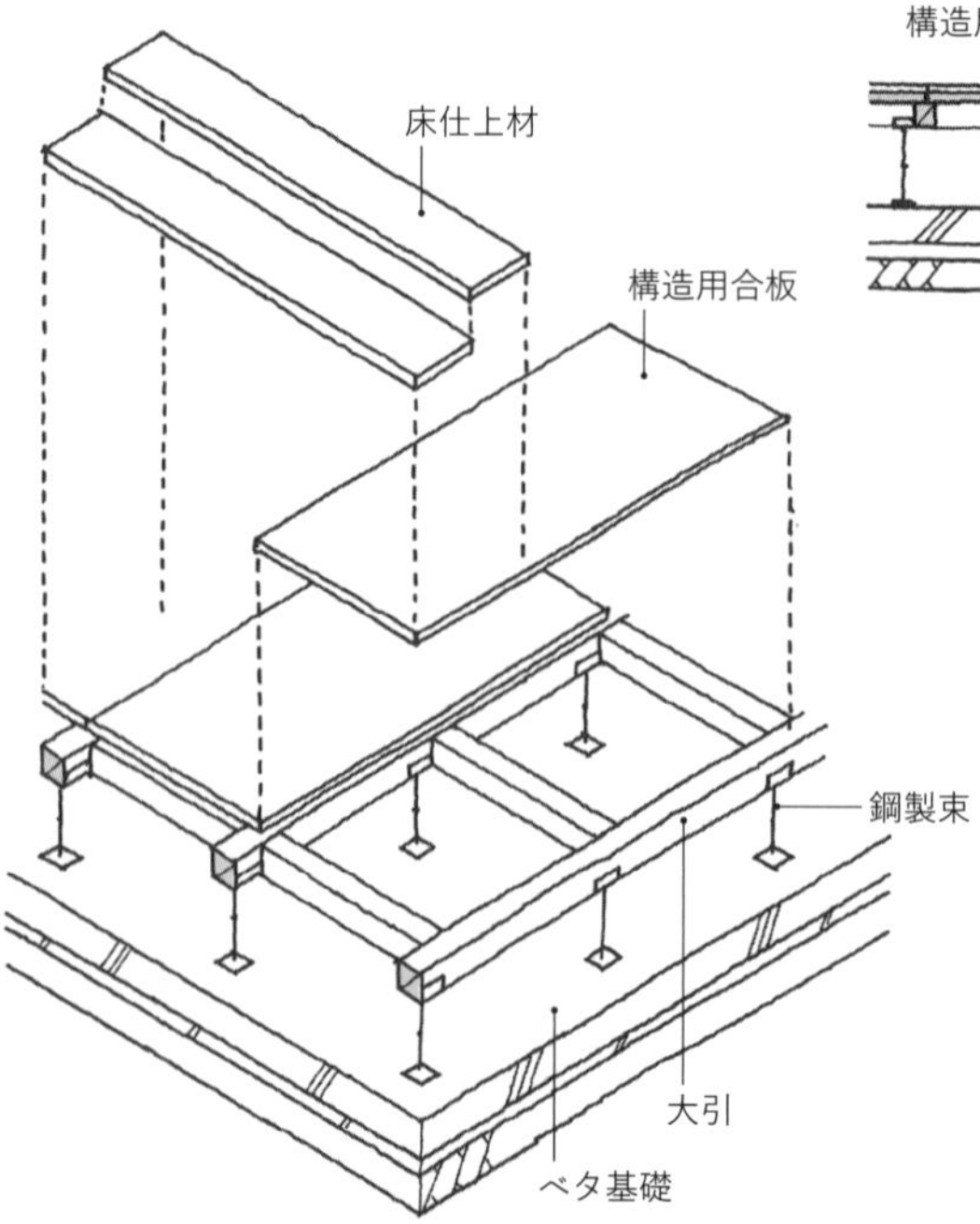
床仕上材
構造用合板
鋼製束
大引
ベタ基礎

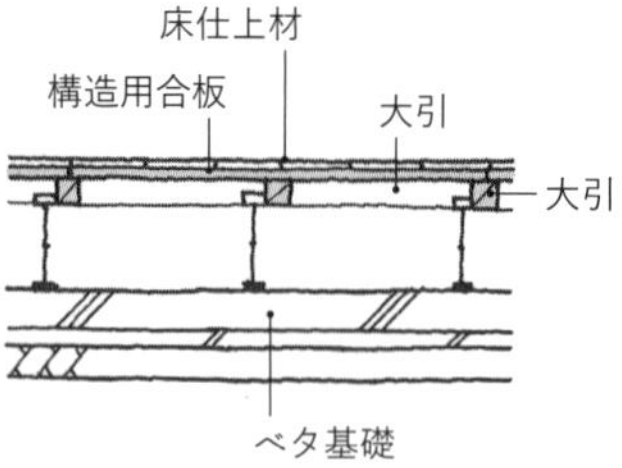
床仕上材
構造用合板
大引
大引
ベタ基礎

平面剛性を高めた床組

3 2階床組（在来構法）

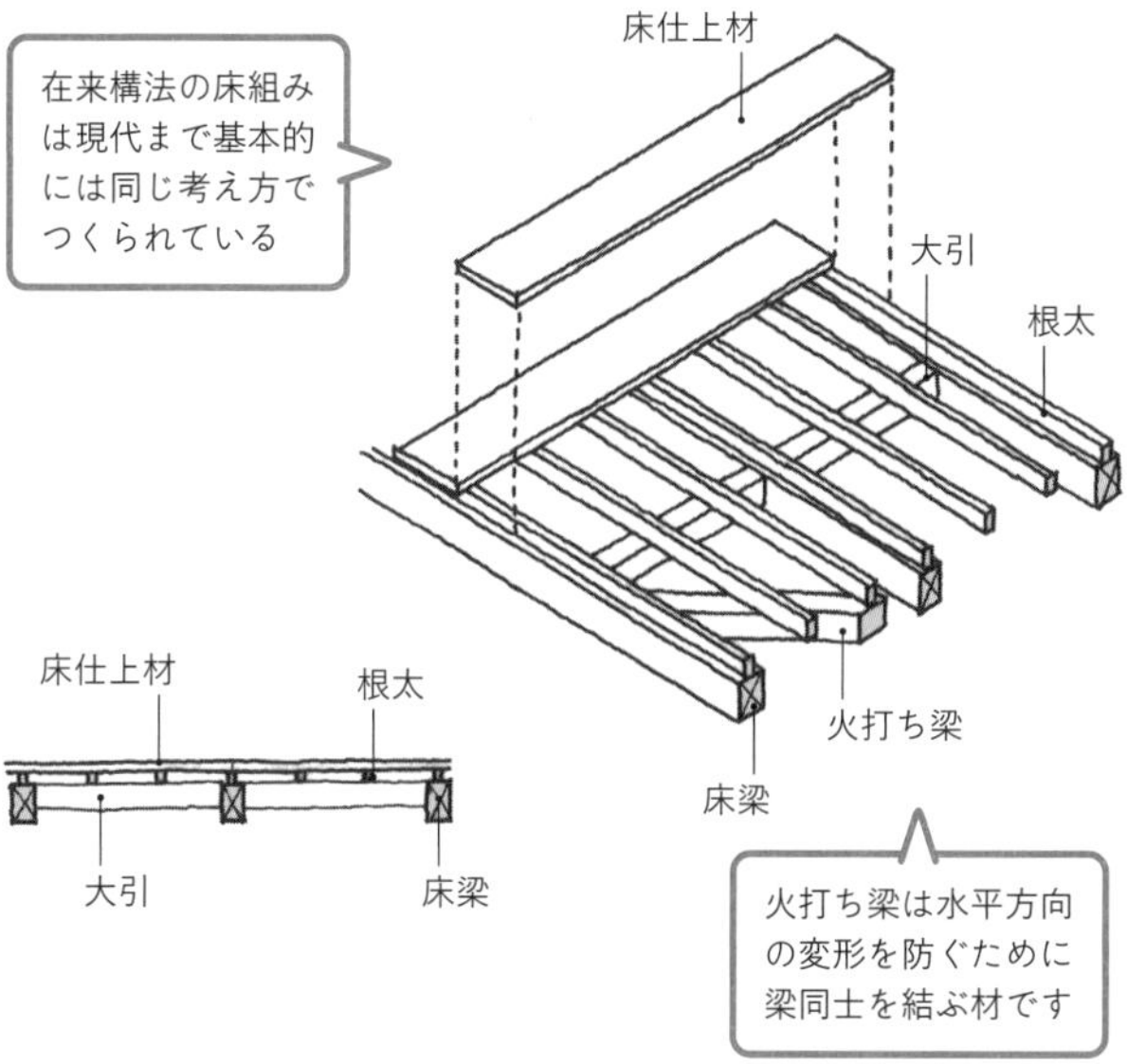
在来構法の床組みは現代まで基本的には同じ考え方でつくられている
床仕上材
大引
根太
火打ち梁
床梁
床仕上材
根太
大引
床梁
火打ち梁は水平方向の変形を防ぐために梁同士を結ぶ材です

4 2階床組（在来構法）

剛床タイプ

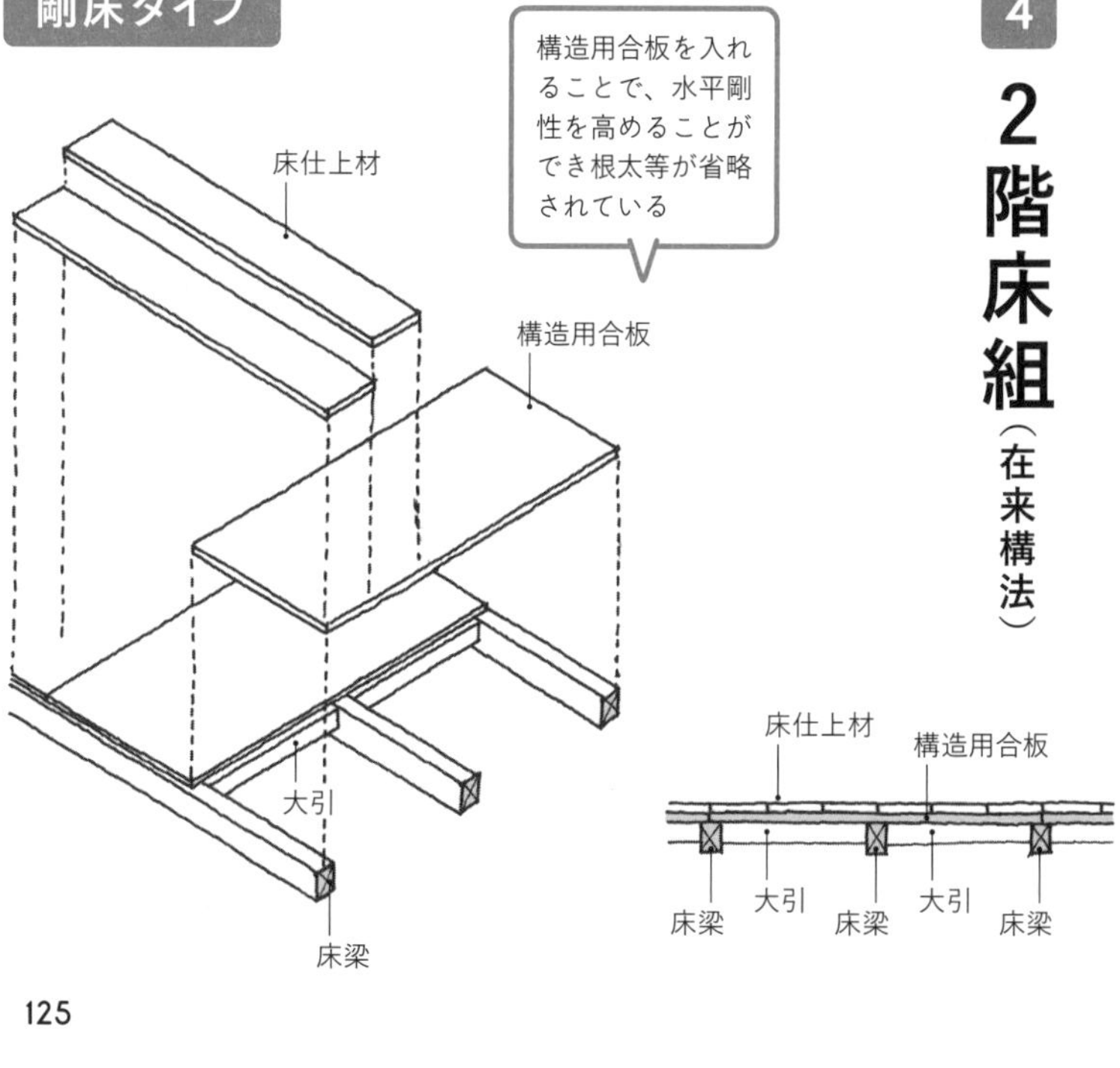
構造用合板を入れることで、水平剛性を高めることができ根太等が省略されている
床仕上材
構造用合板
大引
床梁
床仕上材
構造用合板
大引
大引
床梁
床梁
床梁

屋根

1 屋根の種類

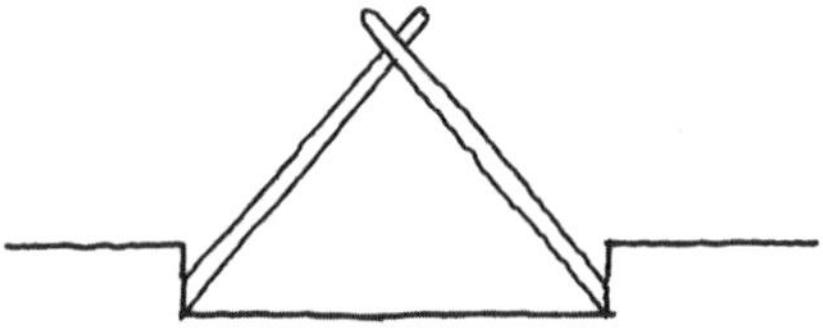

叉首（竪穴住居）

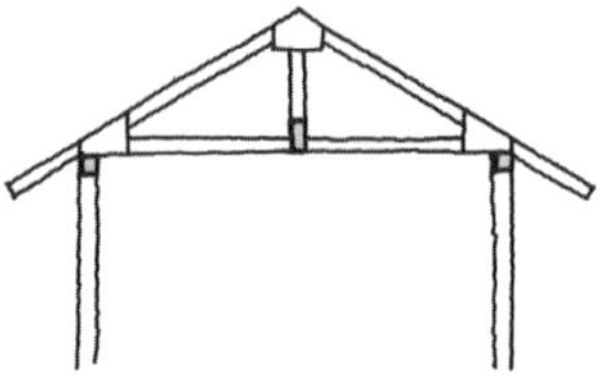

キングポストトラス❶

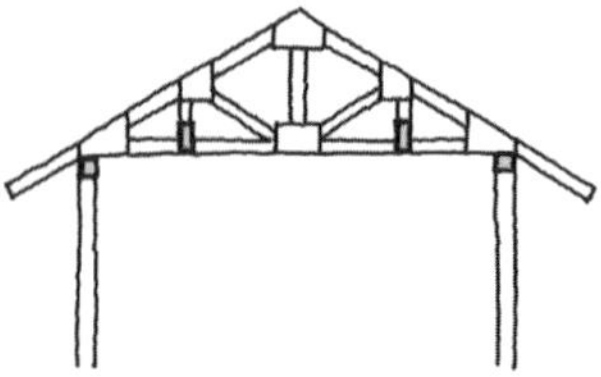

キングポストトラス❷

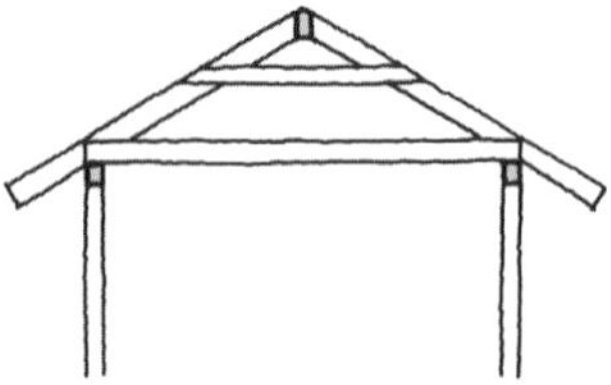

棟木板

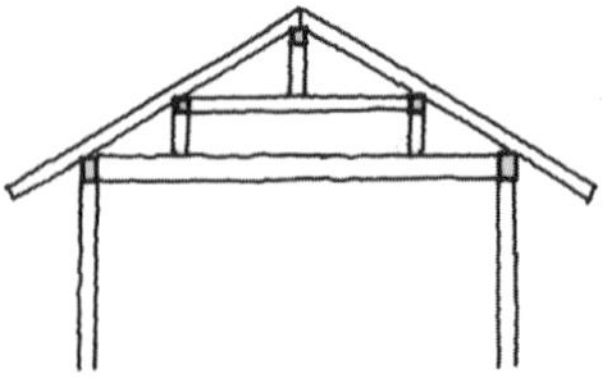

和小屋

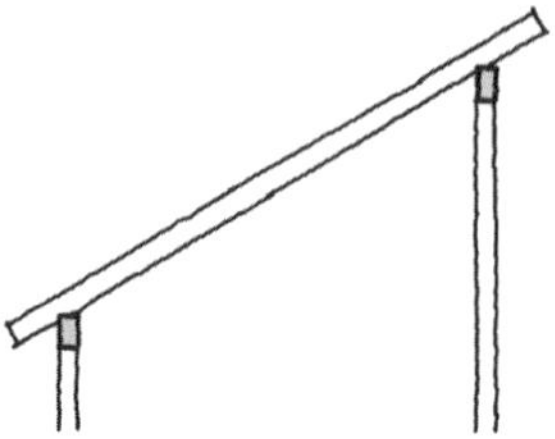

片流れ

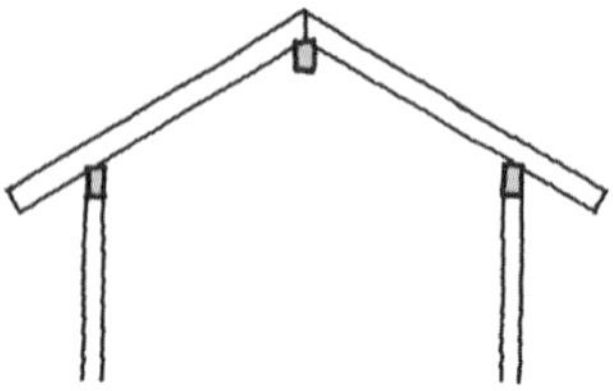

棟木梁

2 屋根材の種類

土葺き・茅葺き（草葺き）

↓　古代〜江戸時代

檜皮葺き・木板葺き

↓

瓦屋根・本瓦・桟瓦　飛鳥時代／中国より伝来（寺院建築・宮殿・城郭）

↓

鋼板屋根　江戸時代

↓

金属屋根　明治維新以降（鉄道の普及とともに）

↓　↓

ストレート　ガルバリウム鋼板　現代

3 土葺き・茅葺き屋根

木の骨組の上に樹皮を載せて屋根を覆った。断熱効果が高い

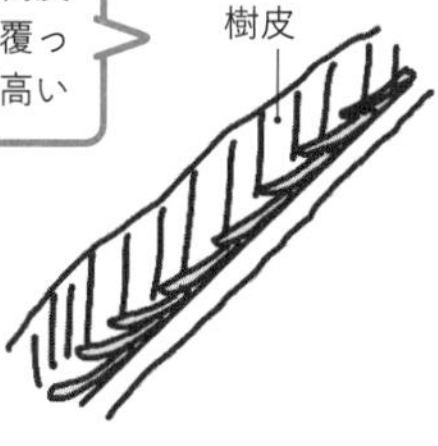

茅葺き屋根のメリット
- 通気性が高い
- 吸音性が高い
- 断熱性が高い
- 保温性が高い

デメリット
- 火に弱い

茅葺きとは、草葺き屋根の総称。麦藁、チガヤ、稲藁など

火を焚く効果

ススが付着

昔の民家には必ずといっていいほど囲炉裏がありました。

囲炉裏で**火を焚く**と、屋根裏に煙が登る。**スス**が藁葺き屋根に付着することで、**屋根の耐久性を長く**していました。

導水効果

8寸勾配を基本とし、6寸勾配以上の勾配で葺きます。屋根に降った雨が屋根材の茎を伝わることを**導水効果**といいます。導水効果により、次々と下段の層へ雨滴が伝わり、**内部に落ちる前に軒下に届く**ように屋根の厚さを決めています。

勾配とは？

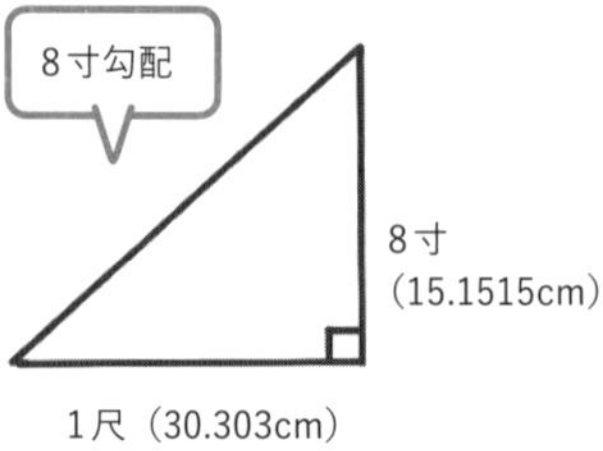
8寸勾配
8寸
(15.1515cm)
1尺（30.303cm）

屋根勾配とは、屋根の勾配の程度を表しています。一般的に尺貫法で表されます。たとえば、1尺（10寸）いって8寸高くなる勾配を8寸勾配と表現します。

ちなみに合掌づくりはさらに急勾配で、45~60度の屋根勾配になっています。

4 板葺き屋根

板葺き屋根とは、屋根を木の板材で葺くことをいいます。古墳時代～飛鳥時代に誕生したといわれています。板の寸法や形状でさまざまな葺き方があります。

長板葺き

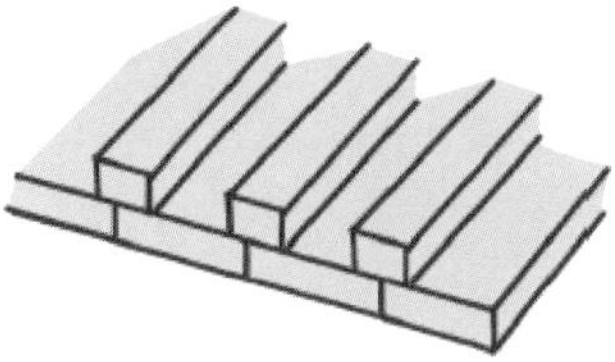
棟～軒先まですべて一枚の板

長板葺きとは、長板を使用した木材板葺きのこと。長板はノコギリで割った方が毛細血管現象を起こさず、耐久性が高くなります。

伊勢神宮 外宮御厩《げくうみまや》

裳階《もこし》葺き

法隆寺金堂裳階《もこし》部分の長板葺きは裳階葺きと呼ばれます。装飾性を高める意匠と雨水に対しての雨仕舞を向上させました。

裳階は、元の屋根の下に付けられた外壁を守る雨除けの庇。二重の屋根のように見える

法隆寺金堂

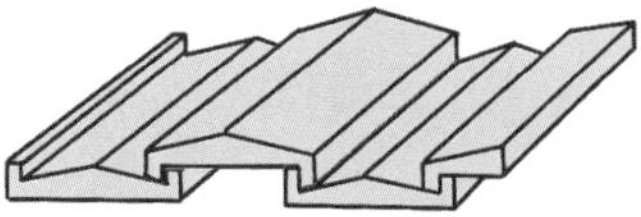
長板の上面を山形にし、上板下板の接合部が噛み合うように納めています

柿《こけら》葺き

柿葺きとは、100×300㎜程度の杉やヒノキの木を薄板状に**厚さ2~3㎜に加工**し、それを敷き詰めた屋根のこと。

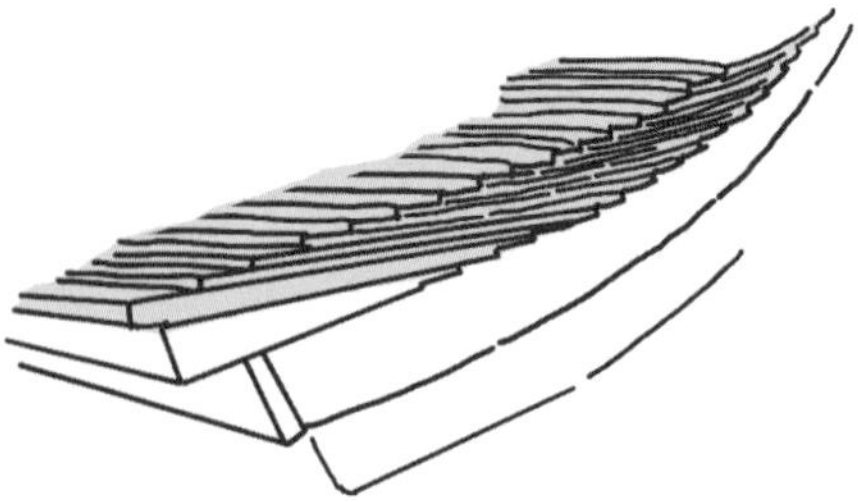

鹿苑寺《ろくおんじ》舎利殿 金閣寺

5 檜《ひわ》皮《だ》葺き屋根

檜皮葺き屋根は、**ヒノキの樹皮**を用いた屋根葺きの一種。**樹齢70年以上**の樹径のある立木から剥いだ樹皮を使います。

檜皮の採取は、**原皮師**が行います。立木の根元から木べらで皮を剥がしていく、職人仕事です。

京都御所 紫《し》宸殿《しんでん》

6 瓦屋根

本瓦葺き

平瓦と**丸瓦**とを交互に組み合わせて並べる瓦屋根の葺き方です。**飛鳥時代**に朝鮮半島の百済から僧侶や寺工などとともに瓦の技術者が渡来し、日本にその技術が伝わりました。そのため、日本最古の本格的仏教寺院である**法興寺**（飛鳥寺）は**本瓦葺き**で造営されています。そのような由来から、その後も寺社仏閣、城郭をはじめとする伝統的な建造物に多く用いられています。

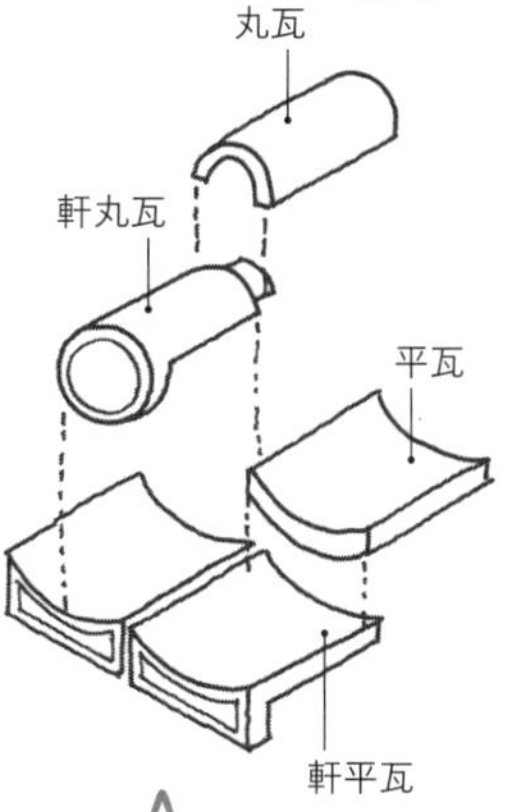

丸瓦……断面は半円に近い形をしている。平瓦の端部から雨の侵入を防いでいます

平瓦……瓦の中央に雨が集まるようにゆるいアーチ形状

法興寺（飛鳥寺）

桟瓦葺き

桟瓦葺きは、野地板《のじいた》の上に設けた桟木に瓦を引っ掛けて固定します。**現代の瓦屋根の一般的な葺き方**です。丸瓦と平瓦が合体したもので、江戸時代に大津の瓦師・西村半兵衛により開発されたといわれています。

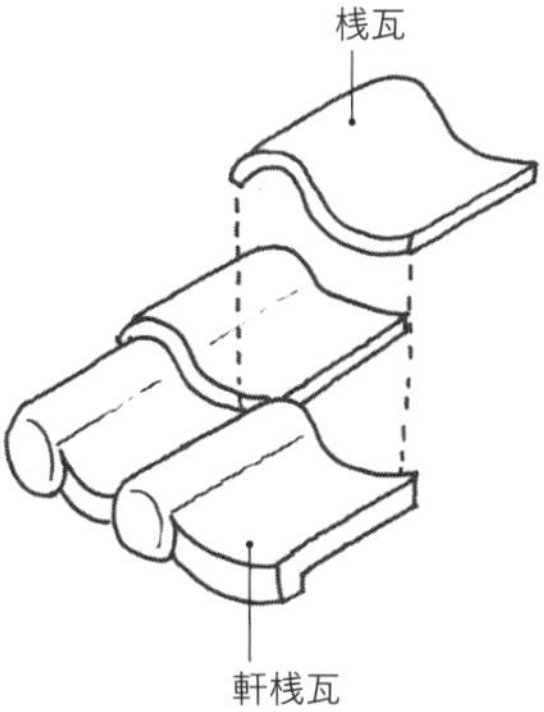

戻り勾配

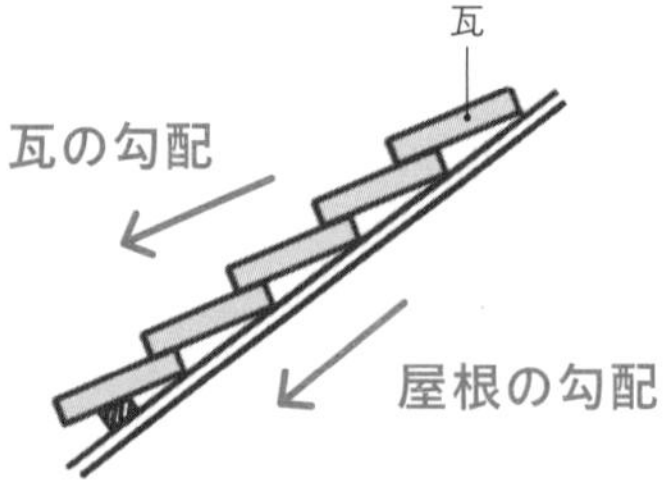

一般に瓦屋根の屋根勾配は、4寸勾配以上といわれ、屋根の勾配よりも瓦の勾配の方がゆるくなります。これを戻り勾配といいます。

7 金属屋根

金属を使うと長く薄い屋根材をつくることが可能です。二次元曲面、三次元曲面など複雑な屋根形状にも対応できる屋根材です。

- トタン屋根
- ガルバリウム鋼板
- ジンカリウム鋼板
- 銅板
- ステンレス
- チタン

関西国際空港
（三次元曲面屋根）

外壁

1 外壁の種類

外壁とは、外部と内部を隔てる壁のことで、構造の柱や梁、断熱材などを内包しています。建物における外壁の仕上げは、外部に面する仕上げの仕方をいいます。外壁は街並みや環境に影響を及ぼします。景観的に人がよりよいと思うような眺めを考えることが大切です。

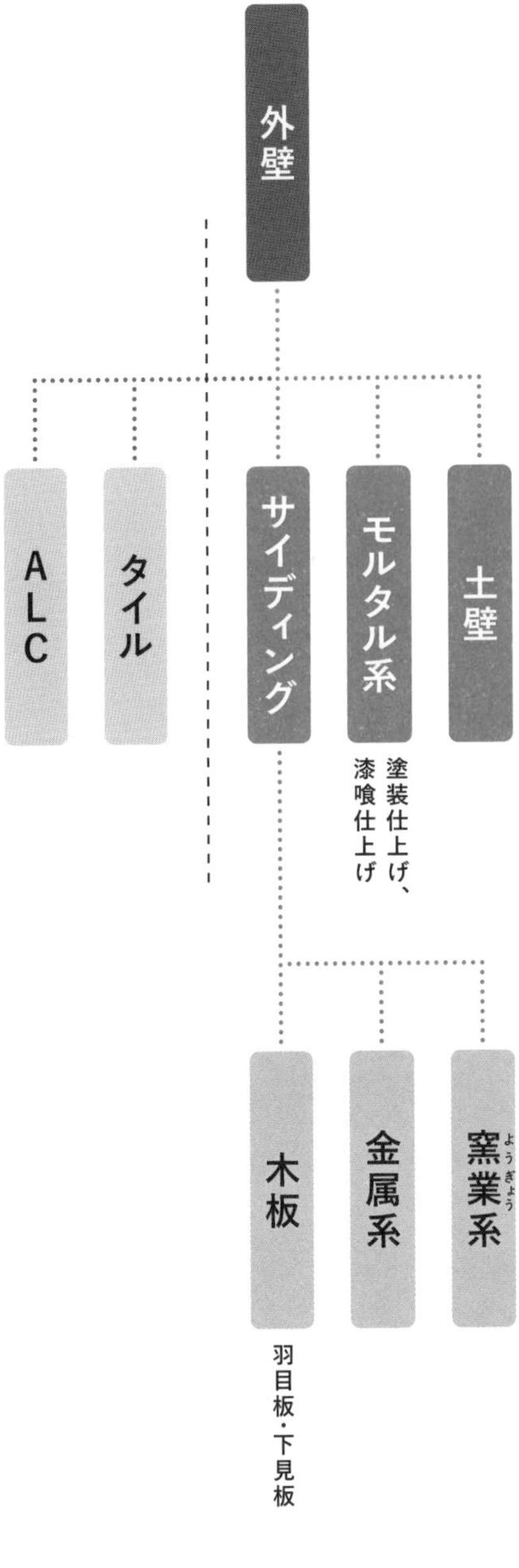
外壁
土壁
モルタル系
塗装仕上げ、漆喰仕上げ
サイディング
タイル
ALC
窯業《ようぎょう》系
金属系
木板
羽目板・下見板

2 土壁

土壁は、土と藁《わら》や麻、細かい紙やスサ、砂、水をこねてつくられます。**調湿作用**、**断熱作用**など室内の温熱環境を快適な状態にしてくれる他、**自然素材**なので人にやさしい左官材料といえます。

格子状に縄で竹を編み込んだ**小舞**の下地に、土壁を荒塗～中塗～上塗と、通常**3回に分けて塗り重ねて**つくられます。土と藁を混ぜるのは繊維質がつなぎの役割を果たし、強度をもたせるためです。時間が経つにつれて藁の発行が進み、繊維が細かくなることにより、**壁の強度がさらに増して**いきます。古くは**法隆寺**の土壁から藁が認められ、稲作が盛んになった頃より日本では土に藁を混ぜ合わせていたと考えられています。

土壁の概略図

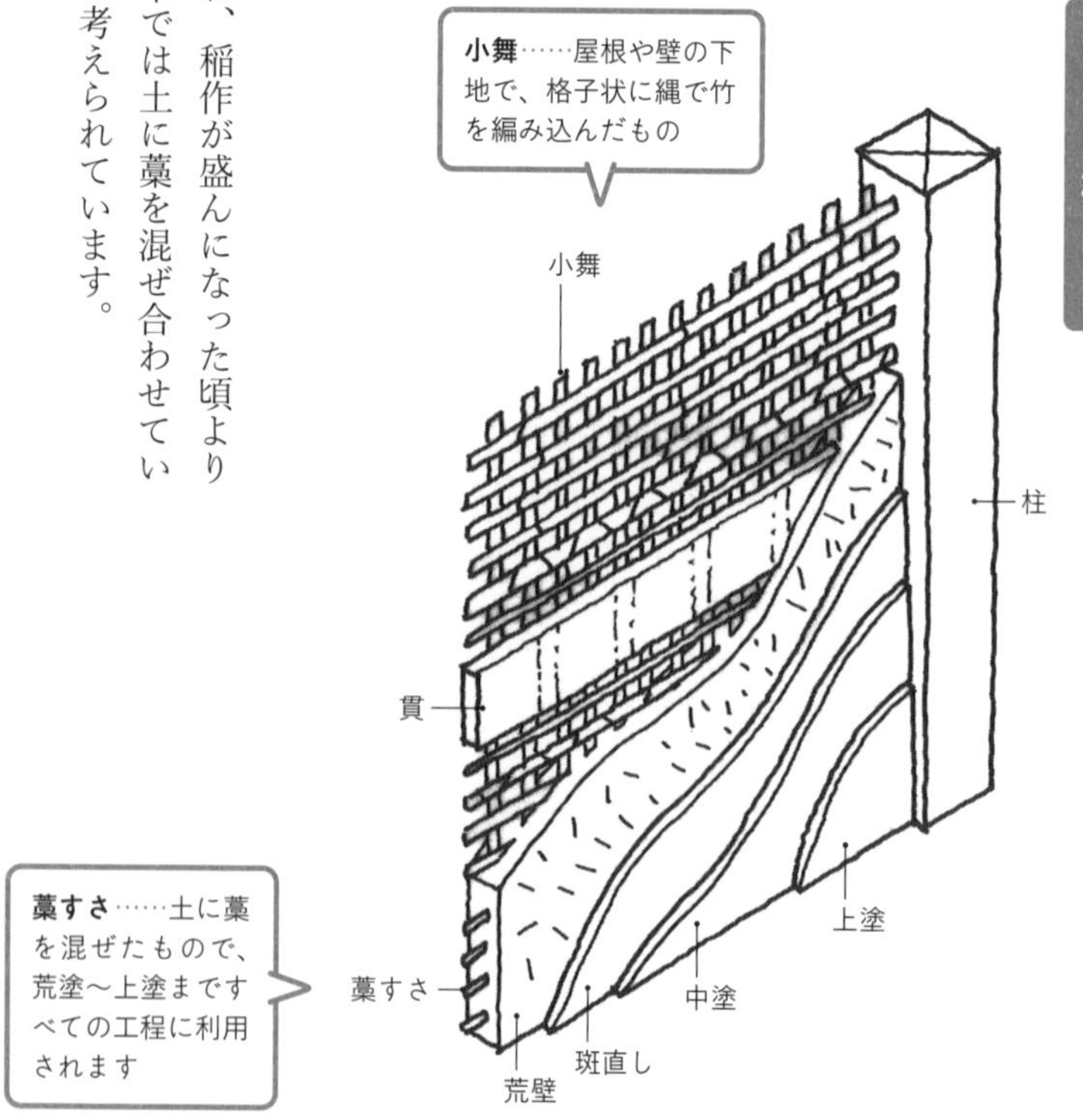
小舞……屋根や壁の下地で、格子状に縄で竹を編み込んだもの
小舞
柱
貫
藁すさ……土に藁を混ぜたもので、荒塗～上塗まですべての工程に利用されます
藁すさ
荒壁
斑直し
中塗
上塗

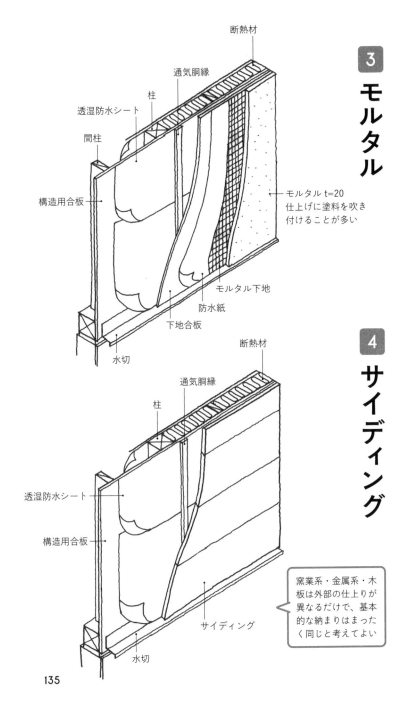

3 モルタル

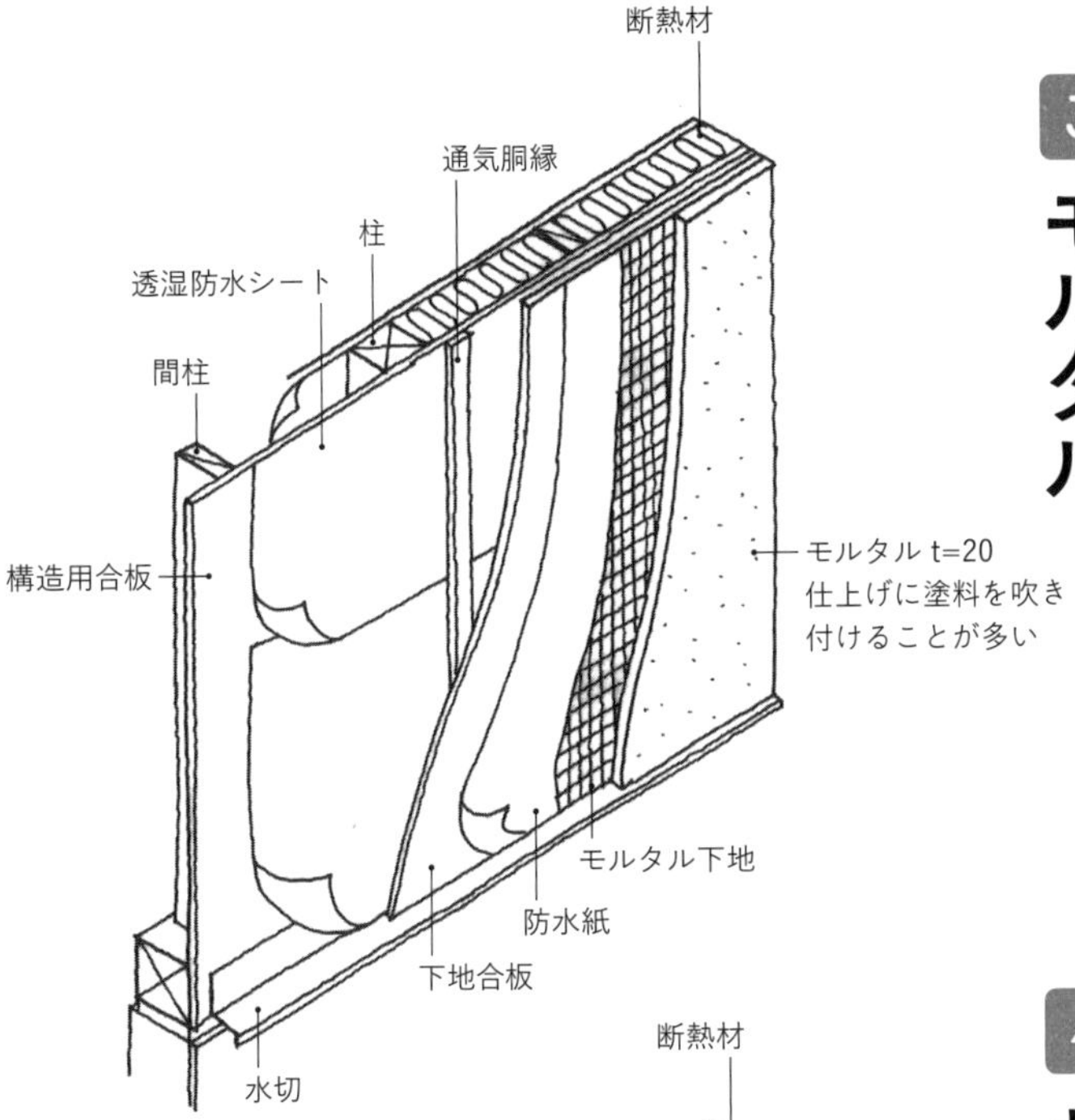

断熱材
通気胴縁
柱
透湿防水シート
間柱
構造用合板
モルタル t=20
仕上げに塗料を吹き
付けることが多い
モルタル下地
防水紙
下地合板
水切

4 サイディング

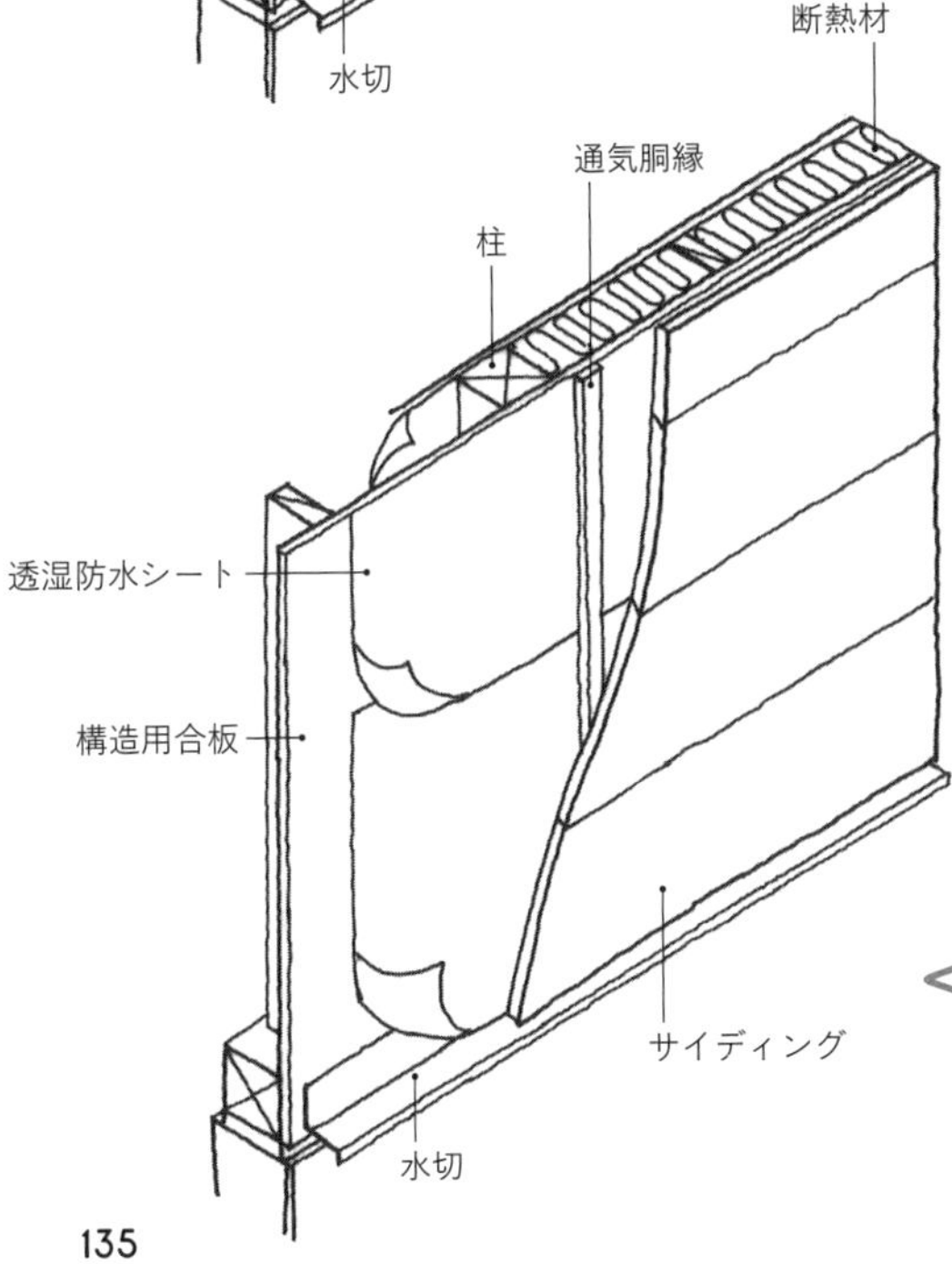

断熱材
通気胴縁
柱
透湿防水シート
構造用合板
サイディング
水切

窯業系・金属系・木板は外部の仕上りが異なるだけで、基本的な納まりはまったく同じと考えてよい

窓（間戸）

1 平出遺跡

屋根が柱によってもちあがり、壁が発生すると同時に開口が発生したと考えられる

2 民家の窓

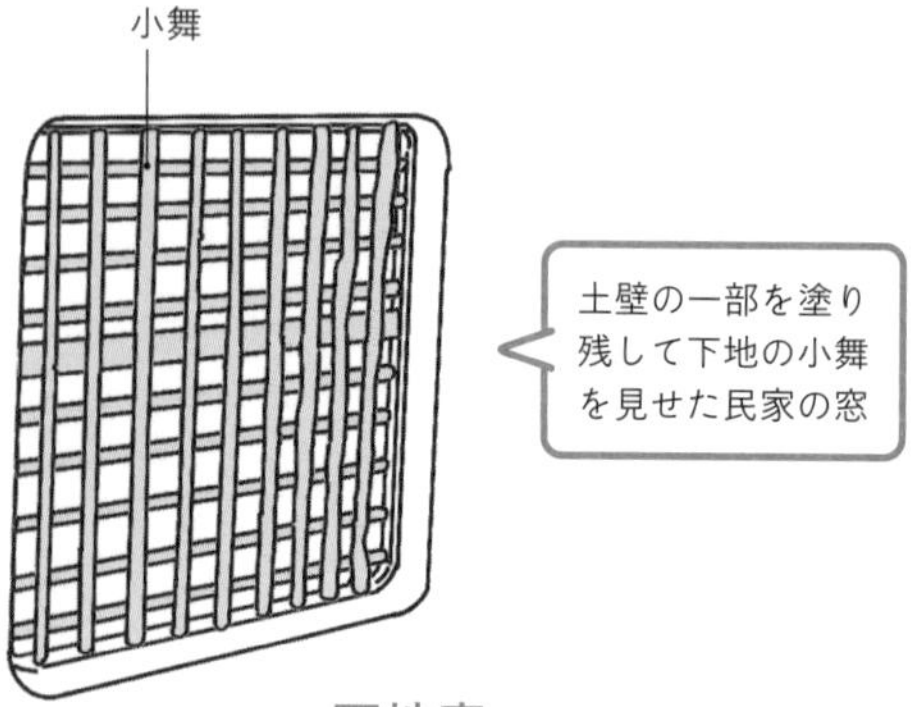
小舞
土壁の一部を塗り残して下地の小舞を見せた民家の窓

下地窓

3 間戸

木でつくった

木建具

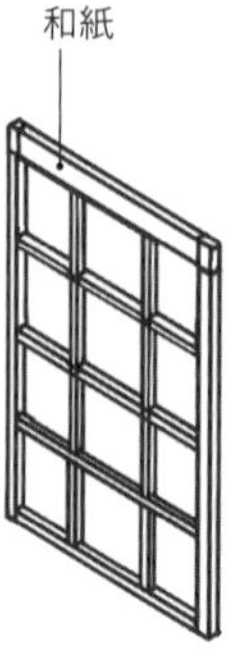
和紙

障子

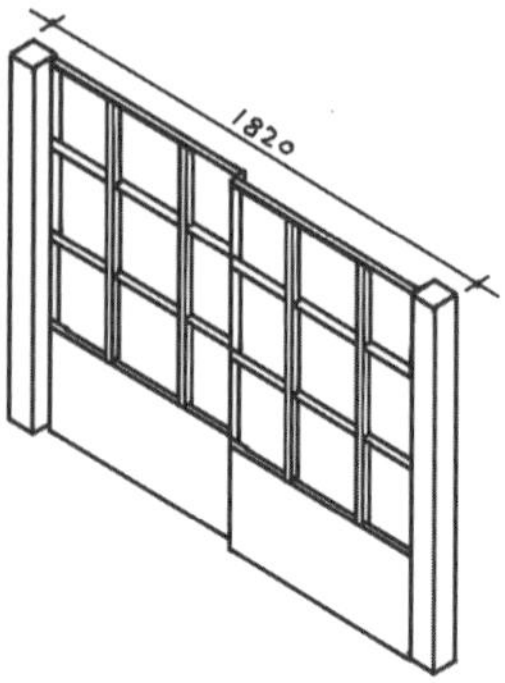
1820

1間の中に入れる戸
（間戸）

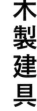

自由度が高い

→ 都市部の外部には使えてよい

4 木製建具

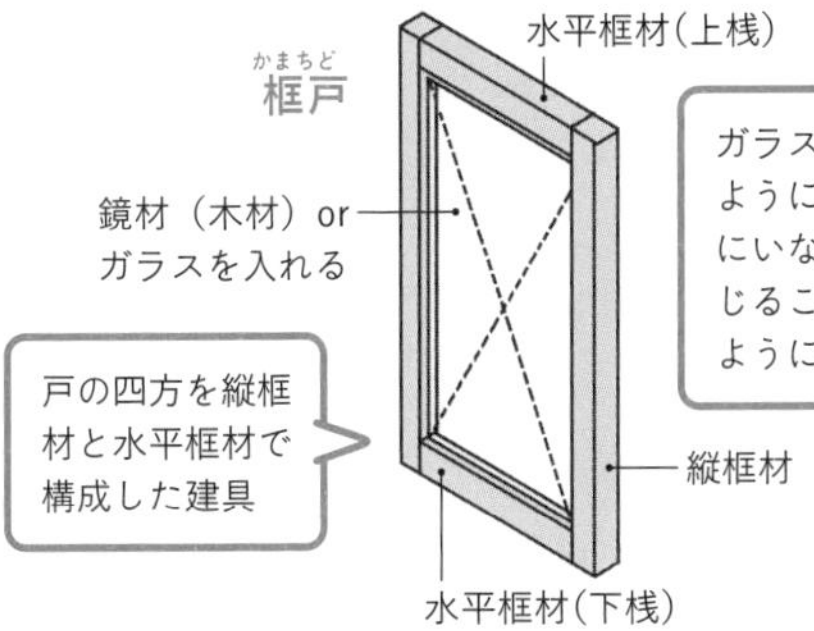

框戸《かまちど》
水平框材(上桟)
鏡材（木材）or ガラスを入れる
戸の四方を縦框材と水平框材で構成した建具
縦框材
水平框材(下桟)

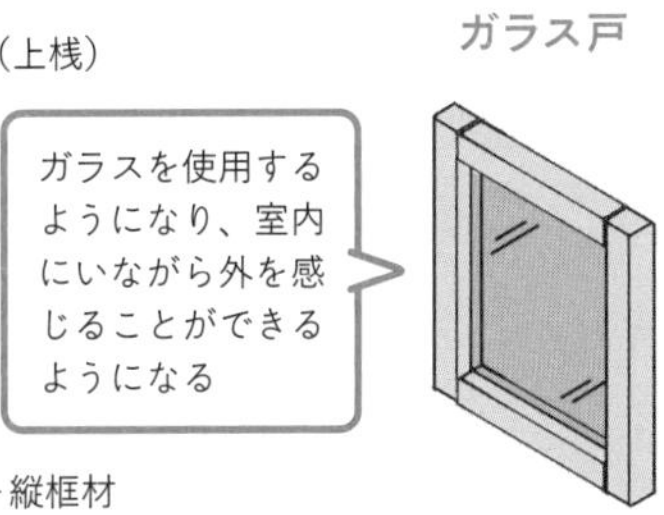

ガラス戸
ガラスを使用するようになり、室内にいながら外を感じることができるようになる

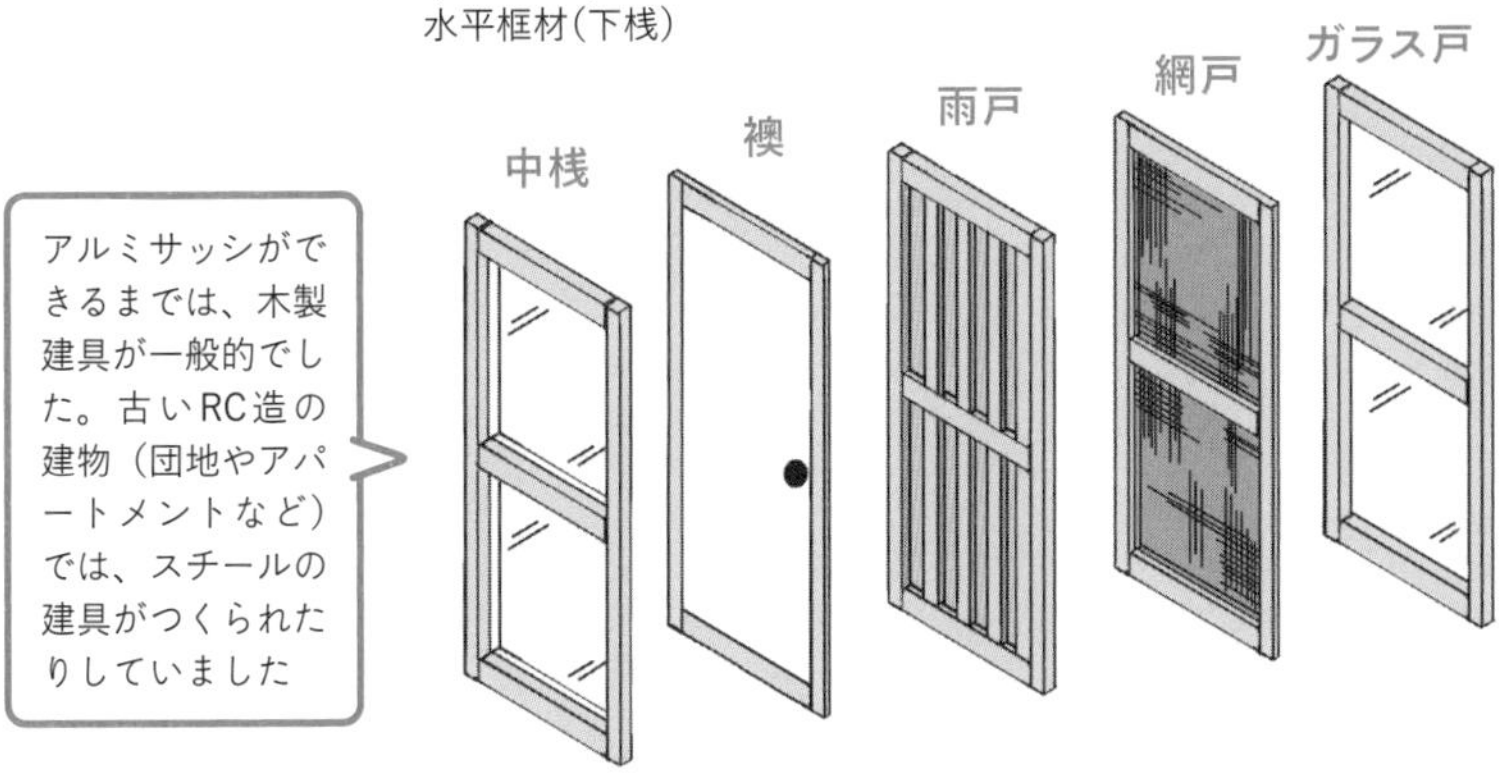

アルミサッシができるまでは、木製建具が一般的でした。古いRC造の建物（団地やアパートメントなど）では、スチールの建具がつくられたりしていました
中桟
襖
雨戸
網戸
ガラス戸

5 アルミサッシ

アルミサッシは、アルミ製のため**軽く・加工がしやすい**ため、それまでの木製やスチールの建具にとってかわり、現在では一般的な窓廻りの建具になりました。

気密性が高く、耐候性もあり、外部に取り付けるにはぴったり。ただし、アルミのデメリットは、**熱を伝えやすい**（熱伝導率が高い）ことです。近年では、熱伝導率を低くするために、**樹脂を使う**などの工夫がなされた製品が出てきています。

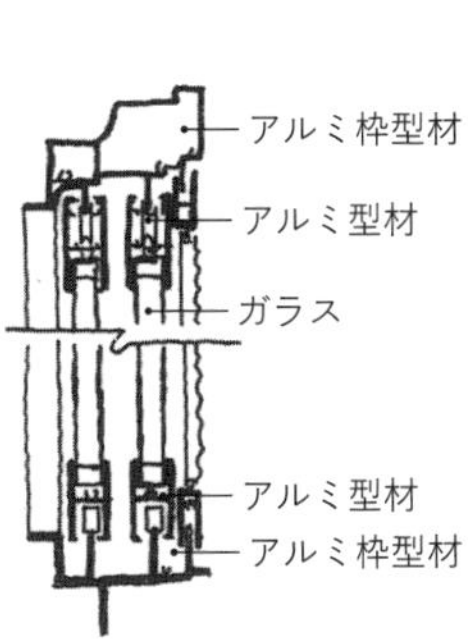

アルミ枠型材
アルミ型材
ガラス
アルミ型材
アルミ枠型材

第5章

架構に仕上げを着せて矩計図完成へ

竪穴住居

矩計図を完成させるには、第2章の架構に第3～4章の仕上材を着せるだけです。

架構のパーツや順番がわからなければ、第2章を見返してみましょう。

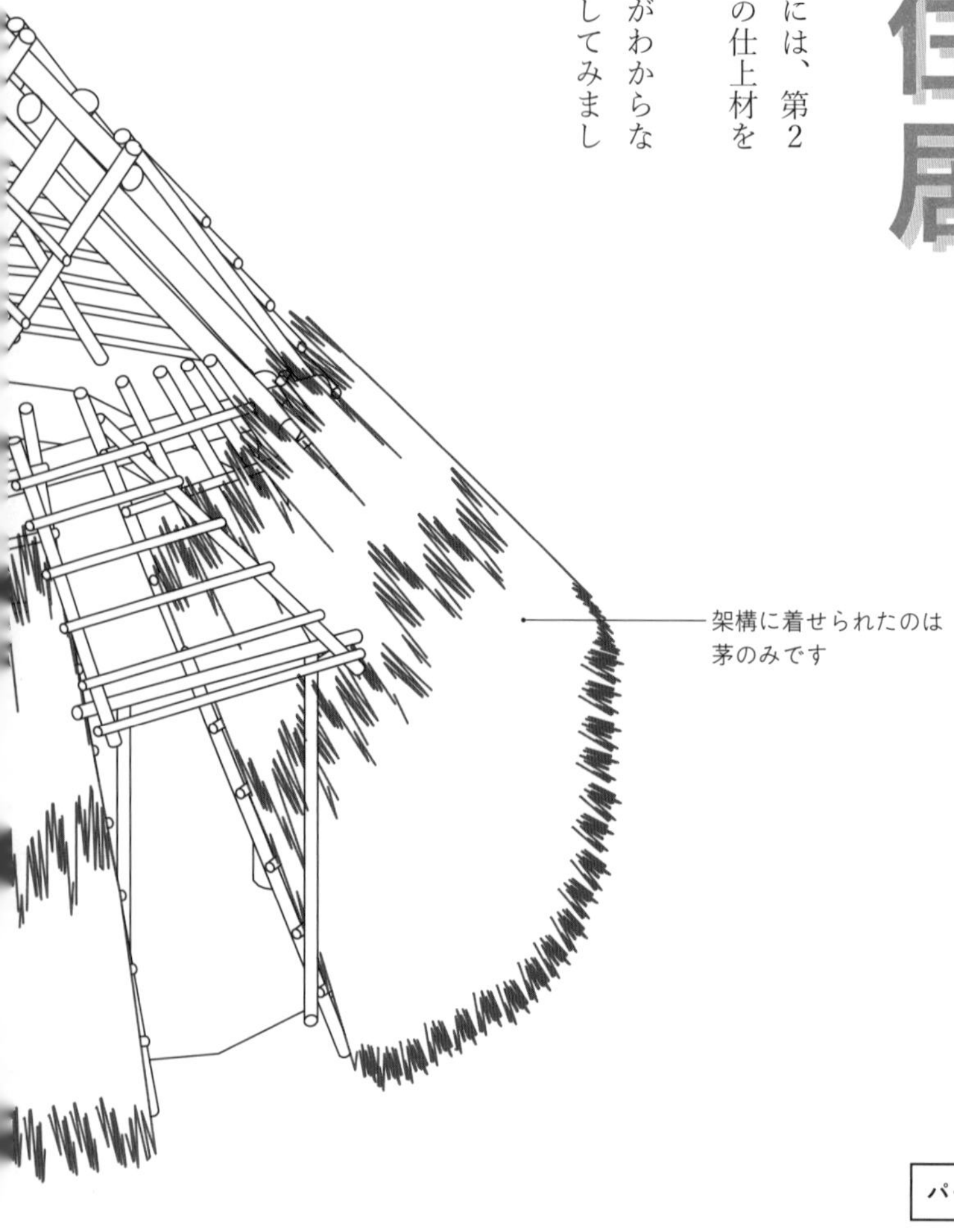

架構に着せられたのは
茅のみです

パース

竪穴住居に仕上げを着せる

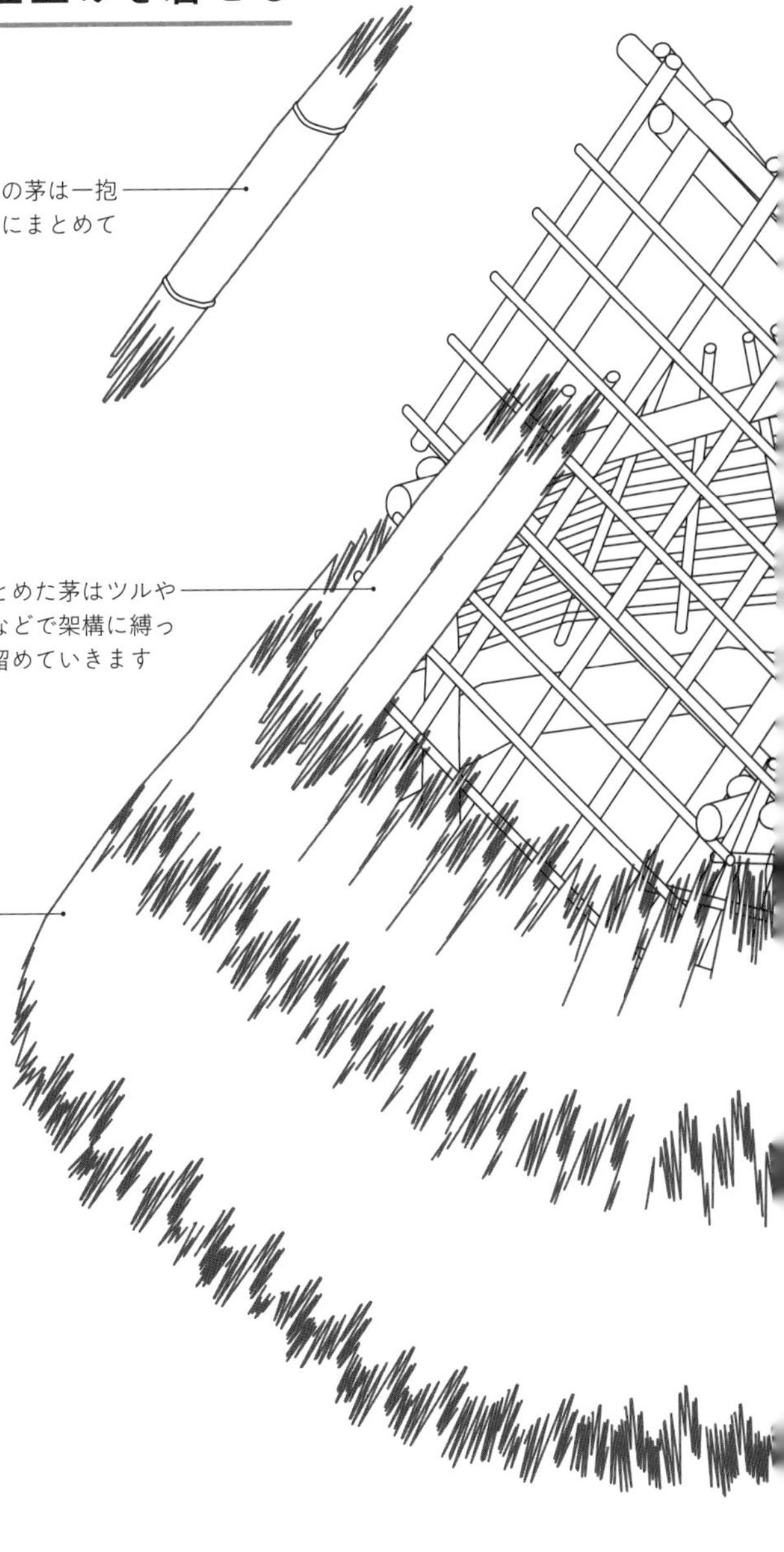
ヨシなどの茅は一抱えくらいにまとめて縛ります
まとめた茅はツルや縄などで架構に縛って留めていきます
茅は下から上に葺いていきます

矩計図を描くときのポイント

矩計図を描くときのポイントは、頭の中で建物ができていくストーリーを描くことです。

柱を立てて、梁を架けて、桁を載せる。叉首と垂木を梁桁に架け渡して棟木、横木（えつり）を組む。最後に茅を着せる。これがわかっていればバッチリです。

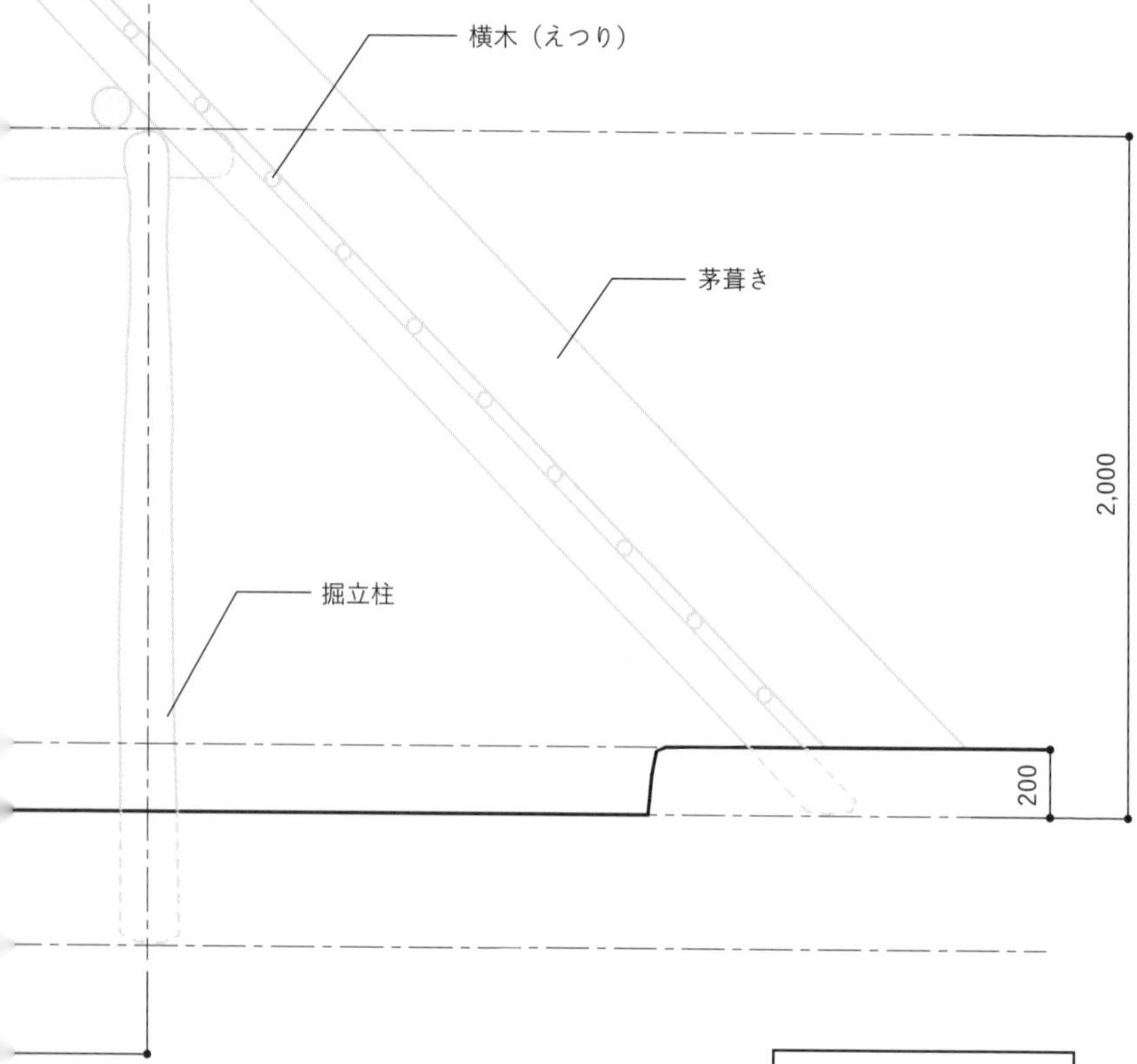

A-A 矩計図（S=1/30）

それでは実際になぞってみましょう(フリーハンドでOKです)。ただ単になぞるよりは、どこのパーツを描いているかを意識すると、より理解が進みます。立体的にどうなっているか、パースを見てイメージをしましょう。

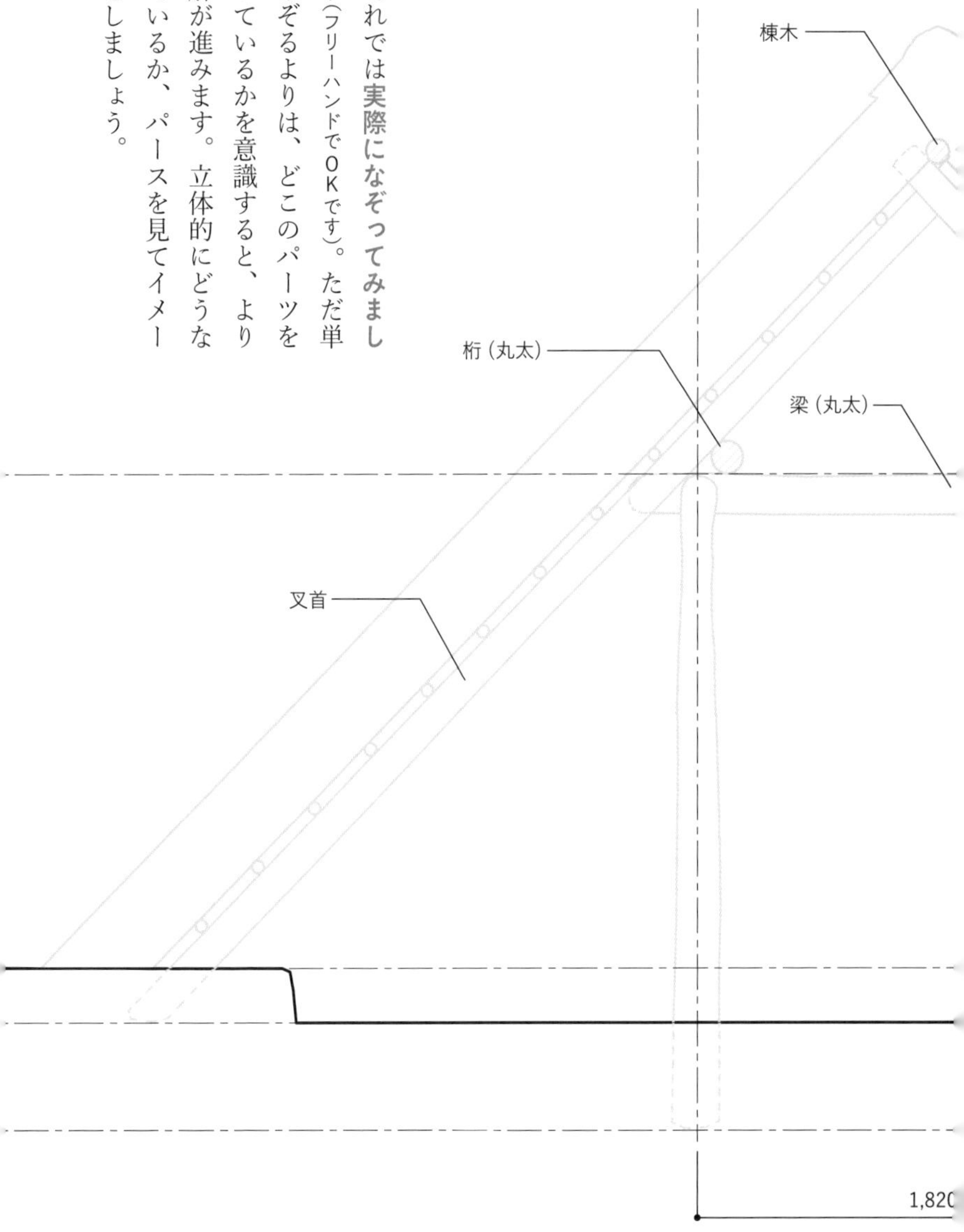

プラン（平面図）

竪穴住居のプランには、柱が立てられ、屋根（壁）で覆われて内部に空間ができるという建築の原点が現れています。

平面図も矩計図と同様、建物ができていく工程（図中❶～❾）をイメージしながら見ていくと線の意味が理解できるようになります。

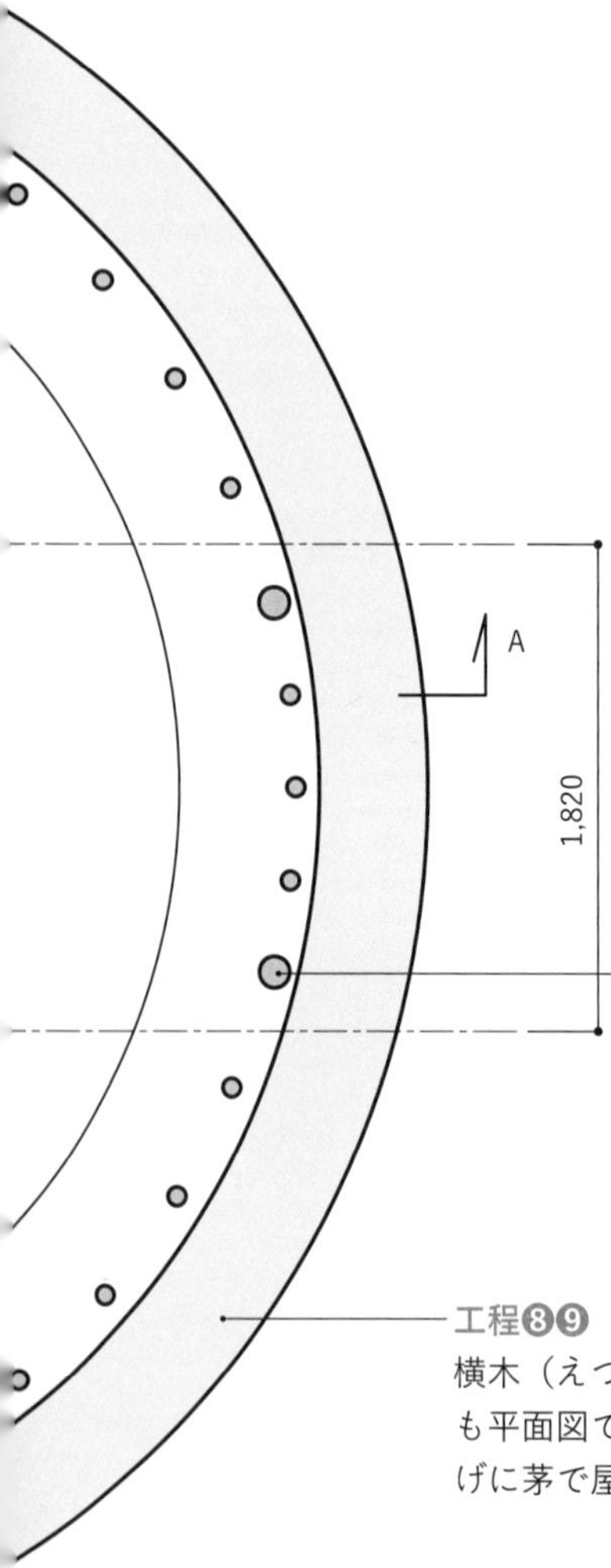

工程❸❹❺❻
梁桁を架けて（平面図では見えませんが）、次に叉首、棟木と架けていきます

工程❽❾
横木（えつり）も縛って（横木も平面図では見えません）、仕上げに茅で屋根を葺けば完成です

平面図（S=1/50）

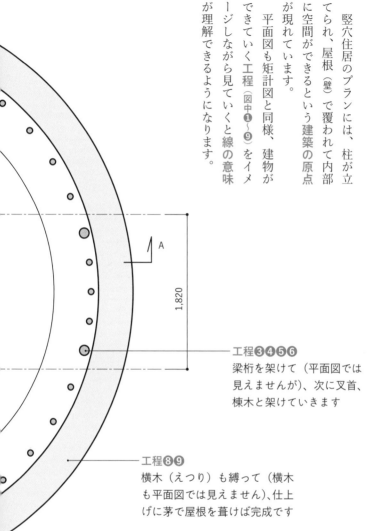

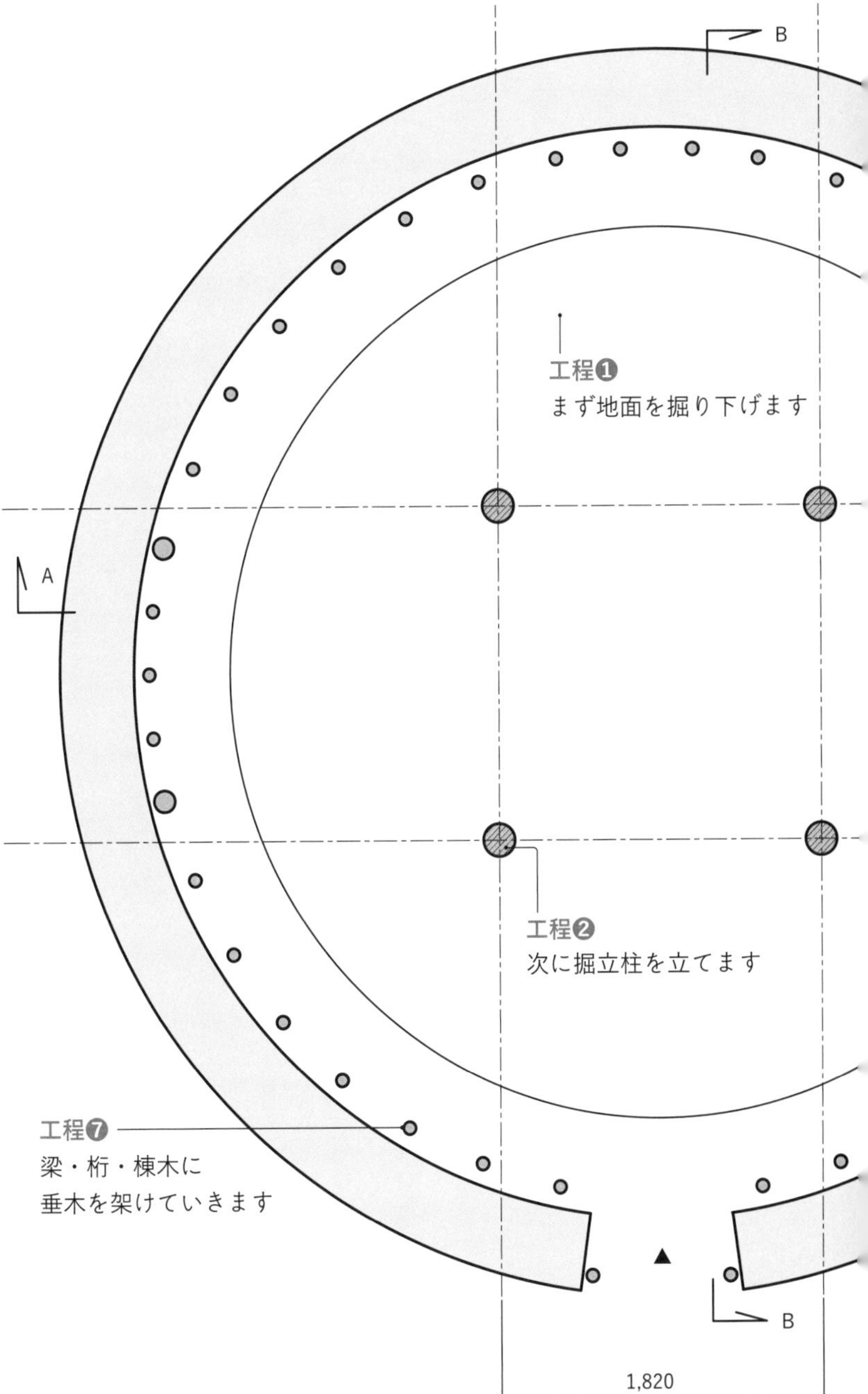
B
工程❶
まず地面を掘り下げます
A
工程❷
次に掘立柱を立てます
工程❼
梁・桁・棟木に
垂木を架けていきます
B
1,820

できていく順番でなぞろう

これは、先ほどと違う方向で切った矩計図ですが、考え方は一緒です（平面図を見るとどこで切った図面かわかります）。形がわからなくなったらパースを見返しましょう。

ここでもできていく順番を追ってみましょう。部材が多く感じるかもしれませんが、メインの骨格である❷掘立柱〜❻棟木までのパーツ数は少ないです。

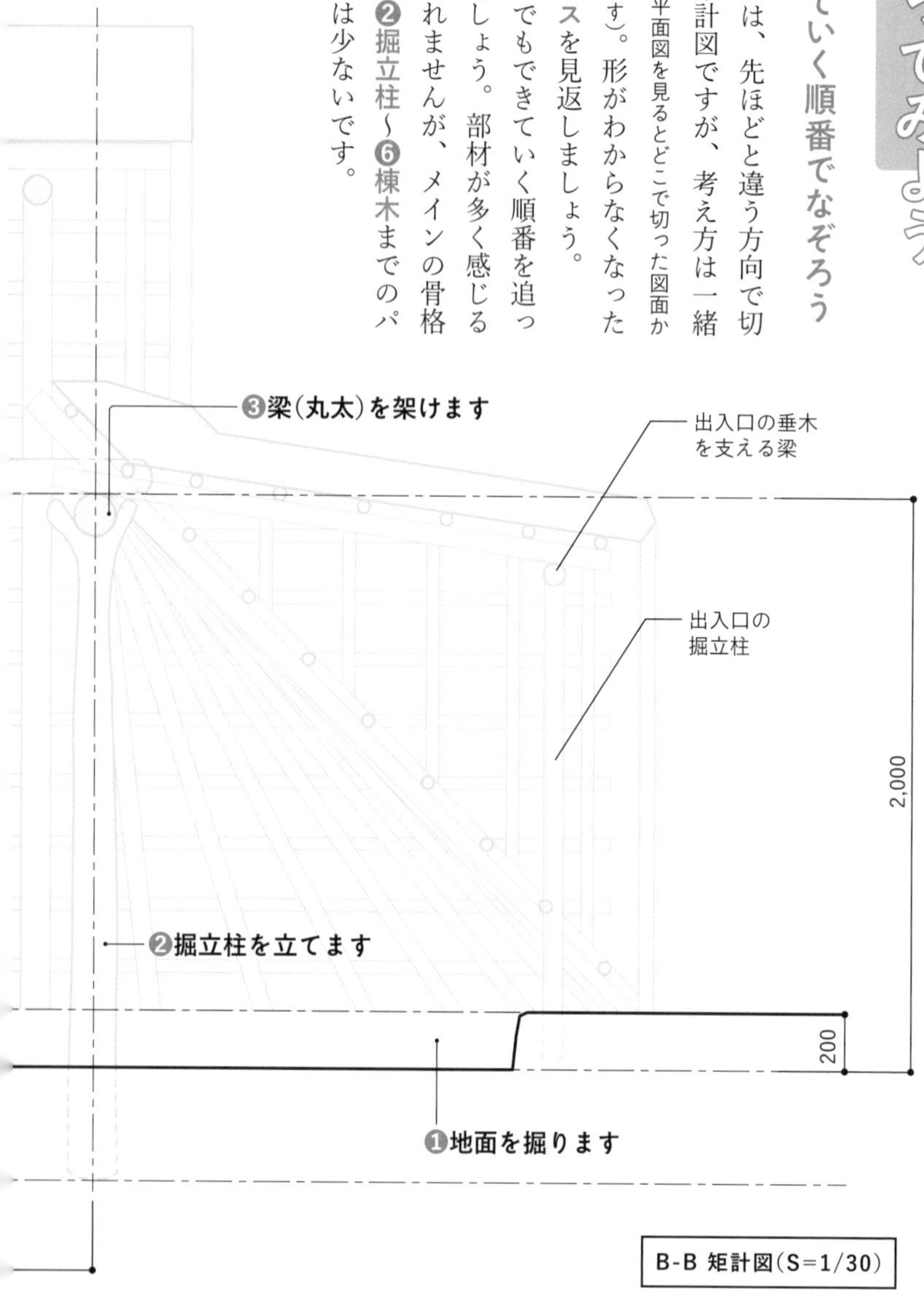
❸梁（丸太）を架けます
出入口の垂木を支える梁
出入口の掘立柱
2,000
❷掘立柱を立てます
200
❶地面を掘ります

B-B 矩計図（S=1/30）

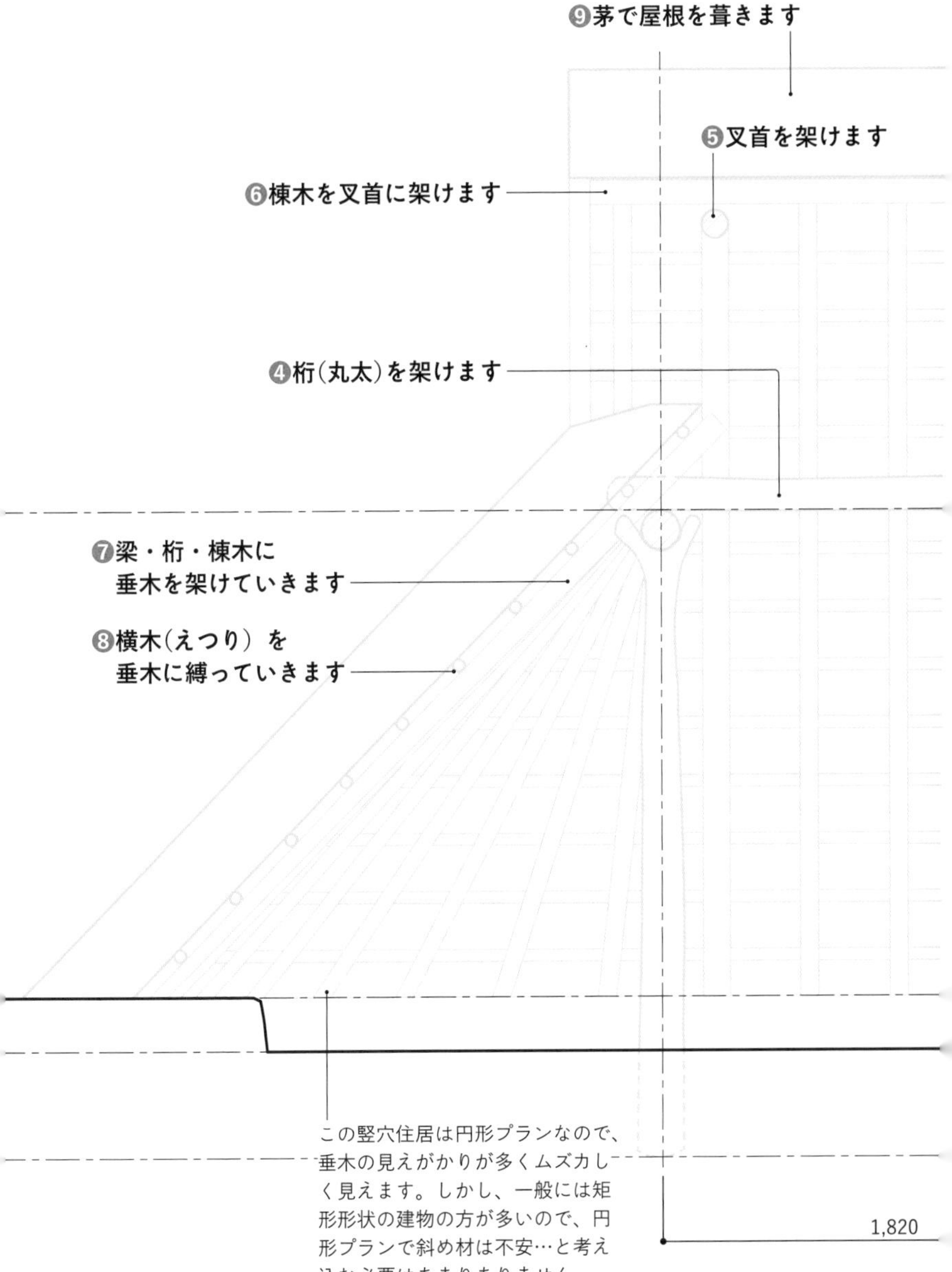

❾茅で屋根を葺きます
❺叉首を架けます
❻棟木を叉首に架けます
❹桁(丸太)を架けます
❼梁・桁・棟木に
垂木を架けていきます
❽横木(えつり) を
垂木に縛っていきます
1,820

この竪穴住居は円形プランなので、垂木の見えがかりが多くムズカしく見えます。しかし、一般には矩形形状の建物の方が多いので、円形プランで斜め材は不安…と考え込む必要はあまりありません。

民家

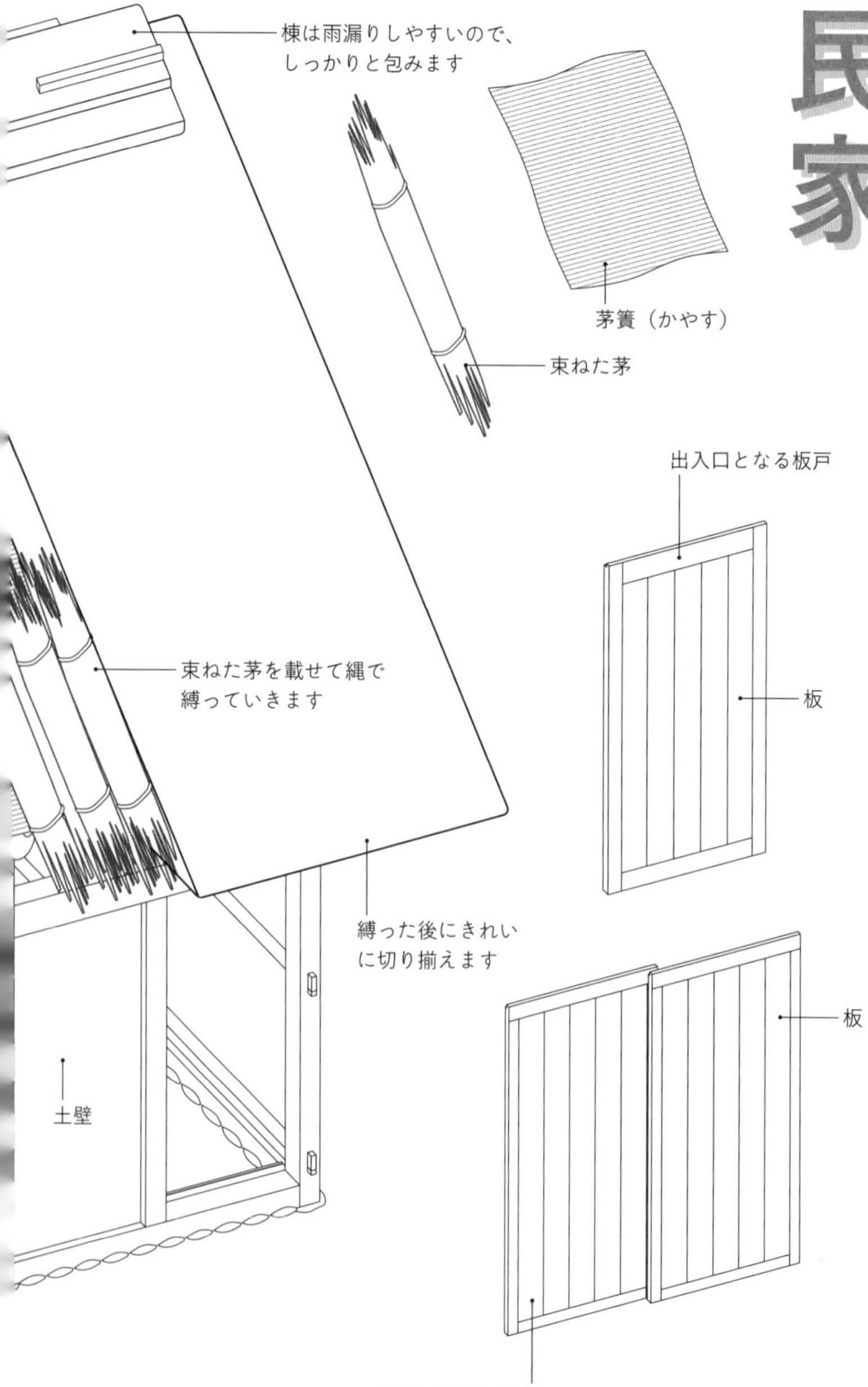

棟は雨漏りしやすいので、
しっかりと包みます
茅簀（かやす）
束ねた茅
出入口となる板戸
束ねた茅を載せて縄で
縛っていきます
板
縛った後にきれい
に切り揃えます
板
土壁
座敷の引違い板戸

民家に仕上げを着せる

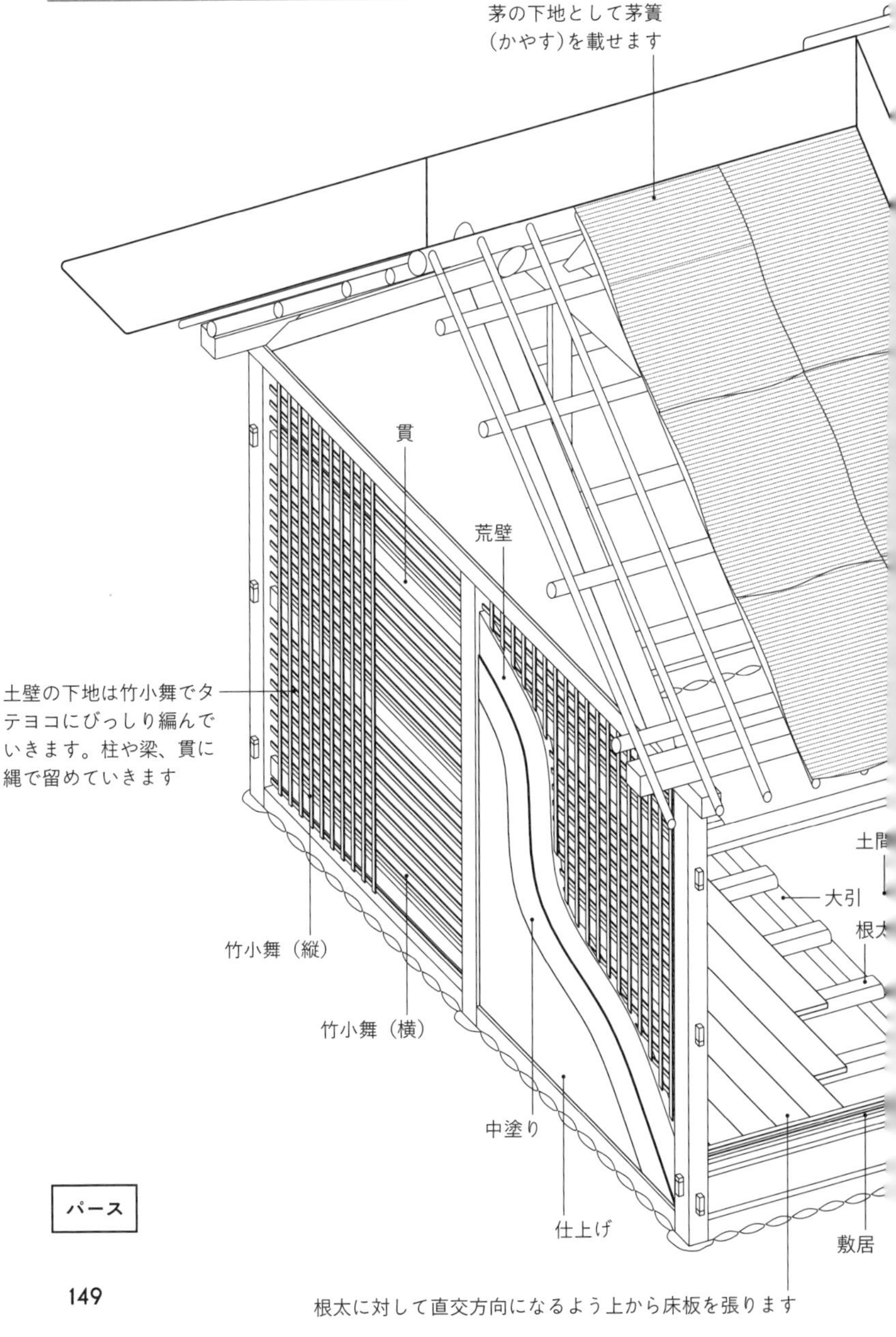

茅の下地として茅簀
(かやす)を載せます
貫
荒壁
土壁の下地は竹小舞でタテヨコにびっしり編んでいきます。柱や梁、貫に縄で留めていきます
竹小舞(縦)
竹小舞(横)
中塗り
仕上げ
土間
大引
根太
敷居
根太に対して直交方向になるよう上から床板を張ります

パース

矩計図を描くときのポイント

描き方は前述した竪穴住居のときと同じです。まず玉石基礎があって、次に柱、梁、桁…という家づくりの手順をイメージすることです。鴨居や引違い戸、床があって線が引きづらいと思うかもしれませんが、まずは架構の手順と部材を意識してみましょう。土壁や建具といった仕上材はあくまで架構に着せる洋服のようなものです。

A-A 矩計図(S=1/30)

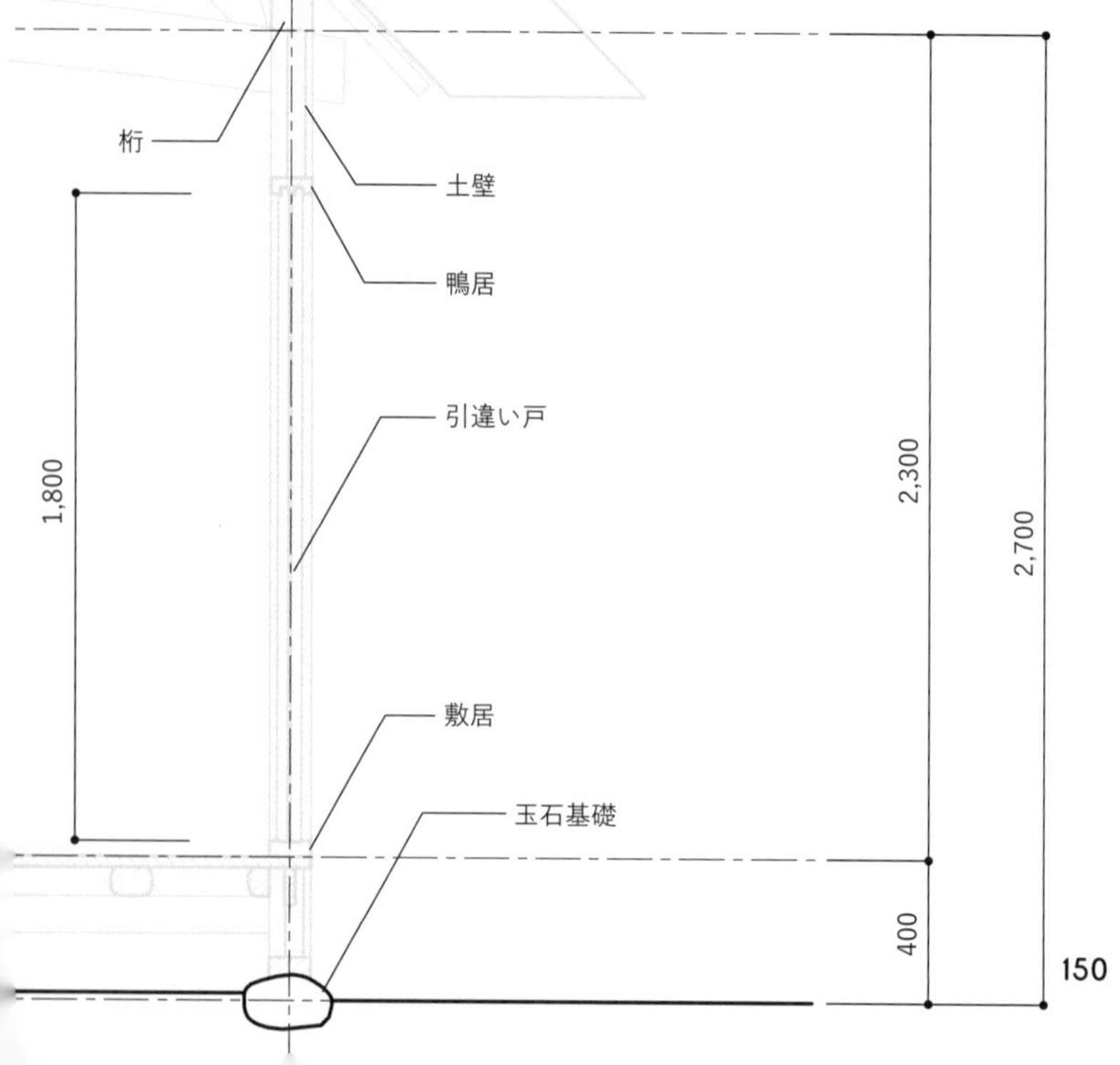

1,820
桁
土壁
鴨居
引違い戸
1,800
2,300
2,700
敷居
玉石基礎
400

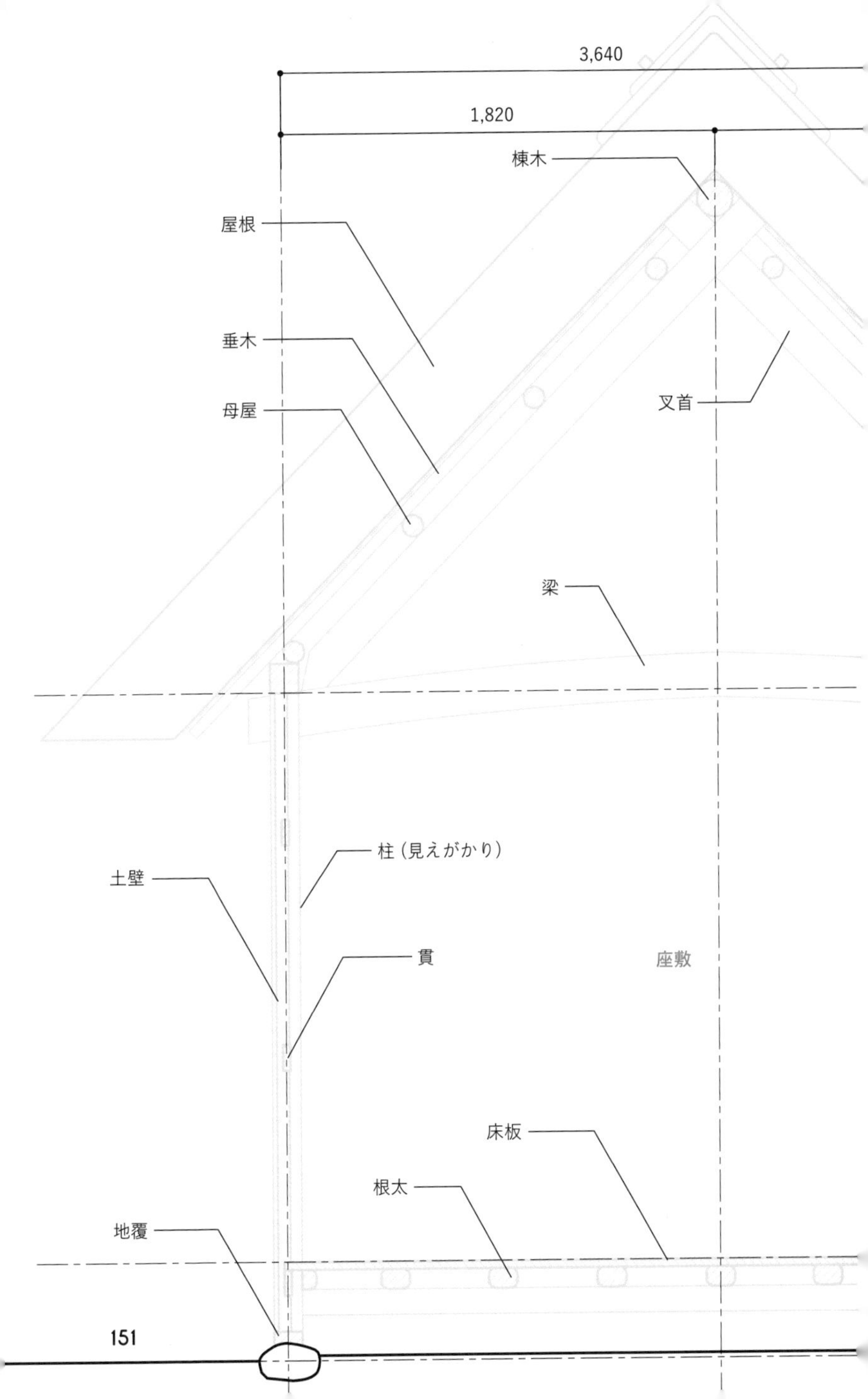
3,640
1,820
棟木
屋根
垂木
母屋
叉首
梁
柱（見えがかり）
土壁
貫
座敷
床板
根太
地覆

プラン（平面図）

昔は、地方によって柱間の寸法はバラバラだったのですが、ここでは現代住居にも通ずる**１８２０㎜（１間）ピッチ**でグリッドをつくっています。竪穴住居から時代が進み、一部に床が張られるようになりました。農家にとって内部で作業できる**土間は欠かせない**ものでした。

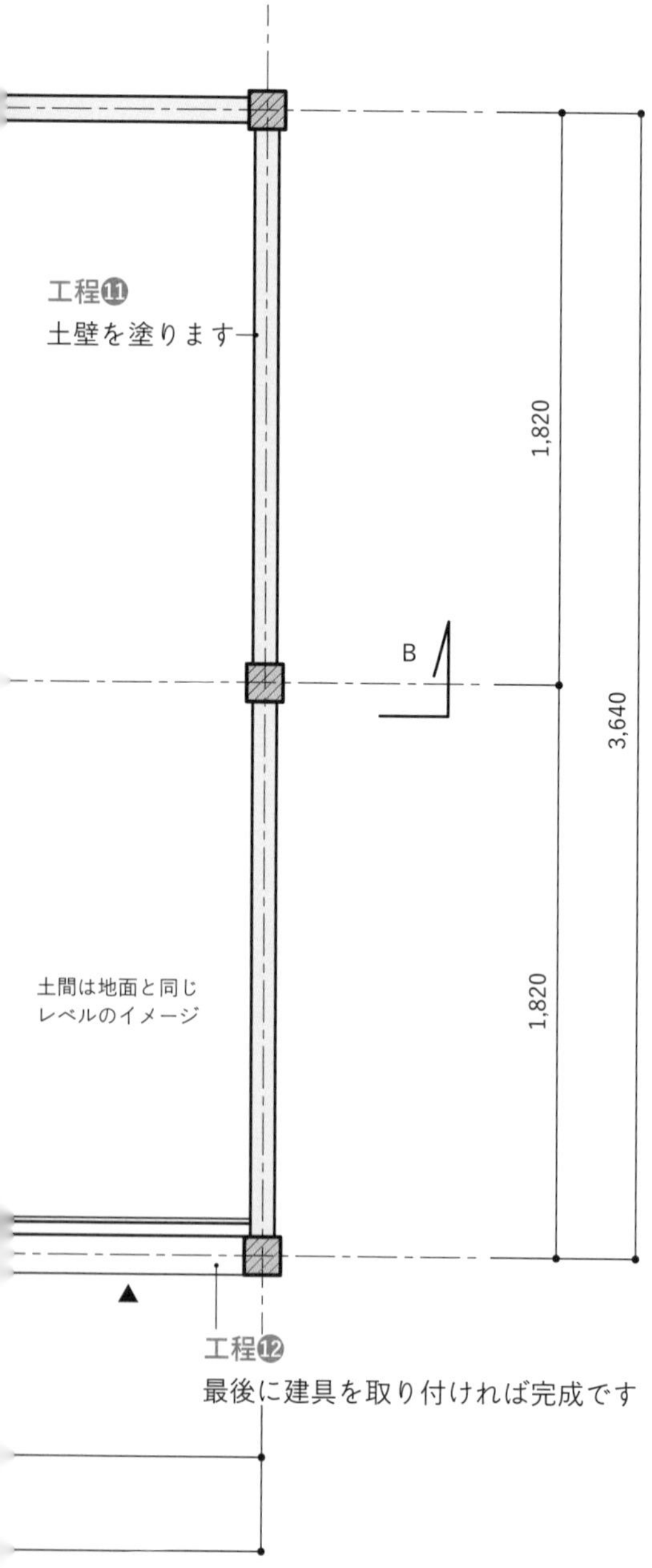

工程⑪
土壁を塗ります
1,820
B
3,640
1,820
土間は地面と同じ
レベルのイメージ
工程⑫
最後に建具を取り付ければ完成です

平面図（S=1/30）

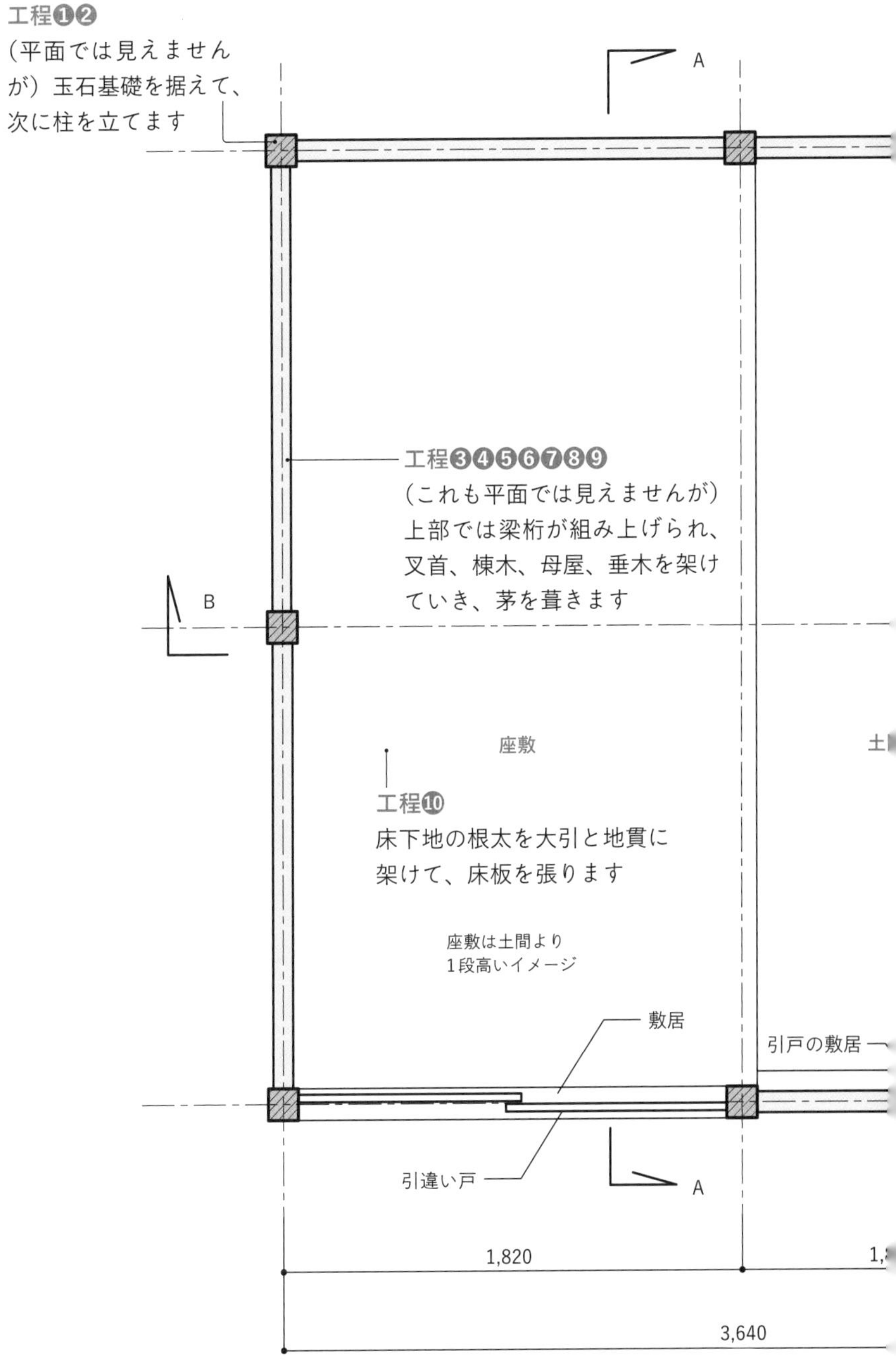

工程❶❷
（平面では見えませんが）玉石基礎を据えて、次に柱を立てます
A
工程❸❹❺❻❼❽❾
（これも平面では見えませんが）上部では梁桁が組み上げられ、叉首、棟木、母屋、垂木を架けていき、茅を葺きます
B
座敷
工程❿
床下地の根太を大引と地貫に架けて、床板を張ります
座敷は土間より
1段高いイメージ
敷居
引戸の敷居
引違い戸
A
1,820
3,640

なぞってみよう

できていく順番

では、民家ももう一方向の矩計図を描いてみましょう。叉首や垂木などの斜め材が垂直に描かれているとわかればバッチリです（どれが斜材かわからなくなったら第2章参照）。

❶礎石（玉石）を据えたら、❷柱～❻棟木までのメインフレームを描きましょう。それができてしまえば、あとは部材を足すだけです（床板の線などは重なってしまうかもしれませんが、気にしないで描いてしまいましょう）。

1,820
2,300
2,700
400
土間
❷柱を立てます
（見えがかり線）
⓫土壁を塗ります
❶礎石（玉石）を据えます

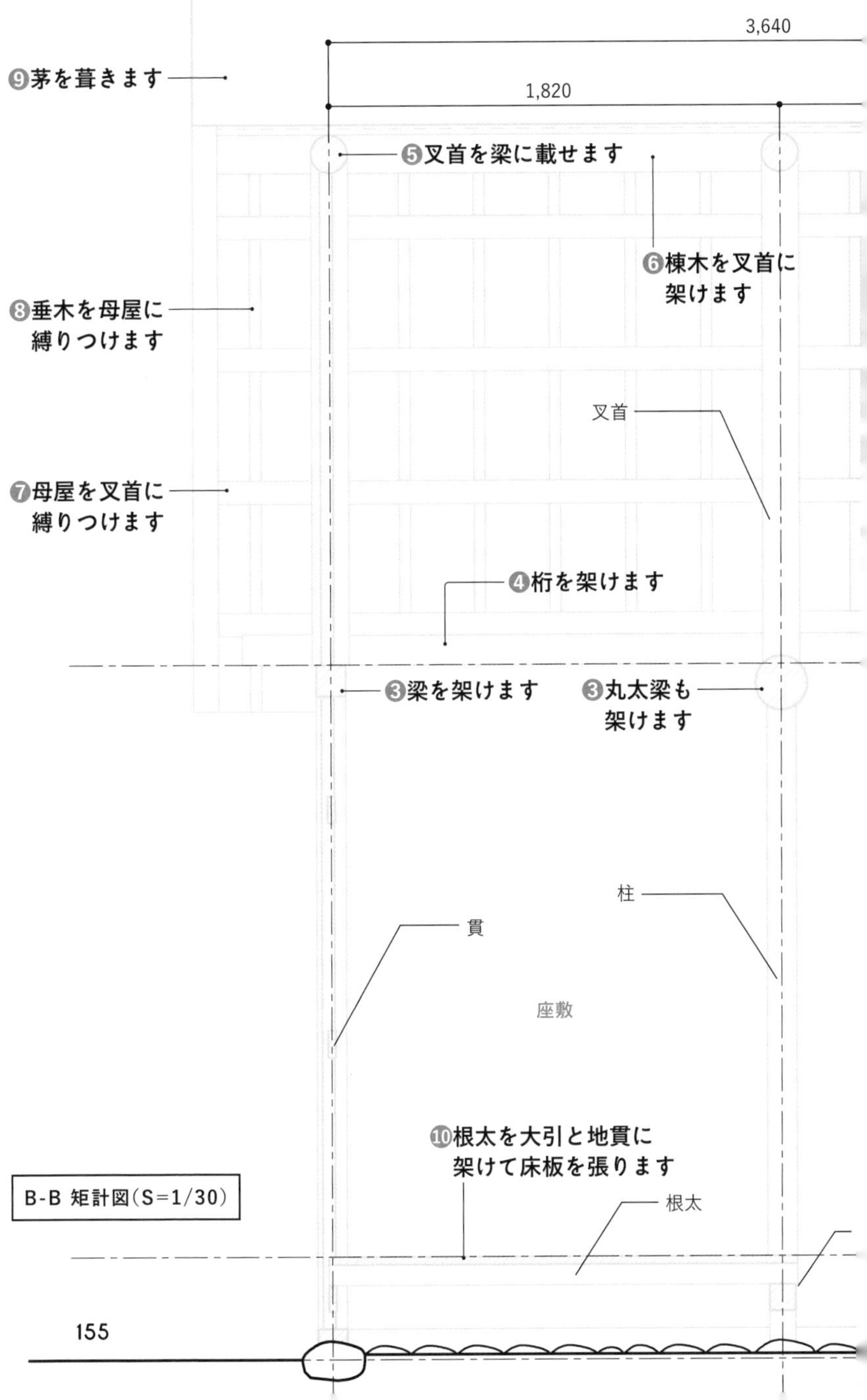
3,640
1,820
❾茅を葺きます
❺叉首を梁に載せます
❻棟木を叉首に架けます
❽垂木を母屋に縛りつけます
叉首
❼母屋を叉首に縛りつけます
❹桁を架けます
❸梁を架けます
❸丸太梁も架けます
柱
貫
座敷
❿根太を大引と地貫に架けて床板を張ります
根太

B-B 矩計図（S=1/30）

町家

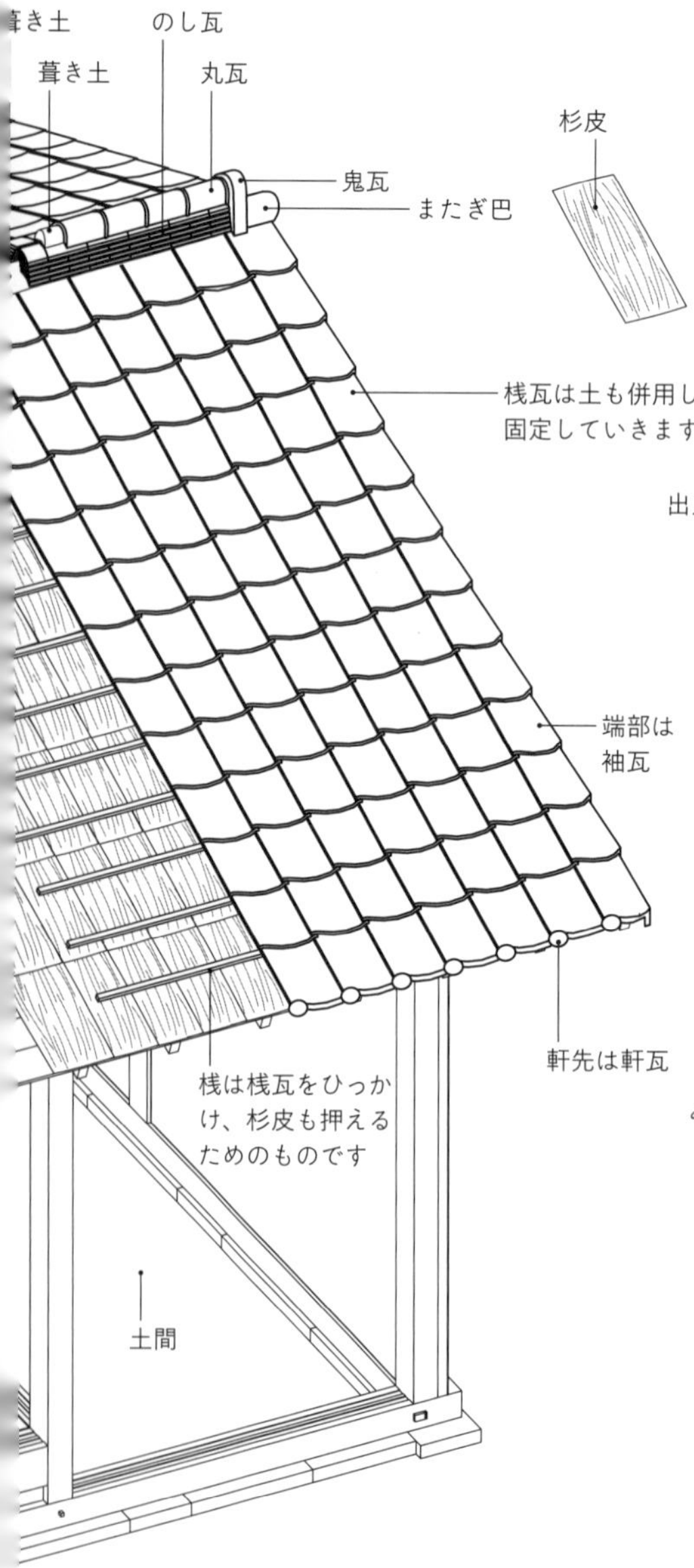
き土
のし瓦
葺き土
丸瓦
鬼瓦
またぎ巴
桟瓦は土も併用しながら
固定していきます
端部は
袖瓦
軒先は軒瓦
桟は桟瓦をひっか
け、杉皮も押える
ためのものです
土間
杉皮

出入口の引違い戸

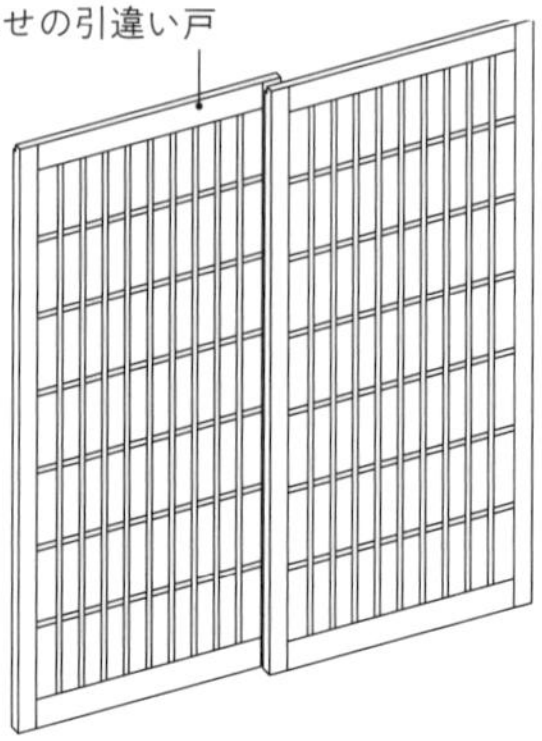
みせの引違い戸

町家に仕上げを着せる

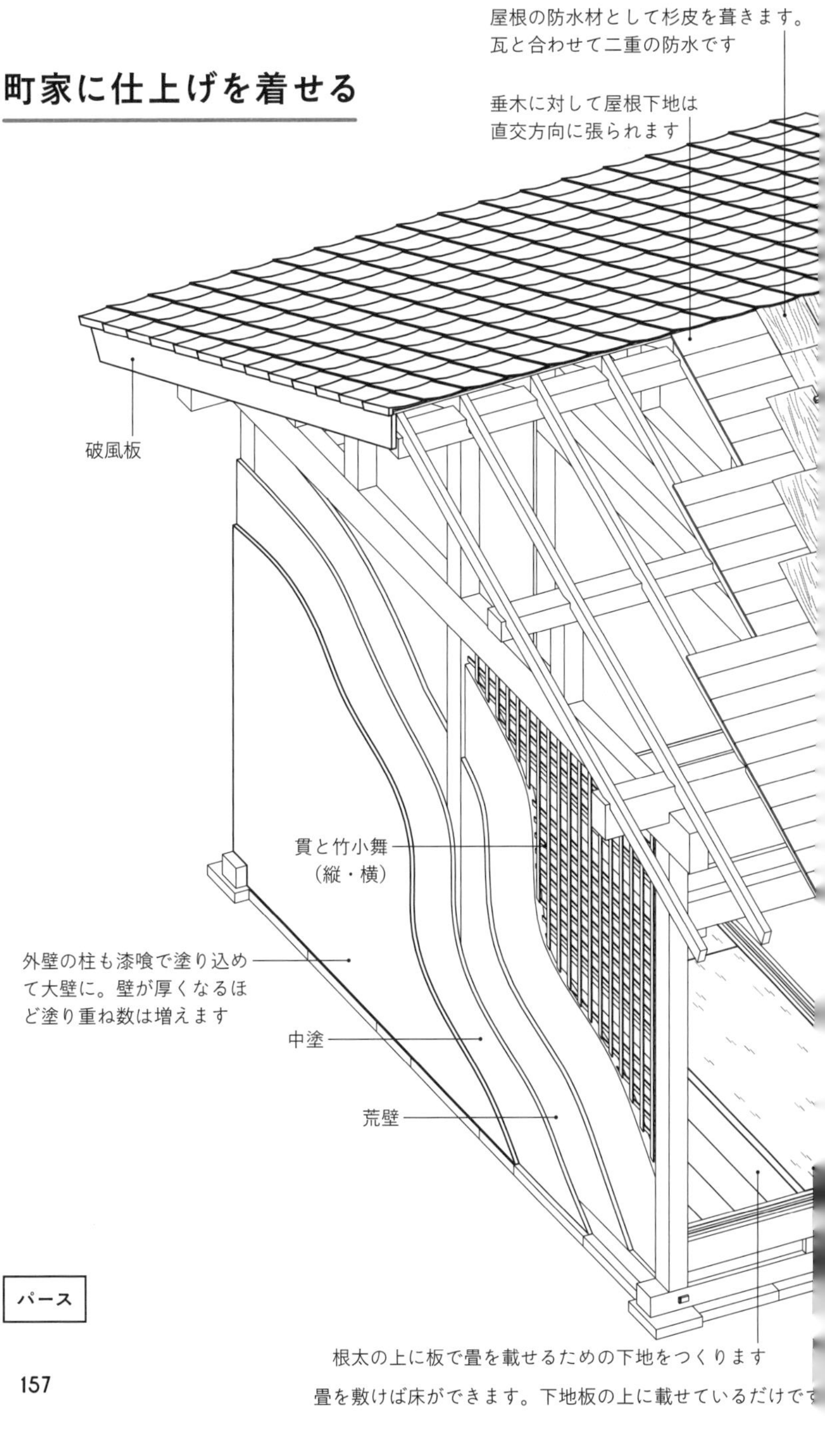
屋根の防水材として杉皮を葺きます。
瓦と合わせて二重の防水です
垂木に対して屋根下地は
直交方向に張られます
破風板
貫と竹小舞
(縦・横)
外壁の柱も漆喰で塗り込め
て大壁に。壁が厚くなるほ
ど塗り重ね数は増えます
中塗
荒壁
パース
根太の上に板で畳を載せるための下地をつくります
畳を敷けば床ができます。下地板の上に載せているだけです

メインフレームを捉えよう

民家との違いは線（仕上げ）が増えただけです。仕上げをまずは考えずに、柱から母屋、垂木まで考えてみましょう。貫や垂木を除けば、架構はそんなに部材が多くなく、シンプルであることがわかると思います。極端にいうと天井板や畳は（あくまでグレードなので）なくても成立します。そう捉えると、何を優先して描いていけばよいかがわかります。

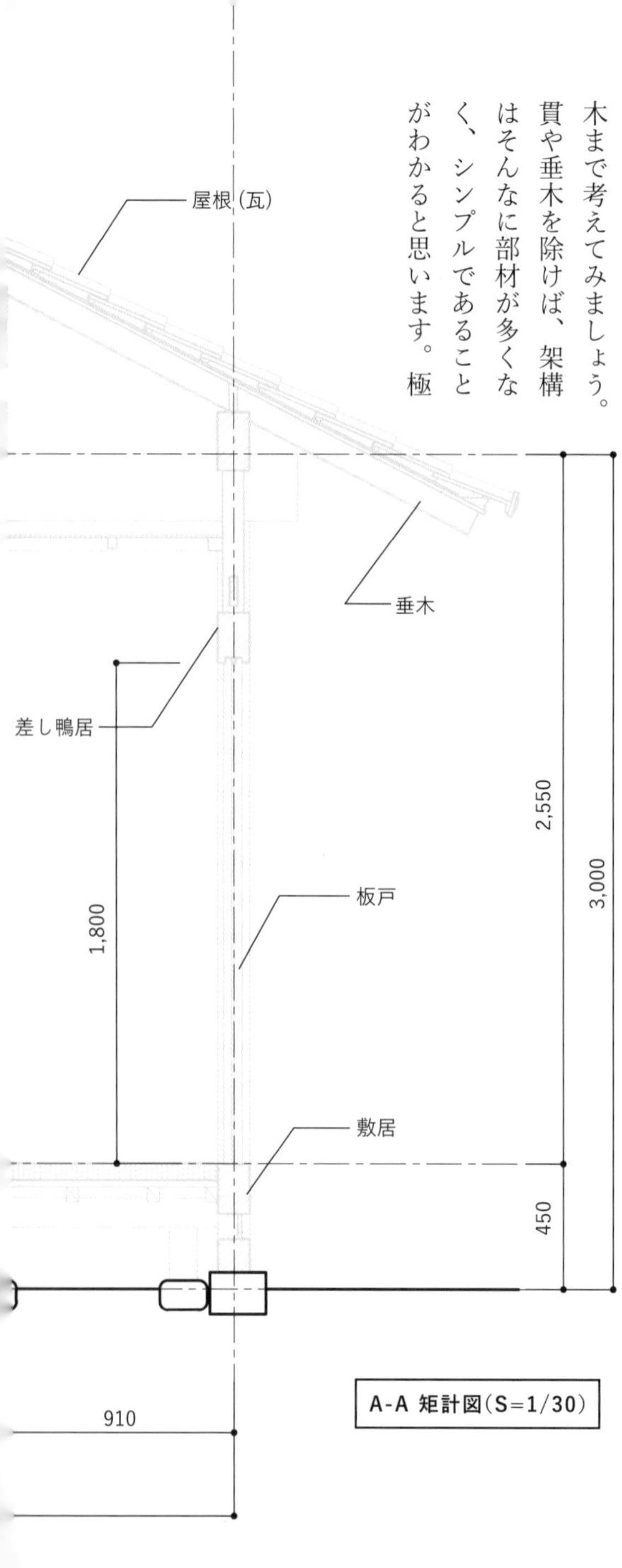
屋根（瓦）
垂木
差し鴨居
板戸
敷居
2,550
3,000
1,800
450
910

A-A 矩計図（S=1/30）

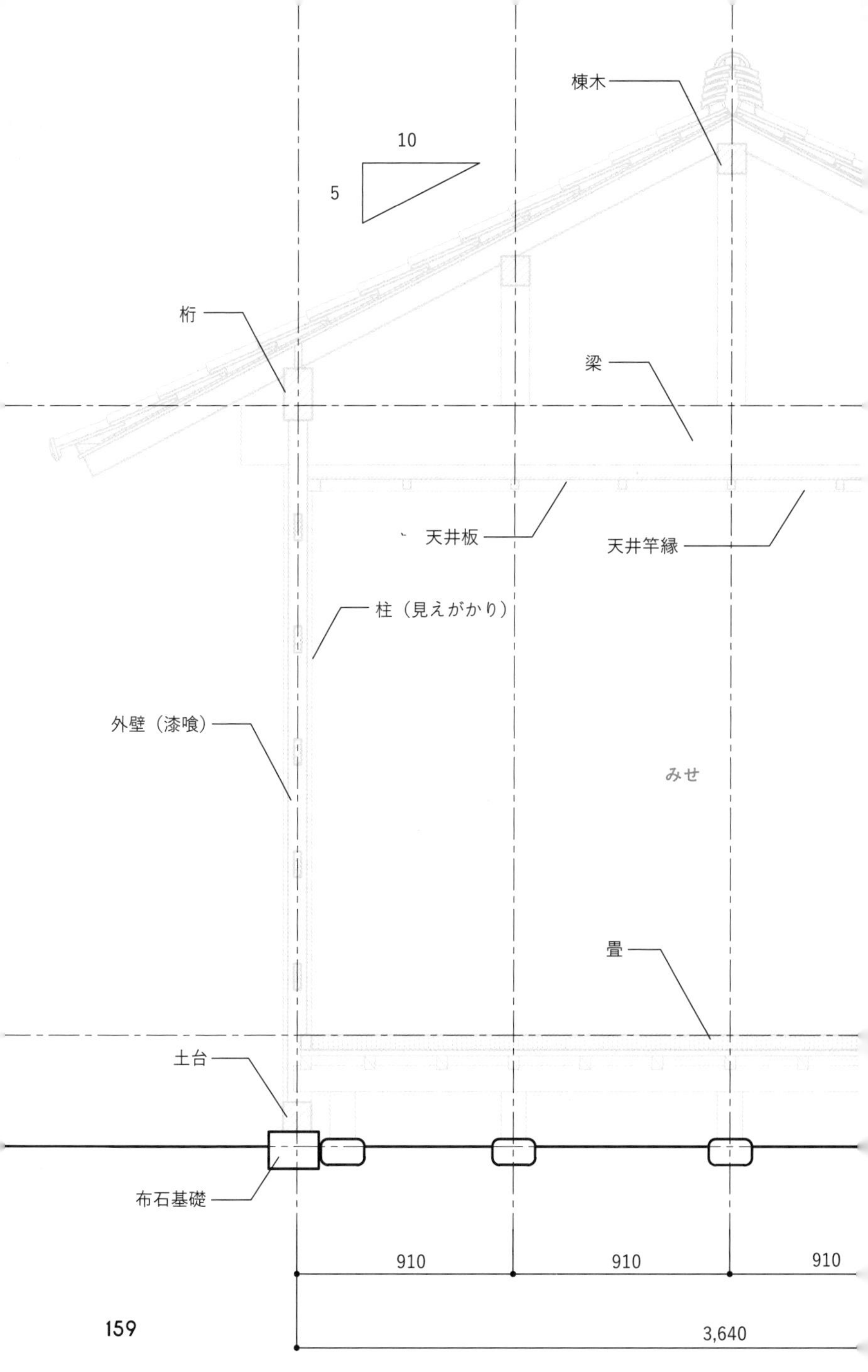

棟木
10
5
桁
梁
天井板
天井竿縁
柱（見えがかり）
外壁（漆喰）
みせ
畳
土台
布石基礎
910
910
910
3,640

プラン（平面図）

町家でも土足のまま利用できる**土間**は依然として必要でした。区切っても使えるようにする**建具**や防火を意識した**大壁**などに、建築の進化が見てとれます。プランは民家と同様、とてもシンプルです。ここでも柱はきちんと1820㎜（1間）のグリッドの中心に置くことが重要です。グリッドを無視すると、上部の梁や桁、小屋束、垂木などがバラバラになってしまうからです。

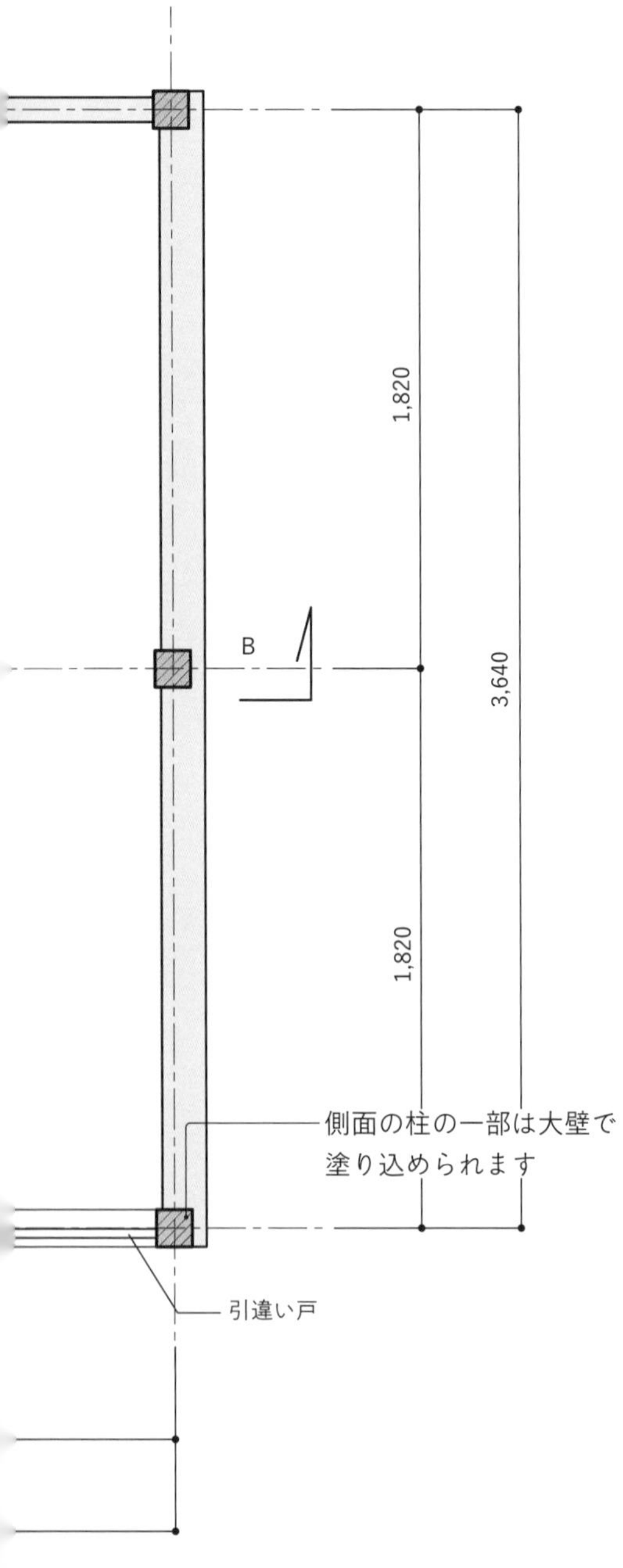
1,820
3,640
B
1,820
側面の柱の一部は大壁で塗り込められます
引違い戸

平面図（S=1/30）

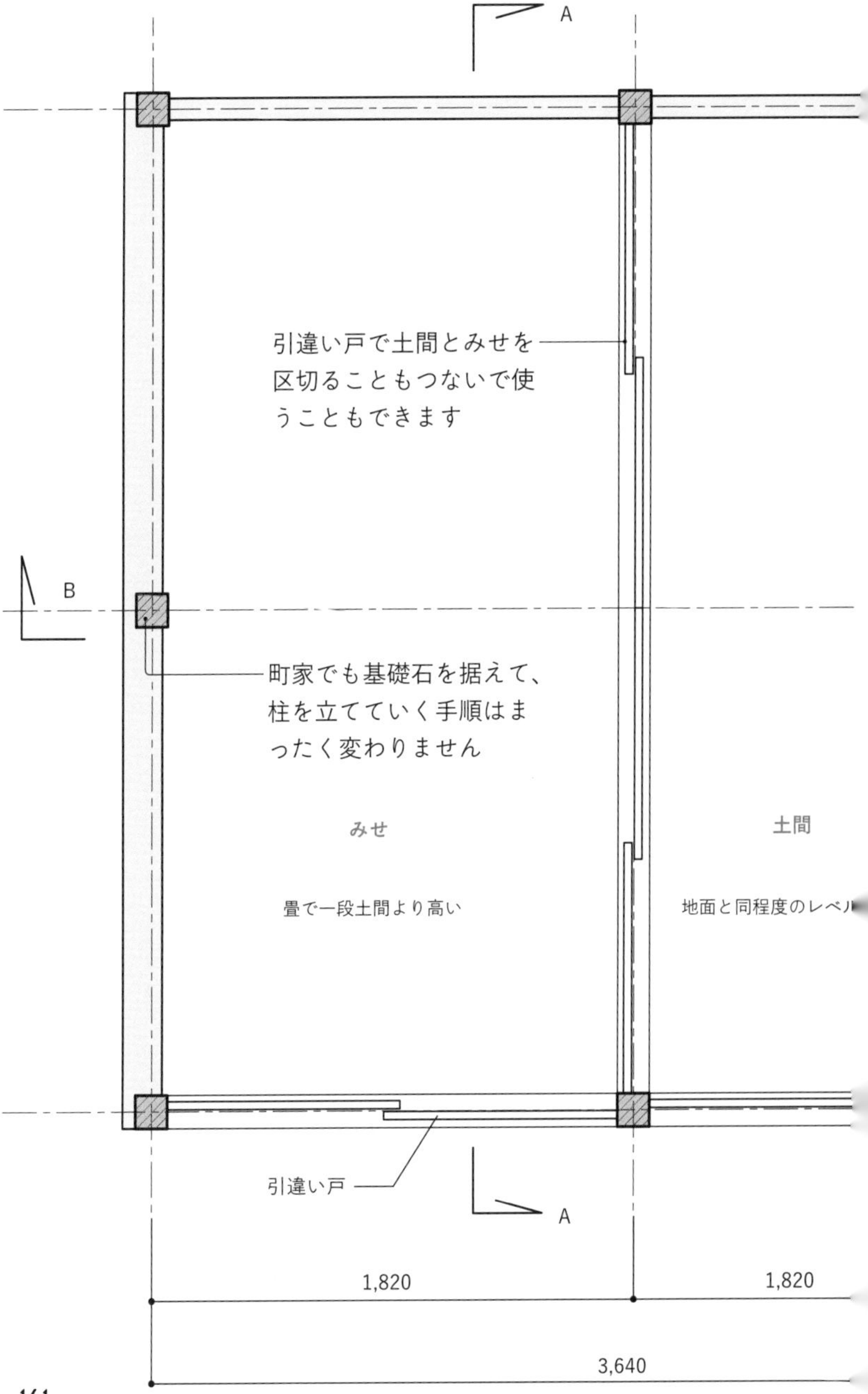
A
B
引違い戸で土間とみせを
区切ることもつないで使
うこともできます
町家でも基礎石を据えて、
柱を立てていく手順はま
ったく変わりません
みせ
畳で一段土間より高い
土間
地面と同程度のレベル
引違い戸
A
1,820
1,820
3,640

できていく順番

前述した茅葺きの民家より屋根勾配がゆるいこともあり、この方向の屋根部分は少しすっきりしています。貫は構造耐力向上の観点から本数が増えています。部材が多くて面倒に感じることもあると思いますが、水平の土台に柱を立てて梁でつなぐ、直交方向の桁でまたつなぐという原理を意識しましょう。

B-B 矩計図(S=1/30)

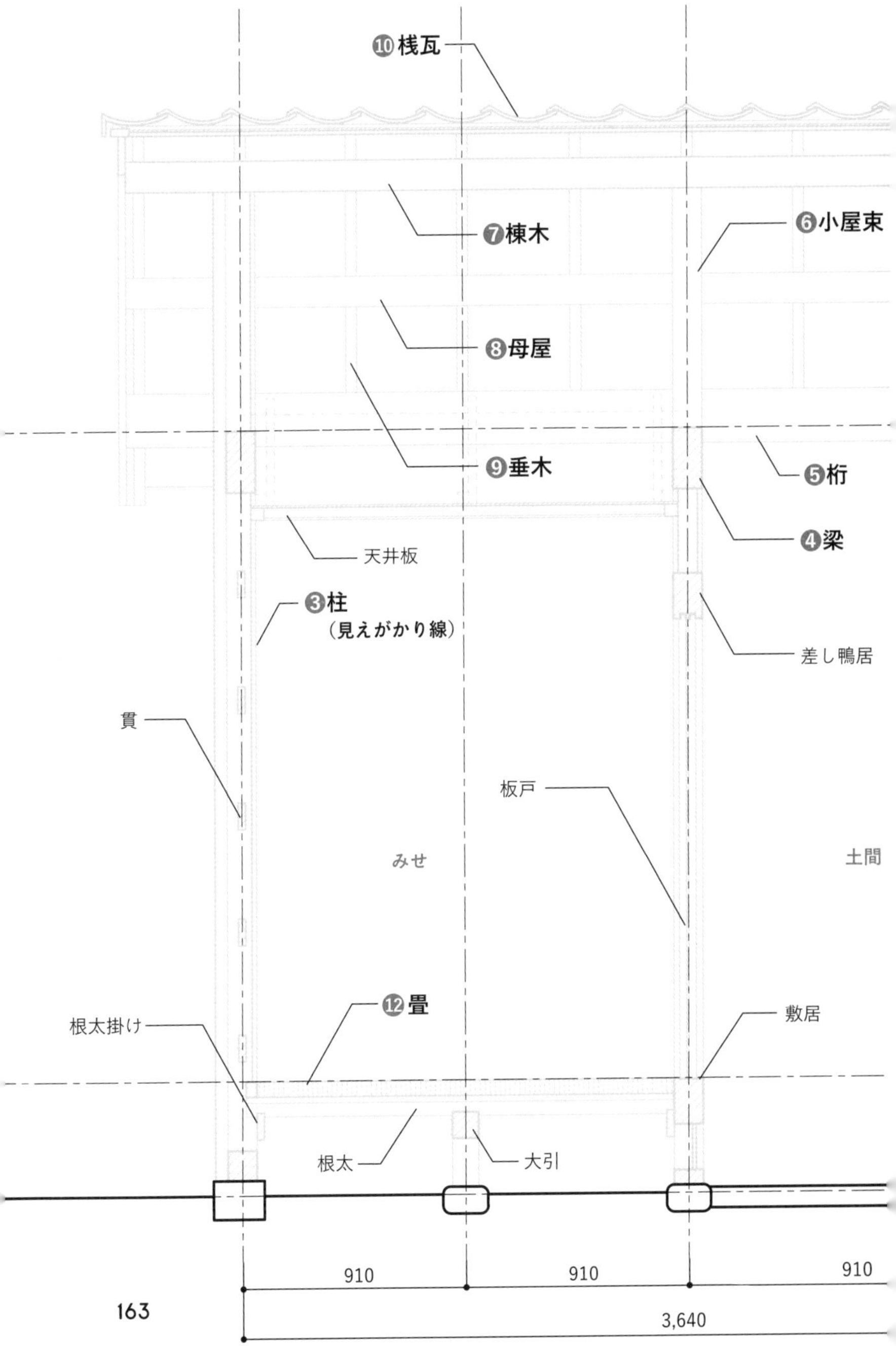
⑩桟瓦
⑦棟木
⑥小屋束
⑧母屋
⑨垂木
⑤桁
④梁
天井板
③柱
（見えがかり線）
差し鴨居
貫
板戸
みせ
土間
⑫畳
根太掛け
敷居
根太
大引
910
910
910
3,640

現代住居に仕上げを着せる

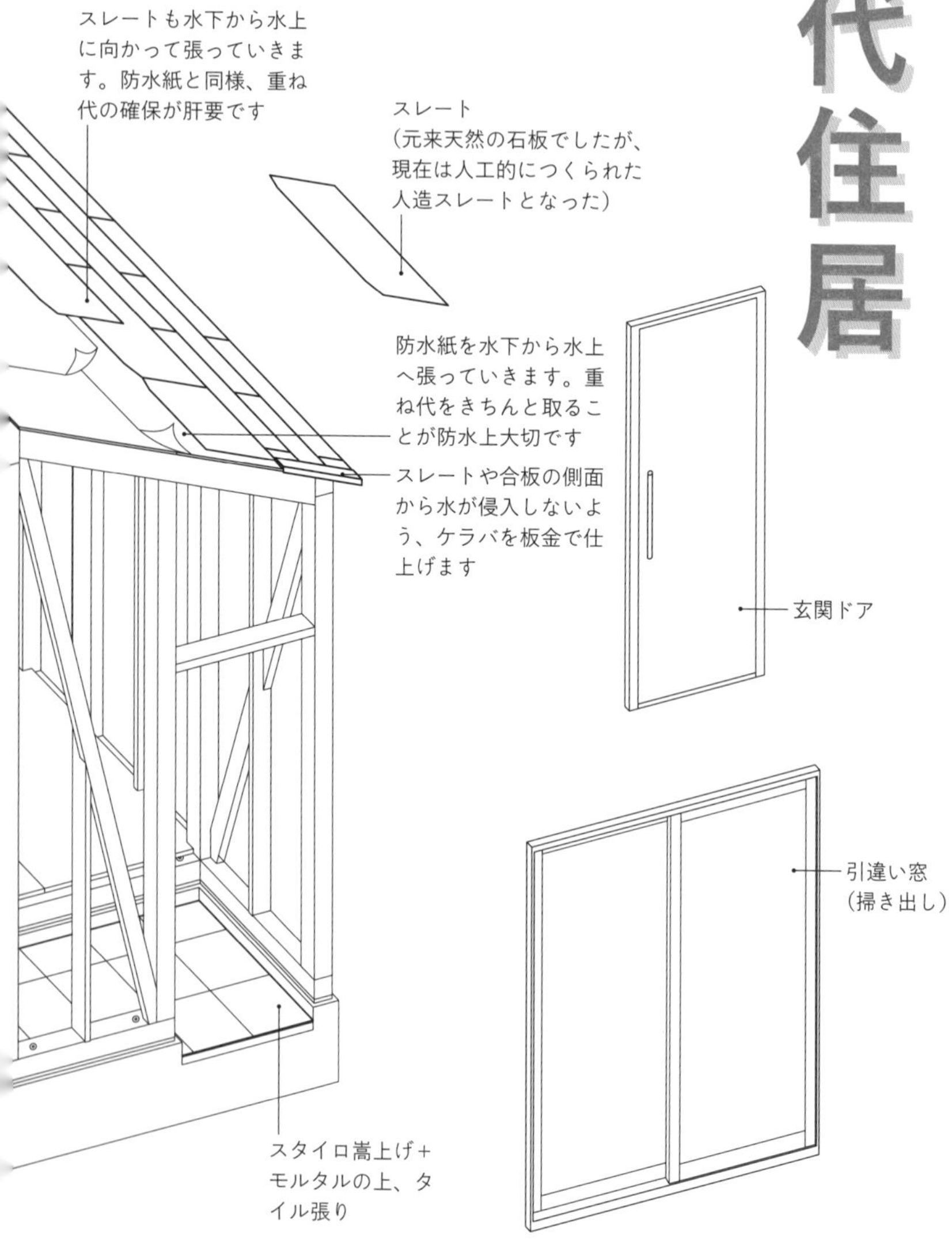
スレートも水下から水上に向かって張っていきます。防水紙と同様、重ね代の確保が肝要です
スレート
(元来天然の石板でしたが、現在は人工的につくられた人造スレートとなった)
防水紙を水下から水上へ張っていきます。重ね代をきちんと取ることが防水上大切です
スレートや合板の側面から水が侵入しないよう、ケラバを板金で仕上げます
玄関ドア
引違い窓
(掃き出し)
スタイロ嵩上げ+モルタルの上、タイル張り

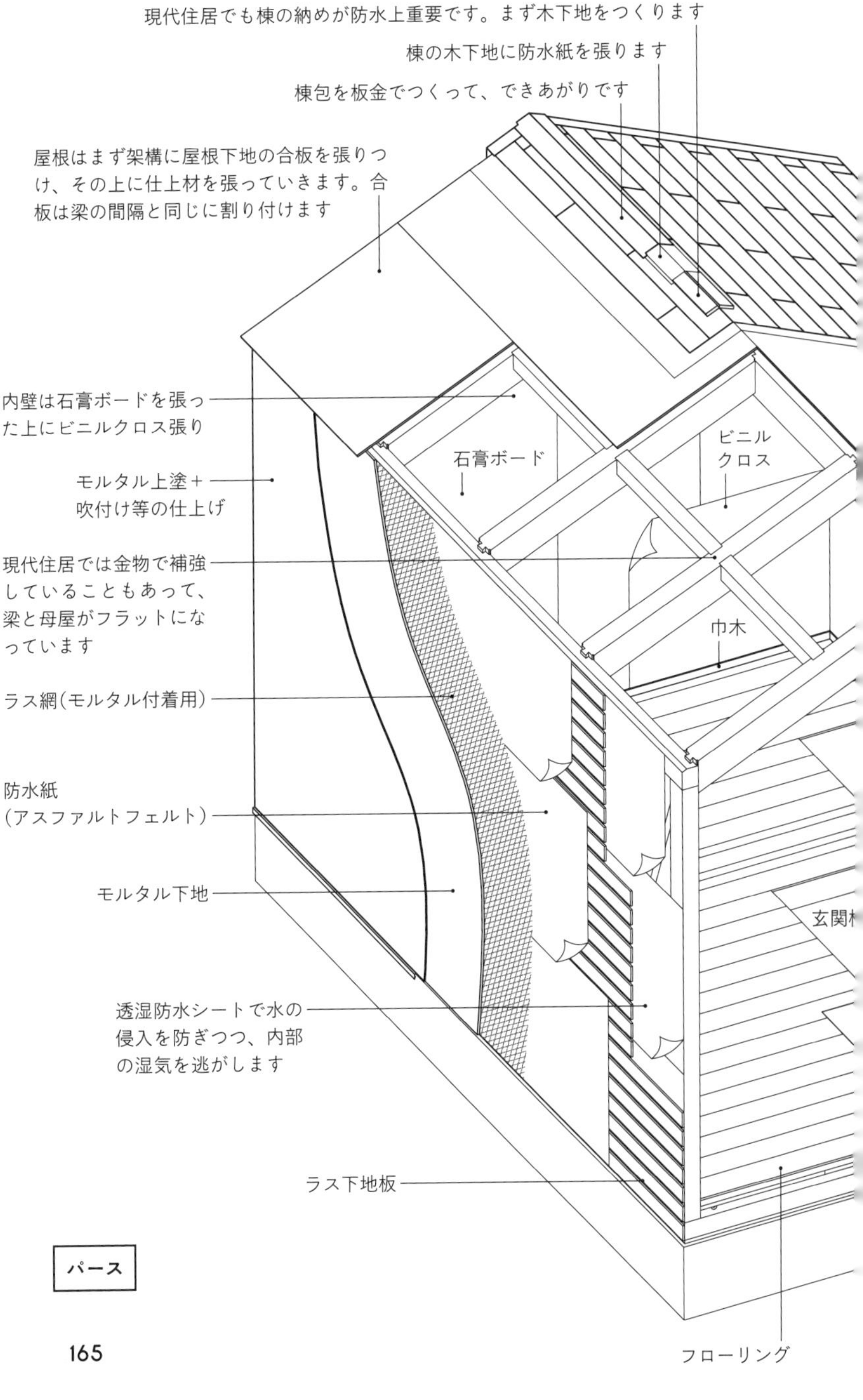
現代住居でも棟の納めが防水上重要です。まず木下地をつくります
棟の木下地に防水紙を張ります
棟包を板金でつくって、できあがりです
屋根はまず架構に屋根下地の合板を張りつけ、その上に仕上材を張っていきます。合板は梁の間隔と同じに割り付けます
内壁は石膏ボードを張った上にビニルクロス張り
石膏ボード
ビニルクロス
モルタル上塗＋吹付け等の仕上げ
現代住居では金物で補強していることもあって、梁と母屋がフラットになっています
巾木
ラス網(モルタル付着用)
防水紙
(アスファルトフェルト)
モルタル下地
透湿防水シートで水の侵入を防ぎつつ、内部の湿気を逃がします
ラス下地板
フローリング

パース

メインフレームを捉えよう

現代住居の多くは金物を使うために、部材が面一で納まることが多くなりました。しかし、柱を立てたら梁もしくは桁を架ける手順自体は変わりません。タテを組んだらヨコ、X方向を組んだらY方向を組むという原理は一緒なのです。現代住居でもまずメインフレームをつくることを意識するとラクになるはずです。

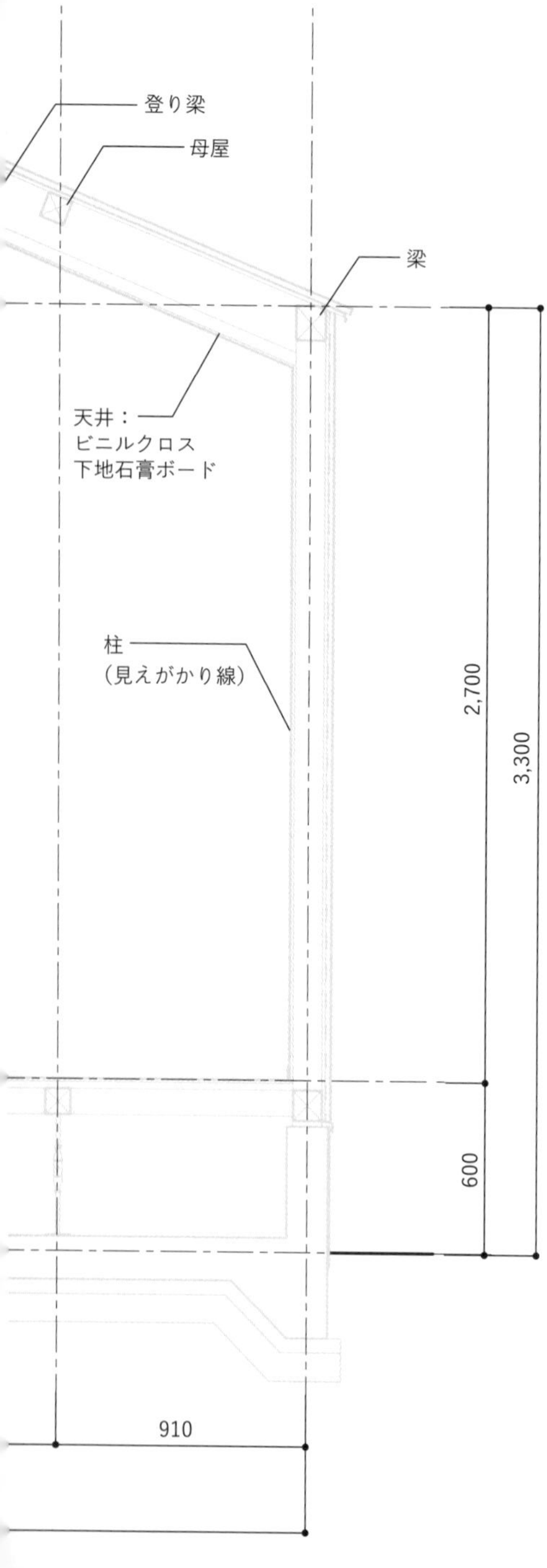
登り梁
母屋
梁
天井：
ビニルクロス
下地石膏ボード
柱
（見えがかり線）
2,700
3,300
600
910

A-A 矩計図（S=1/30）

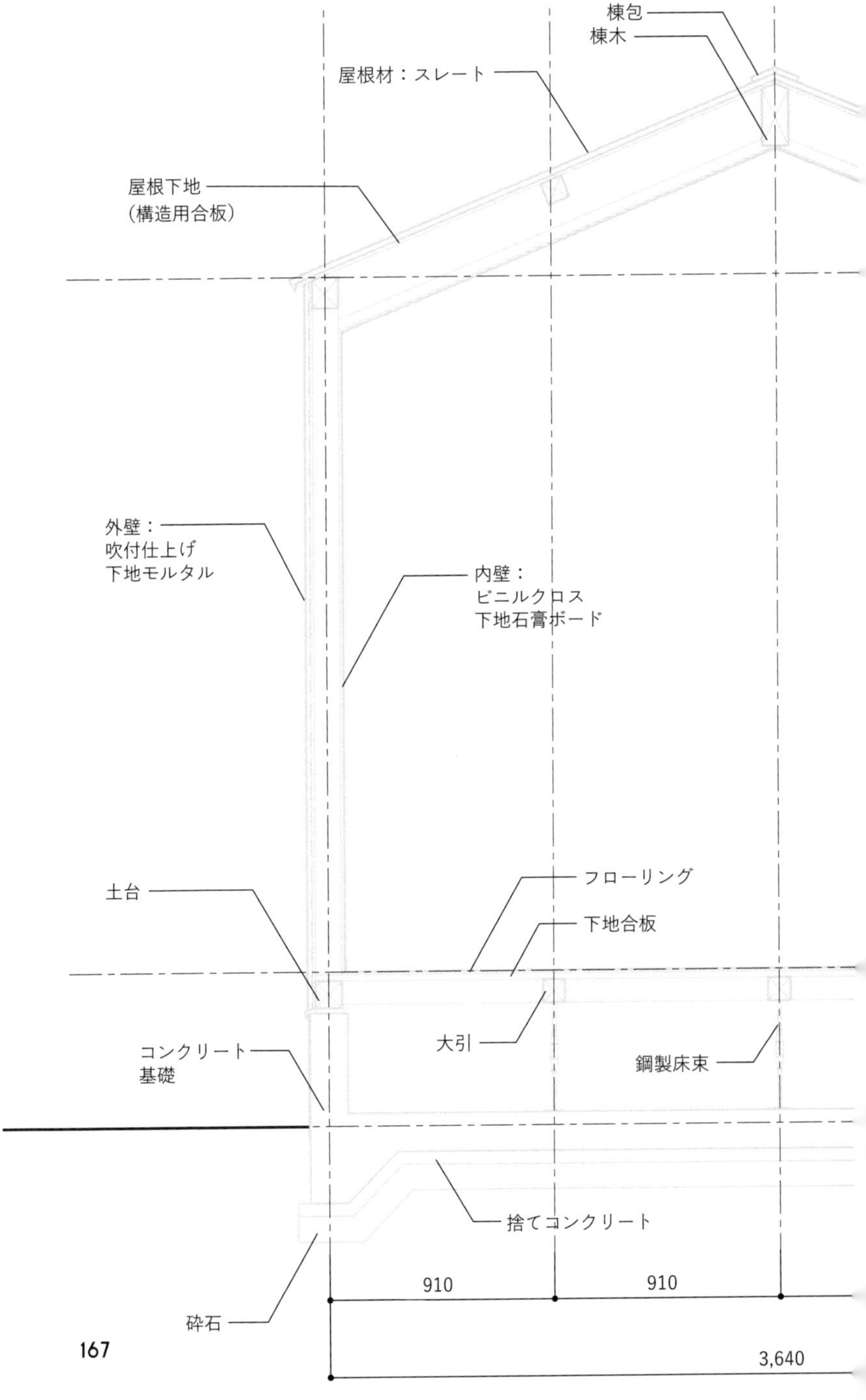

棟包
棟木
屋根材：スレート
屋根下地
（構造用合板）
外壁：
吹付仕上げ
下地モルタル
内壁：
ビニルクロス
下地石膏ボード
土台
フローリング
下地合板
大引
コンクリート
基礎
鋼製床束
捨てコンクリート
砕石
910
910
3,640

プラン（平面図）

現代住居は910㎜（半間）グリッドとすることが一般的です。職住が分離した場所となったため、土間がなくなり、**玄関へと変化**しました。個室や水廻りは壁で仕切られて**独立する**ようになり、大きな空間が細分化される傾向も強くなりました。また大壁の採用が増えたため、柱梁といった**構造材が見えなく**なりました（配線や金物を隠す、法規的側面などから）。

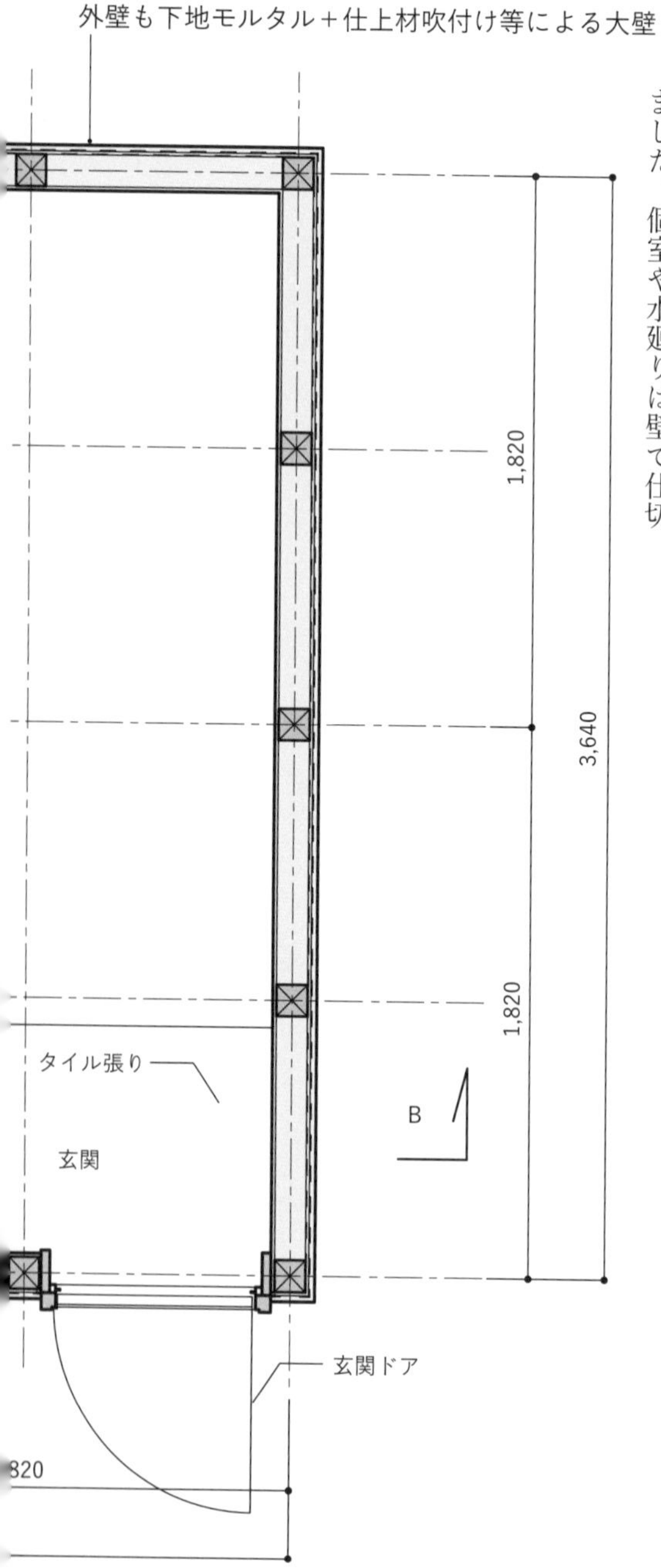

平面図（S=1/30）

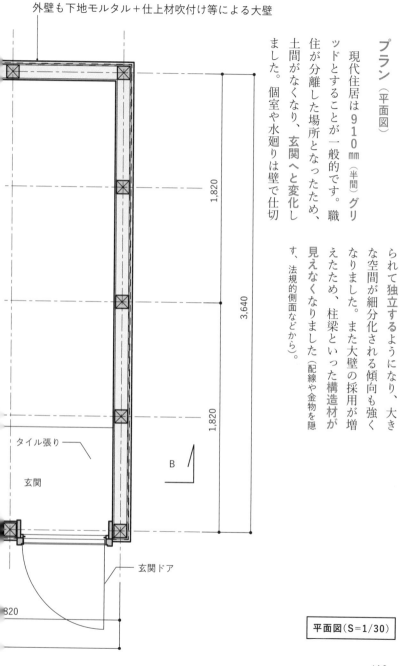

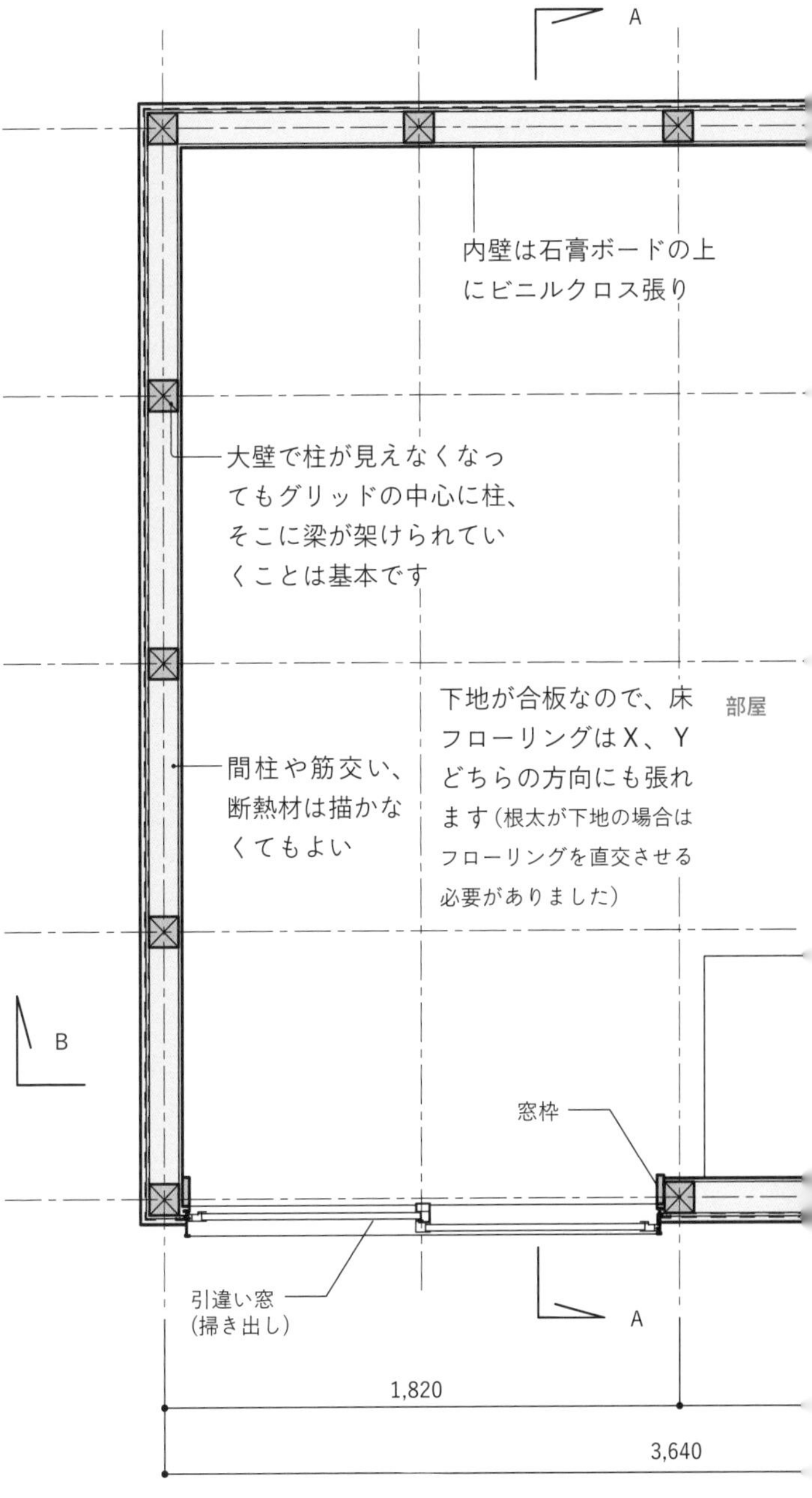
A
内壁は石膏ボードの上
にビニルクロス張り
大壁で柱が見えなくなっ
てもグリッドの中心に柱、
そこに梁が架けられてい
くことは基本です
下地が合板なので、床
フローリングはX、Y
どちらの方向にも張れ
ます（根太が下地の場合は
フローリングを直交させる
必要がありました）
部屋
間柱や筋交い、
断熱材は描かな
くてもよい
B
窓枠
引違い窓
（掃き出し）
A
1,820
3,640

できていく順番

架構自体は見えにくくなっていますが、現代住居でもまず架構をつくることが大事です。RCの登場で❶基礎は大きくなりました。

しかし❷土台〜❻登り梁までタテヨコ、XYと互い違いに架構を組んでいきます。内壁下地の石膏ボードや外壁下地のラス板は、柱に直にビス留めして張り付けます。

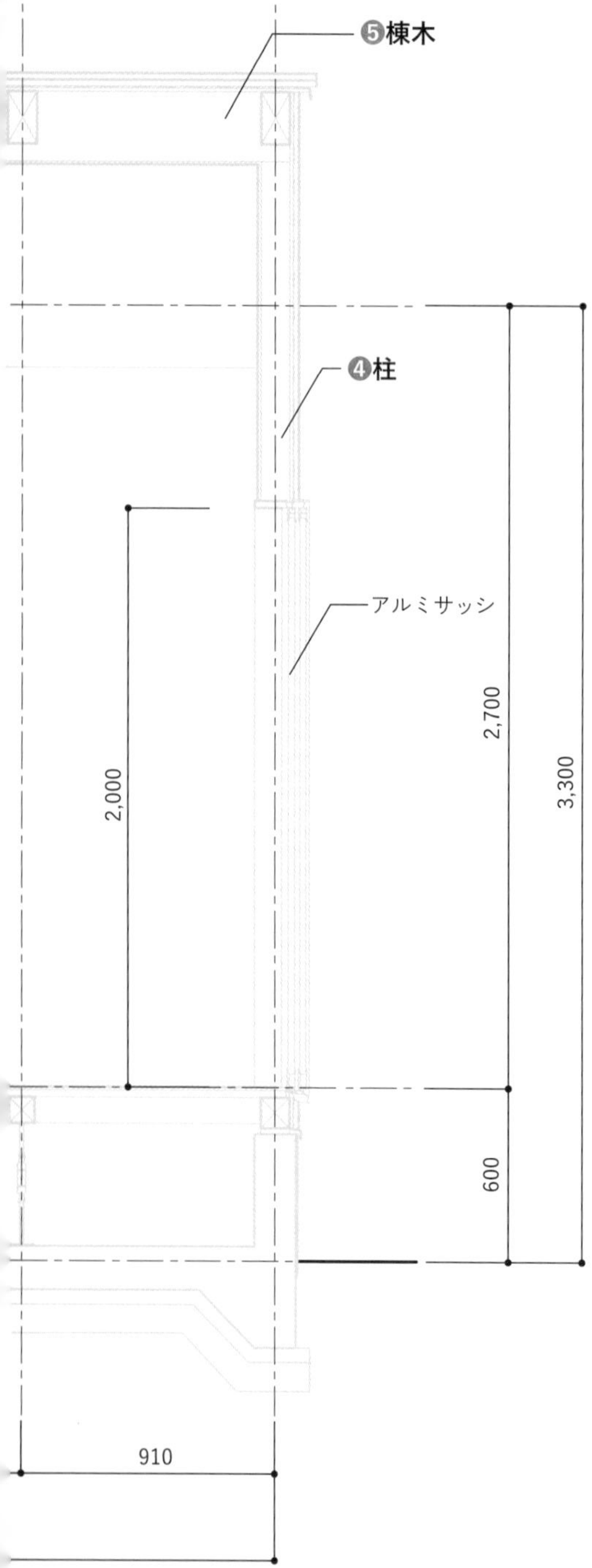
❺棟木
❹柱
アルミサッシ
2,700
3,300
2,000
600
910

B-B 矩計図（S=1/30）

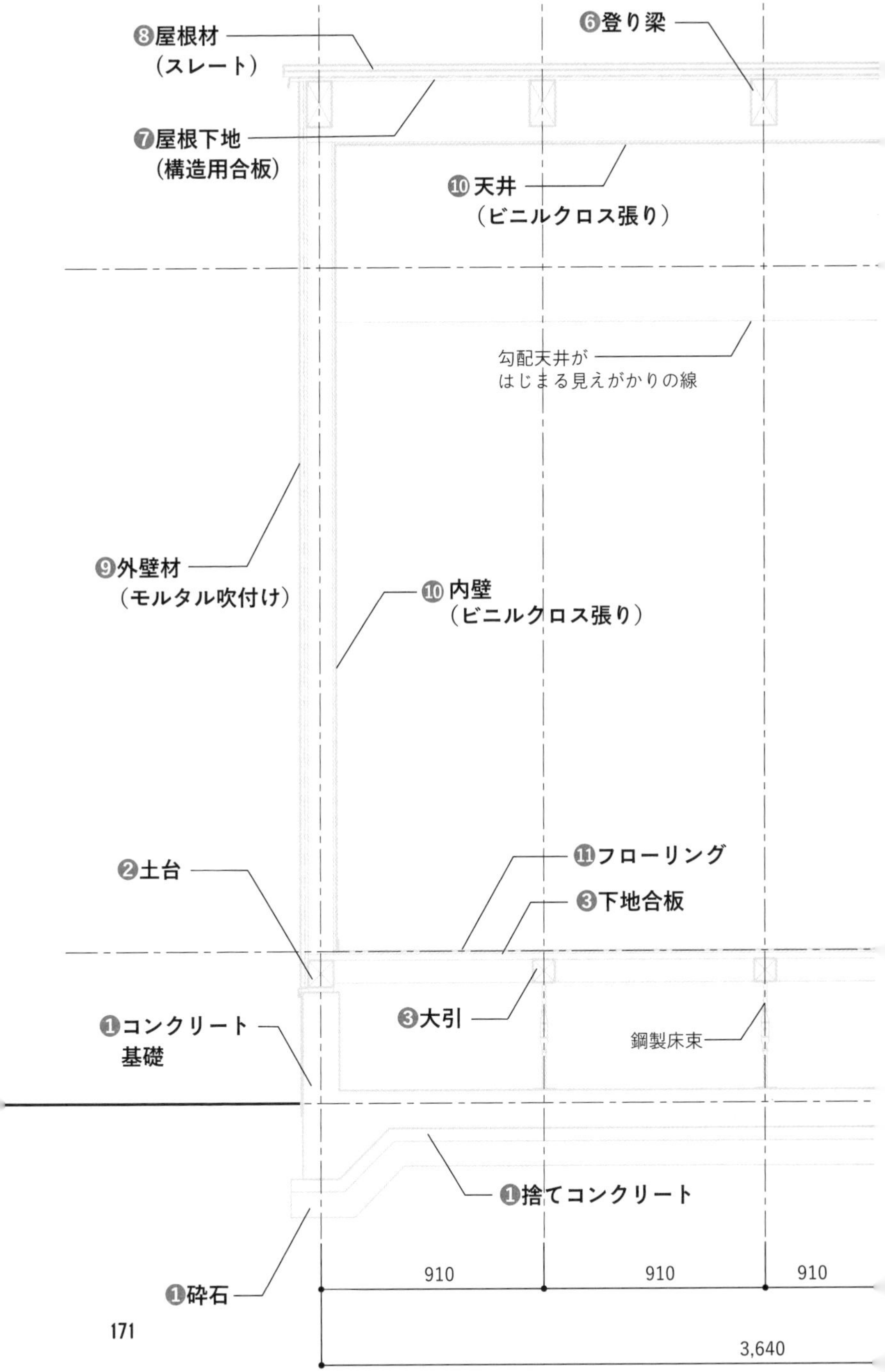
❽屋根材
（スレート）
❻登り梁
❼屋根下地
（構造用合板）
❿天井
（ビニルクロス張り）
勾配天井が
はじまる見えがかりの線
❾外壁材
（モルタル吹付け）
❿内壁
（ビニルクロス張り）
⓫フローリング
❸下地合板
❷土台
❸大引
❶コンクリート
基礎
鋼製床束
❶捨てコンクリート
❶砕石
910
910
910
3,640

あとがき

矩計図を描くために必要な考え方と、建築ができていく流れが楽しくわかる。これが本書で一番お伝えしたかったことです。

矩計図に終わりが見えないと思うのは要素が多すぎる上、なぜそうなっているのか理由がわからないためです。矩計図の見た目も煩雑なので、心理的に敬遠したくもなります。

そのため逆説的に一枚の矩計図で一度にすべてわかろうとするのではなく、部分部分を一つずつ積み重ねていくように理解する。そして建築の歴史や背景をしくみとともに流れで理解する。製図的な手順ではなく、矩計を描くための建築の意味がわかること。これが実は矩計図を描けるようになる上で、何よりも近道なのです。建築の原理自体は複雑でなく、とてもシンプルでそれの繰り返しと応用だということに気づいていただけたらバッチリです。

それでもまだ難しいなと感じることもあると思います。

でも大丈夫です。建築がつくられていく流れと理由を意識しながら手を動かし、繰り返せば必ず上達していきます。時には矩計図だったらどうなるか、という観点で気軽に民家や現代住居を訪れてみるのもオススメです。気が付けばいつの間にか矩計図が描けるようになることでしょう。本書をきっかけに、皆さまがこれから目にする建築の世界がより楽しさに溢れるものになれば、こんなに嬉しいことはありません。

杉本龍彦

著者略歴

蕪木孝典 かぶらぎ・たかのり

筑波大学大学院芸術研究科修了
テイク・ナイン計画設計研究所、
(株)中央住宅STURDY STYLE事業課等を経て
現在、(株)中央住宅 戸建分譲設計本部所属
(一社)東京建築士会環境委員会委員
共著『建築用語図鑑 西洋篇』オーム社 2020
『建築用語図鑑 日本篇』オーム社 2019
『矩計図で徹底的に学ぶ住宅設計 [S編]』オーム社 2017
『矩計図で徹底的に学ぶ住宅設計 [RC編]』オーム社 2016
『矩計図で徹底的に学ぶ住宅設計』オーム社 2015 など

長沖 充 ながおき・みつる

東京芸術大学大学院建築科修了
小川建築工房、TESS計画研究所を経て
現在、長沖充建築設計室主宰
都立品川職業訓練校非常勤講師
会津大学短期大学部非常勤講師
日本大学生産工学部非常勤講師
著書『見てすぐつくれる建築模型の本』彰国社 2015
共著『建築用語図鑑 西洋篇』オーム社 2020
『建築用語図鑑 日本篇』オーム社 2019
『矩計図で徹底的に学ぶ住宅設計 [S編]』オーム社 2017
『矩計図で徹底的に学ぶ住宅設計 [RC編]』オーム社 2016
『矩計図で徹底的に学ぶ住宅設計』オーム社 2015
『階段がわかる本』彰国社 2012 など

杉本龍彦 すぎもと・たつひこ

工学院大学大学院修士課程修了
現在、杉本龍彦建築設計主宰
(一社)東京建築士会環境委員会委員
共著『建築用語図鑑 西洋篇』オーム社 2020
『建築用語図鑑 日本篇』オーム社 2019
『建築断熱リノベーション』学芸出版社 2017
『矩計図で徹底的に学ぶ住宅設計 [S編]』オーム社 2017
『窓がわかる本：設計のアイデア32』学芸出版社 2016
『矩計図で徹底的に学ぶ住宅設計 [RC編]』オーム社 2016
『矩計図で徹底的に学ぶ住宅設計』オーム社 2015

伊藤茉莉子 いとう・まりこ

日本大学生産工学部建築工学科卒業
2005～2014年 谷内田章夫/ワークショップ (現：エアリアル)
2014～2019年 KITI一級建築士事務所主宰を経て
現在、Camp Design inc. 共同主宰
会津大学短期大学部非常勤講師
共著『建築用語図鑑 西洋篇』オーム社 2020
『建築用語図鑑 日本篇』オーム社 2019
『設計者主婦が教える片づく収納のアイデア』エクスナレッジ 2018
『矩計図で徹底的に学ぶ住宅設計 [S編]』オーム社 2017
『矩計図で徹底的に学ぶ住宅設計 [RC編]』オーム社 2016
『矩計図で徹底的に学ぶ住宅設計』オーム社 2015 など

片岡菜苗子 かたおか・ななこ

日本大学大学院生産工学研究科建築工学専攻修了
現在、篠崎健一アトリエ勤務
共著『建築用語図鑑 西洋篇』オーム社 2020
『建築用語図鑑 日本篇』オーム社 2019
『建築のスケール感』オーム社 2018
『窓がわかる本：設計のアイデア32』学芸出版社 2016

中山繁信 なかやま・しげのぶ

法政大学大学院工学研究科建設工学修士課程修了
宮脇檀建築研究室、工学院大学伊藤ていじ研究室を経て
2000~2010年 工学院大学建築学科教授
現在、TESS計画研究所主宰
著書『イタリアを描く』彰国社 2015
『美しい風景の中の住まい学』オーム社 2013 など多数
共著『建築用語図鑑 西洋篇』オーム社 2020
『建築用語図鑑 日本篇』オーム社 2019
『建築のスケール感』オーム社 2018
『矩計図で徹底的に学ぶ住宅設計［RC編］』オーム社 2016
『矩計図で徹底的に学ぶ住宅設計』オーム社 2015 など多数

イラスト

榎本直哉 えのもと・なおや

神奈川県出身 東京都在住。
デザイン事務所・出版社など数社にてデザイナーとして勤務後、フリーランスとして独立。さまざまなメディアで活動中。

スケッチ
長沖 充

デザイン
相馬敬徳（Rafters）

矩計図って何なん!? よくわからないんだが…

2021年 11月15日　　第1版第1刷発行

著　者　燕木 孝典・長沖 充・杉本 龍彦
　　　　伊藤 茉莉子・片岡 菜苗子・中山 繁信

イラスト　榎本 直哉

発行者　村上 和夫

発行所　株式会社 オーム社
　　　　郵便番号 101-8460
　　　　東京都千代田区神田錦町 3-1
　　　　電話 03(3233)0641(代表)
　　　　URL https://www.ohmsha.co.jp/

印刷　壮光舎印刷　　製本　牧製本印刷
ISBN978-4-274-22763-9　Printed in Japan

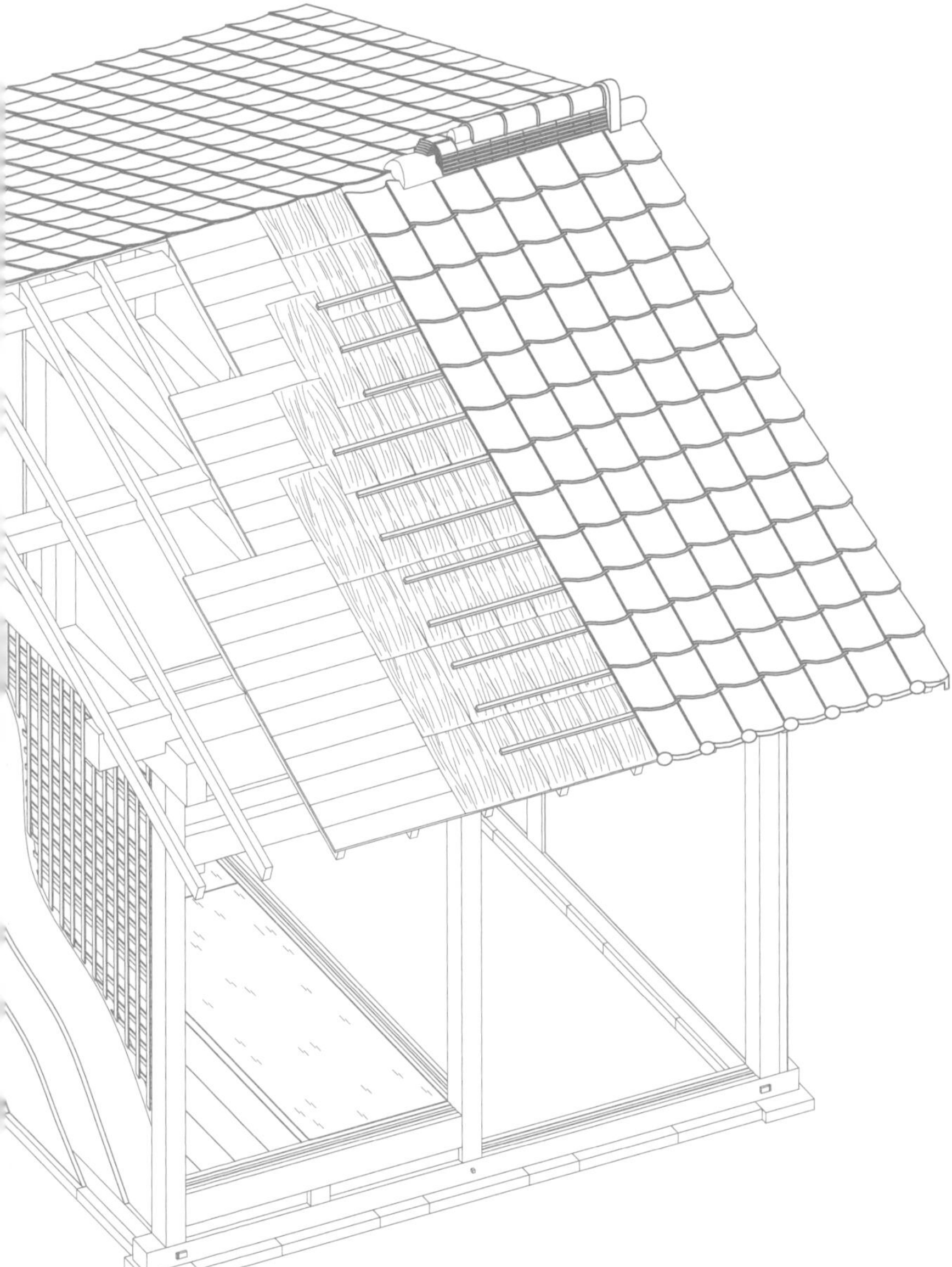

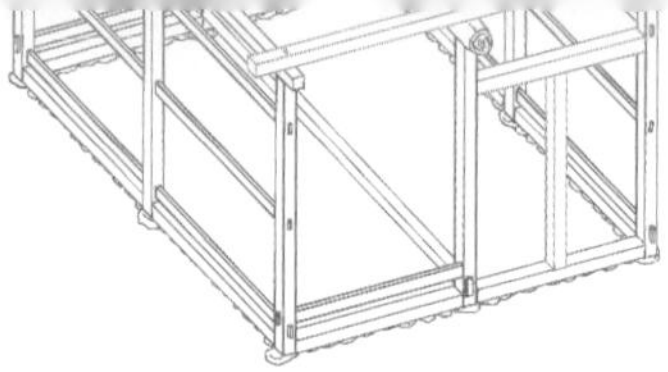

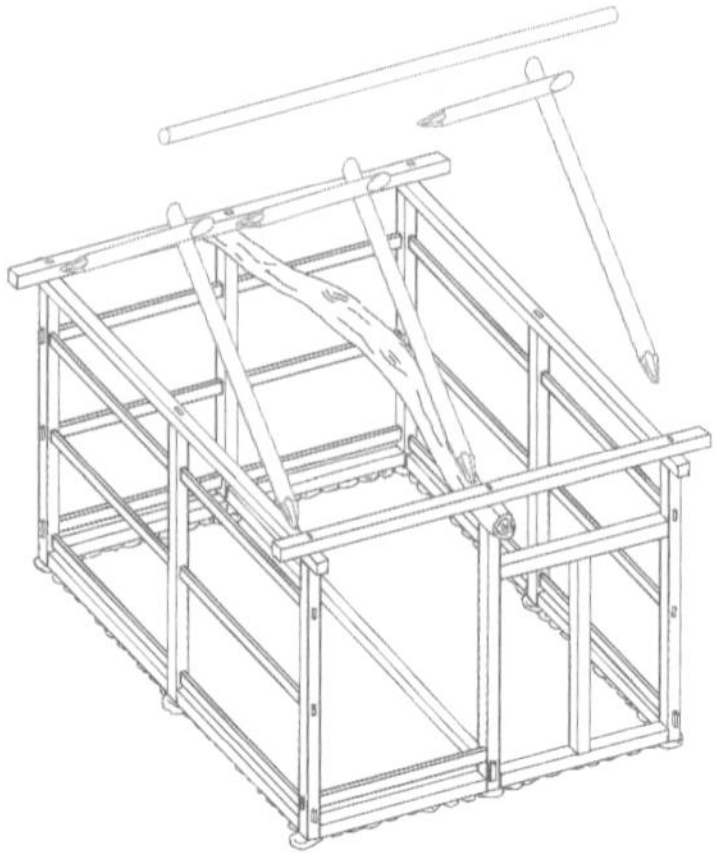

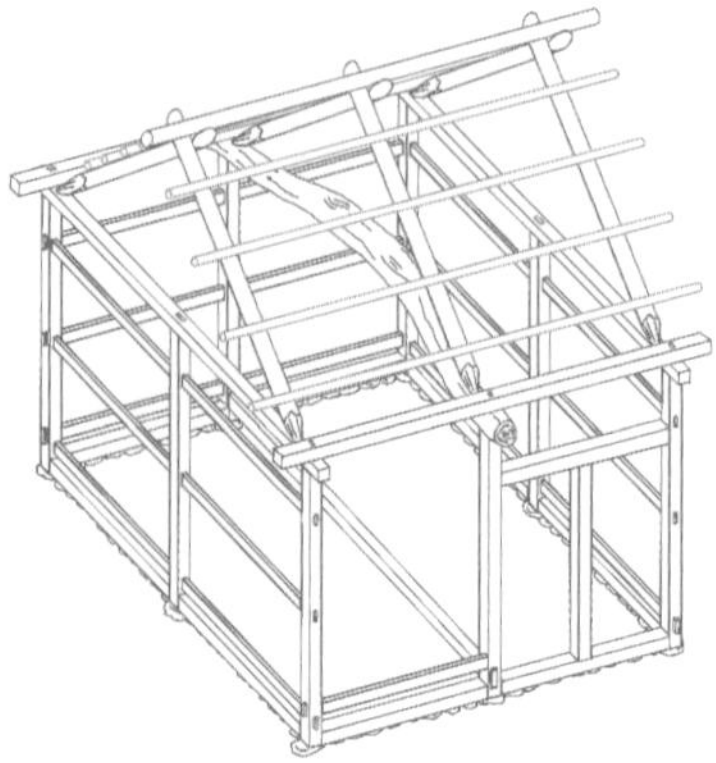

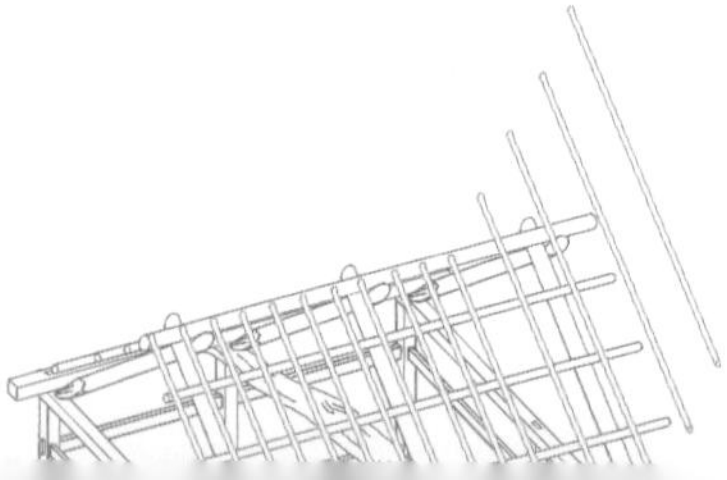